기독교문서선교회 (Christian Literature Center: 약칭 CLC)는 1941년 영국 콜체스터에서 켄 아담스에 의해 시작되었으며 국제 본부는 미국 필라델피아에 있습니다. 국제 CLC는 59개 나라에서 180개의 본부를 두고, 약 650여 명의 선교사들이 이동도서차량 40대를 이용하여 문서 보급에 힘쓰고 있으며 이메일 주문을 통해 130여 국으로 책을 공급하고 있습니다. 한국 CLC는 청교도적 복음주의 신학과 신앙서적을 출판하는 문서선교기관으로서, 한 영혼이라도 구원되길 소망하면서 주님이 오시는 그날까지 최선을 다할 것입니다.

추천사 1

이재근 박사
광신대학교 신학과 교회사 교수

에드워드 L. 스미더(Edward L. Smither) 교수의 『간추린 세계 기독교 형성사』(Christian Mission: A Concise Global History)가 한국어로 번역되어 나와 무척 반갑고 기쁘다. 대학과 대학원에서 교회사와 선교 역사를 가르치는 추천자는 지금껏 J. 허버트 케인의 『세계 선교 역사』(CLC 刊)와 데이비드 J. 보쉬의 『변화하고 있는 선교』(CLC 刊)를 주교재로 주로 활용해 왔다. 둘 모두 선교학과 선교 역사 학계에서 중요하고 권위 있는 저술들이다.

그러나 둘 모두 탁월한 저작이지만, 각각 가볍지 않은 결함이 있다. 케인의 책은 원제에 들어 있는 'Concise'라는 단어의 의미 그대로, 신약 교회로부터 현대에 이르기까지 선교 역사를 군더더기 없이 간략하고 깔끔하게 정리해 냈다.

그러나 전반적으로 내용이 너무 간략하고 축약이 많다는 점, 20세기 중반까지의 역사만을 다룬다는 점, 그 결과 20세기 중반까지 세계 선교를 주도한 서구 교회의 선교 활동 역사만을 다루고, 그 이후 비서구 및 남반구 선교의 약진을 전혀 반영하지 못한다는 점이 문제로 지적되었다. 요컨대, 오늘날 선교학계와 역사학계의 가장 중요한 연구 주제인 세계 기독교(Global Christianity) 현상과 전 지구적인(global) 상호 선교 운동을 다루지 못했다.

보쉬의 저작은 '선교학의 대전'이라는 별칭에 어울리게, 20세기 말까지 발전해 온 선교학과 선교 역사의 내용과 주제를 거의 모두 다루는 대작이다. 그 어떤 선교학자도 보쉬의 학문적 관심의 넓이와 깊이에 필적할 수 없다. 그러나 이런 대작이라는 위상, 즉 너무 방대하고 난해하다는 점이 학부와 신학교에서 처음 선교 역사를 대하는 학생들에게는 거대한 진입 장벽이 되기도 한다.

스미더 교수의 『간추린 세계 기독교 형성사』의 출간은 이런 문제에 봉착해 있던 추천자에게 대안을 제공한다는 점에서 희소식이다. 케인의 책과 마찬가지로 쉽고 간략하지만, 서구 교회의 비서구 선교에만 제한되어 있던 케인의 시공간을 훌쩍 뛰어넘는다. 새로운 밀레니엄 시대의 세계 교회가 모든 곳에서 모든 곳으로(from everywhere to everywhere) 복음을 주고받고 있는 다원적이고 전 세계적인 현상을 최신 자료를 활용해서 선명하게 제시한다.

또 한편, 본서는 보쉬의 두꺼운 대작처럼 모든 주제를 망라하지는 않지만, 짧은 분량 안에 전도, 교회 개척, 제자화 같은 선교의 전통적 목표뿐만 아니라, 현대 선교학의 주요 주제인 사회 활동, 지역 개발, 구제, 환대, 디아스포라, 세속화 등도 충실히 다루려고 노력한다.

저자의 경력에서도 파악할 수 있고, 스스로도 서문에서 밝히듯이, 저자는 복음주의자로서의 신앙적, 학문적 배경이 본서의 전반을 관통하는 틀임을 분명히 한다.

그러나 현대 에큐메니컬 선교학이 발전시킨 '하나님의 선교' 개념을 오늘날 성서와 역사 전통을 충실히 따르는 균형 잡힌 복음주의자들이 창의적으로 수용했듯이, 스미더 또한 파송과 회심, 제자화를 선교의 중심에 놓으면서도, 이런 하나님의 선교신학을 선교 역사 전체를 해석하고 실천하는 틀로 활용한다.

서로 대립하는 것으로 비치는 개신교 양 진영이 선교학의 발전 과정에서 의미 있는 유산으로 통합된 이런 저작을 한국 학계와 교계에서 학문과 삶으로 구현하고 있는 한강희 교수가 번역한 것도 크게 의미를 부여하며 축하할 일이다.

추천사 2

최 상 도 박사
호남신학대학교 신학과 역사신학 교수

서구, 남성, 승리자 중심의 역사 기록 편향은 어디에서나 발견된다. 교회사 서술도 예외가 아니다. 그래서 우리의 교회사 공부는 서구 교회의 남성 중심 역사에 익숙하다. 비서구, 여성, 실패의 역사를 익히기 위해서는 나름의 노력이 더해져야 한다. 어쩌면 지금의 교회사 공부는 반쪽의 역사를 살피는 데 그친다.

그러나 에드워드 L. 스미더의 『간추린 세계 기독교 형성사』는 다르다. 그는 비서구, 여성, 교회가 반성해야 할 실패의 역사도 가감 없이 기록한다. 복음주의 관점으로 2천 년간 '모든 곳에서 모든 이에게' 전해진 복음 전파의 역사를 하나님의 선교(Missio Dei)의 관점으로 서구를 넘어 아시아, 아프리카, 남미 등을 포함해 세계 기독교 역사를 세세히 기록했다.

나아가 스미더는 지리적, 정치적, 사회적 상황을 체계적이고 집약적으로 분석하여 세상과 동떨어진 교회가 아닌 세상 속의 교회 선교 역사를 기술한다. 기독교 세계(Christendom, 크리스텐덤), 종교재판, 지리의 발견과 제국주의와 공모한 선교 역사에 대한 강점과 약점을 동시에 제시함으로써 독자들에게 균형 잡힌 교회사, 선교 역사에 접근하도록 유도한다. 역사 기록의 편향을 극복하고자 한 스미더의 이 서술 방식만으로도 이 책의 가치는 충분하다.

여기에 더하여 스미더는 '역사는 지루하다'는 편견을 깬다. 단순히 사건, 인물 서술을 넘어 스미더는 독자가 생각하며 고민하도록 질문을 던진다. 시기마다 선교사는 누구이며 무엇을 했는가를 질문한다. 친절하게 각

장을 요약하며 질문에 대한 자신의 답을 제시하지만, 스미더는 계속 독자가 제기하는 질문에 답을 찾게 한다.

사실 역사 기록은 신뢰하기보다는 늘 질문하고 의문을 제기해야 하는 대상으로 존재한다. 관점에 따라 같은 사건도 다양하게 기술될 수 있기 때문이다. 2천 년 선교 역사에 대한 정보 습득을 넘어 생각하는 독서를 요청하는 스미더의 접근 방식은 역사의 의미를 탐구하는 재미를 보장한다. 이 책을 통해 하나님의 선교 역사의 역동성을 맛보고 지금도 계속되는 세계 기독교의 하나님 선교를 의미 있게 탐험해 볼 수 있기를 바란다.

추천사 3

나단 A. 핀(Nathan A. Finn) 박사
North Greenville University 학장, 교무처장

나는 수년간 성서가 선교적 텍스트이고 기독교 역사는 선교 이야기라는 사실을 학생과 교인에게 가르쳐 왔다. 에드워드 L. 스미더 역시 같은 생각을 믿고 있었다. 스미더가 쓴 『간추린 세계 기독교 형성사』는 기독교 선교 이야기에 관한 매력적이고도 이해하기 쉬우며 교양 있는 개론서라 할 수 있다.

이 책은 신학교 강의실에서나 교회 독서 모임에 사용하기 적격이다. 이 책이 많은 독자에게 영감을 주고 그들이 하나님의 선교에 참여하여 "각 나라와 족속과 백성과 방언에서"(계 7:9) 죄인을 구원하길 기도한다.

닐루스 니만트(Nelus Niemandt) 박사
University of Pretoria 신학부 종교학 학장

교회는 성서 이야기를 재현하며 살아가는 공동체다. 교회는 성서 이야기를 근거로 교회 됨을 기억하고 성찰하며 생존한다. 그러나 교회는 성장과 번영의 이야기를 통해서도 양분을 공급받는다. 초기 작은 공동체부터 오늘의 글로벌교회에 이르기까지 이런 영향을 찾아볼 수 있다.

에드워드 L. 스미더는 바로 이런 이야기를 우리에게 다시 들려주고 있다. 지난 2천 년 이상에 걸친 기독교 선교를 개괄하는 이 책은 우리에게 가이드와 격려자 역할을 한다. 스미더는 이 책을 통해 역사상 가장 감탄할 만한 이야기를 간결하면서도 심도 있게 다시 들려주고 있다.

조지 G. 로빈슨 4세(George G. Robinson IV) 박사
Southeastern Baptist Theological Seminary 선교와 복음 전도 부교수
세계 선교 헤드릭(Headrick) 학장

에드워드 L. 스미더는 『간추린 세계 기독교 형성사』를 통해서 철저하면서도 쉽게 이해할 수 있는 선교 역사의 풍경을 제공하며 학계에 대단한 기여를 하고 있다. 스미더는 광범위하면서도 면밀한 역사를 건설해 나가면서 복음주의 선교, 선교사, 운동, 선교학적 통찰의 연대적 전개에 초점을 맞춘다. 아마 가장 주목할 만한 것은, 이 책이 전 세계의 평범한 그리스도인에 의해 성취된 하나님의 선교를 강조하고 있다는 사실이다.

그리스도인들은 새로 발견한 정체성 속에서 자신의 선교적 목적을 이해하게 되었다. 나는 지난 십여 년 이상 기독교 선교학 개론을 가르치면서 이제야 보완적인 교과서를 발견한 것만 같다. 이 책은 세상이 하나님과 화해하고, 이 세대를 하나님의 위대한 선교로 부르시는 방식 속에서 신앙이 성숙해 가는 역사적 순례를 그리고 있다.

알렌 예(Allen Yeh) 박사
Biola University 쿡(Cook)교차문화학, 선교학 부교수

에드워드 L. 스미더는 흉내 낼 수 없는 방식으로 우리에게 기독교 선교에 관한 간결하면서도 균형 잡힌 역사를 소개하고 있다. 여기서 간결하다는 것이 중요하다. 왜냐하면, 세상 사람들을 향한 하나님 운동의 역사는 매우 방대하지만, 스미더는 독자를 위해 명쾌하게 이해할 수 있는 단 한 권으로 압축하고 체계화하여 이 책을 내놓았기 때문이다.

이 책은 단순히 서구 세계에서 비서구 세계가 아니라, 모든 곳에서 모든 이에게로 확장하는 선교 사역의 균형 잡힌 시각을 줄곧 유지하고 있다. 그리고 또 잘 읽힌다. 결코, 지루하지 않다. 이 책은 케네스 스코트 라토렛(Kenneth Scott Latourette)의 『기독교 확장사』(*A History of the Expansion of*

Christianity)나 필립 젠킨스(Philip Jenkins)의 『기독교의 잃어버린 역사』(*The Lost History of Christianity*)와 같은 대작과 견주어도 손색이 없다.

스미더는 하나님께서 과거에 하셨던 것을 모두가 기억하도록 이끄는 복음의 메신저다. 이 책은 우리에게 현재의 확신과 미래의 소망을 가져다준다.

J. D. 페인(J. D. Payne) 박사
Samford University 목회학 부교수

에드워드 L. 스미더의 책 『간추린 세계 기독교 형성사』를 추천하게 되어 아주 기쁘게 생각한다. 역사 연구는 교회의 건강을 유지하는 데 매우 중요하지만, 종종 간과되곤 한다. 교인들에게 선교 역사에 대해서 뭐든 물어보라. 그들은 신약 시대나 루터 시대에 일어난 사건, 그리고 빌리 그래함의 설교에 대해서 답할 것이다. 그러나 그 이상의 답변을 기대하기란 어렵다. 교회가 역사에 무관심할 때 교회의 건강성은 위협받는다.

스미더는 이 책에서 지난 2천 년간 복음이 확장하는 역사 중에 가장 중요한 사건을 요약하고 있다. 그리스도의 몸인 교회는 사상이 건전하고 명료할 때 성장할 수 있다. 중요한 이름, 장소, 사역, 사건 등 이런 역사적 측면들이 이 학술서에 쉽게 이해할 수 있는 방식으로 잘 설명되어 있다.

만일 여러분이 예루살렘에서 땅끝까지 복음이 확장하는 과정에 과연 어떤 일이 발생했는지를 알고자 한다면 이 책이 첫 시작점일 것이다. 이 책을 여러분 손에 가까이 두고 반복해서 읽기를 권한다.

로버트 L. 갈라거(Robert L. Gallagher) 박사
Wheaton College 교차문화학 교수, 교차문화학 프로그램 소장

에드워드 L. 스미더의 『간추린 세계 기독교 형성사』는 독보적인 책이다. 이 책은 생동감 있게 역사에 생명을 불어넣는다. 그리고 세계 선교 역사를 쉽게 설명한다. 종교개혁 시대 개신교 선교와 같은 이슈에 대해서도 아주 겸손하게 물음을 제기한다. 핵심 인물과 선교 전략의 생생한 이미지가 각 시대의 정치 사회적 상황과 함께 모두 잘 담겨 있다.

간추린 신학 시리즈 ⑲

간추린 세계 기독교 형성사

Christian Mission: A Concise Global History
Written by Edward L. Smither
Translated by Kang Hee Han

Copyright 2019 Edward L. Smither
Originally published in English under the title
Christian Mission: A Concise Global History
by Lexham Press
1313 Commercial St., Bellingham, WA 98225
All rights reserved.

Translated and printed by permission of Lexham Press
Korean Edition Copyright © 2023 by Christian Literature Center, Seoul, Korea.

간추린 세계 기독교 형성사

2024년 9월 9일 초판 발행

지 은 이 | 에드워드 L. 스미더
옮 긴 이 | 한강희

편 집 | 전희정
디 자 인 | 박성준, 이보래
펴 낸 곳 | (사)기독교문서선교회
등 록 | 제16-25호(1980.1.18.)
주 소 | 서울특별시 동대문구 천호대로71길 39
전 화 | 02-586-8761~3(본사) 031-942-8761(영업부)
팩 스 | 02-523-0131(본사) 031-942-8763(영업부)
이 메 일 | clckor@gmail.com
홈페이지 | www.clcbook.com
송금계좌 | 기업은행 073-000308-04-020 (사)기독교문서선교회
일련번호 | 2024-98

ISBN 978-89-341-2734-5(93230)

이 한국어판 저작권은 Lexham Press와 독점 계약한 (사)기독교문서선교회가 소유합니다. 신저작권법에 의하여 한국 내에서 보호를 받는 저작물이므로 무단 전재와 무단 복제를 금합니다.

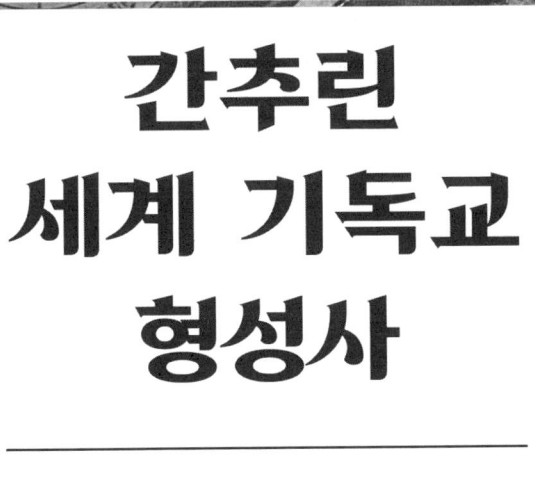

간추린 세계 기독교 형성사

Christian Mission: A Concise Global History

에드워드 L. 스미더 지음 | 한 강 희 옮김

★★★★★
아웃리치 매거진
(Outreach Magazine) 선정

교차문화와 선교학 부문
2019년 올해의 책 수상

★★★★★
크리스채너티 투데이
(Christianity Today) 선정

선교학 부문
2020년 올해의 책 수상

CLC

목차

추천사 1 **이 재 근 박사** | 광신대학교 신학과 교회사 교수	1
추천사 2 **최 상 도 박사** | 호남신학대학교 신학과 역사신학 교수	3
추천사 3 **나단 A. 핀(Nathan A. Finn) 박사 외 5인**	5
약어	14
일러두기	14
저자 서문	15
역자 서문	17
서론	22

제1장
초대 교회의 선교, 100-750년 … 35

제2장
중세 교회의 선교, 750-1500년 … 96

제3장
초기 근대 교회의 선교, 1500-1800년 … 126

제4장
기독교 선교의 위대한 세기, 1800-1900년 … 161

제5장
기독교 선교의 지구적 세기, 1900-2000년 … 210

제6장
21세기 다수 세계로부터의 선교 … 253

에필로그	277
지도 1-8	280

지도 목록

[지도 1] 117년경 로마제국: 최대로 확장한 제국의 영토

[지도 2] 전성기 동방교회의 지도(800-1200년경)

[지도 3] 바이킹의 항해로와 정착 지도(800-1000년)

[지도 4] 몽골제국 지도

[지도 5] 종교개혁 시기 유럽의 기독교 분포

[지도 6] 유럽의 아프리카 식민지 지도

[지도 7] 남태평양 지도

[지도 8] 현대 무슬림 세계 지도

약어

ANF	*Ante-Nicene Fathers*
b.	born
c.	circa
d.	died
NPNF²	*Nicene and Post-Nicene Fathers*, Series 2
r.	reigned

일러두기

1. 이 책은 Edward L. Smither, *Christian Mission: A Concise Global History*, Lexham Press, 2019를 완역한 것이다.
2. 이 책의 출판 기점(2019년) 이후 변경된 정보는 역자가 수정하거나 새로 보완했다. 가령, "조용기 목사"(1936년 출생)는 "조용기 목사"(1936-2021년)로 일관성 있게 수정했다.
3. 본문에서 인용한 성서 구절은 새번역 성서를 사용했다.
4. 단행본은 『 』로, 정기 간행물은 「 」로 표시했다. 또한, 선교 단체는 첫 언급 시 〈 〉로 표시했다.
5. 저자가 설명하지 않은 특정한 용어의 경우 역자 주를 통해 이해를 돕고자 했다.

저자 서문

에드워드 L. 스미더(Edward L. Smither) 박사
Columbia International University 교차문화학 교수, 학장

　그동안 이 책을 완성하는 과정에서 나를 격려하고 영감을 준 수많은 사람에게 감사의 마음을 전하고 싶다. 지난 십여 년 이상, 한 학기 과정의 선교 역사 수업에 참여한 학생들은 아주 유익한 토론의 장을 열어 주었다. 그리고 결국 이 책을 쓰도록 환경을 마련해 주었다.

　복음주의선교학회(Evangelical Missiological Society)와 복음주의신학회(Evangelical Theological Society)에 속한 동료 학자들 역시 내가 진행한 연구에 귀 기울여 주었고 피드백을 제공해 주었다. 이런 도움 덕택에 이 책 몇 페이지를 장식할 수 있었다.

　루스 뷰캐넌(Ruth Buchanan)은 이 책의 원고를 미리 읽어 보며 피드백을 준 아주 탁월한 독자다. 원고에 실린 한 단어 한 단어를 꼼꼼하게 읽고 능동태를 쓰도록 권하며 수식 어구를 바로잡아 주는 등 가독성이 좋은 책으로 출판될 수 있도록 지도해 주었다.

　렉스햄출판사(Lexham Press)의 편집자 토드 헤인스(Todd Hains)는 이 책을 출판하는 데 있어 가장 중요한 역할을 담당해 주었다. 헤인스는 독자들이 이 책을 쉽게 이해하고, 정확히 의미를 파악하며, 요지가 분명한 글이 되도록 전력을 다해 다듬어 주었다. 그에게 감사드린다.

　특별히 종교개혁 시대 개신교 선교와 관련한 몇 가지 조언에 대해서도 감사를 표한다. 가끔 그와 주고받은 "당신, 이모티콘, 움짤(gifs), 에인트(ain't)"와 같은 일상적 표현이 지나치긴 했지만, 본 저서를 집필하는 데 한껏 재미를 안겨 주었다.

콜롬비아국제대학교(Columbia International University)에 재직 중인 선임 교수들은 내가 이 저술 작업을 진행하는 데 지치지 않도록 응원해 주었다. 아울러 본서와 관련하여 연구하고 집필할 수 있도록 공간도 제공해 주었다.

콜롬비아국제대학교의 팀 동료들 역시 커피나 점심을 함께 나누며 내가 놓쳐 버린 개념과 주제를 생각나게 했는데, 다행히 이 부분도 책에서 다룰 수 있었다.

나를 사랑해 준 아내 숀(Shawn)과 아이들은 나의 주된 취미가 로드 바이킹 말고도 책을 읽고 글을 쓰며, 또 뭔가를 탐구하는 데 있음을 다시금 일깨워 주었다. 이 모든 분에게 감사드린다.

역자 서문

한강희 박사
낙산교회 담임목사, 한신대학교 겸임교수

이 책의 저자 에드워드 L. 스미더(Edward L. Smither)는 현재 콜롬비아국 제대학교 교수로 사역하고 있다. 아울러 복음주의선교학회(Evangelical Missiological Society)의 부회장이자 학회 저널의 편집장을 역임하고 있다. 스미더는 2012년 이 대학에 오기 전 6년간 리버티대학교(Liberty University)에서 교회사와 교차문화학을 가르치기도 했다.

그가 남긴 인생의 여정은 학계에만 제한되지 않는다. 스미더는 학계에 발을 딛기 전 북아프리카와 프랑스 그리고 미국 등지에서 14년간 다문화 목회를 통해 현장의 목소리를 경청해 왔다.

이런 다방면의 학문과 목회 사이의 균형 잡힌 경험이 바로 『간추린 세계 기독교 형성사』라는 저작 속에 압축적으로 녹아 있다. 2020년 「크리스채너티 투데이」(Christianity Today)는 이 책을 '선교학 부문 올해의 책'으로 선정했다. 이런 성과는 스미더가 쌓아 온 학계와 목회 현장의 폭넓은 경험을 인정한 것으로 볼 수 있다.

『간추린 세계 기독교 형성사』는 스미더가 저술한 첫 번째 단행본은 아니다. 이 책이 등장하기 전 이미 저자는 기독교 역사의 방대한 이야기를 선교의 시선에서 분석하고 이와 관련한 다양한 저서를 출판한 바 있다.

대표적으로 다음과 같은 책들이 있다.

- 『아랍 세계에서 브라질의 복음주의 선교: 역사, 문화, 실천, 그리고 신학』(*Brazilian Evangelical Missions in the Arab World: History, Culture, Practice, and Theology*, Eugene: Pickwick, 2012)

- 『초대 교회에서의 선교: 주제와 성찰』(*Mission in the Early Church: Themes and Reflections*, Eugene: Cascade, 2014)
- 『선교적 수도사들: 선교적 수도원주의의 역사와 신학 입문』(*Missionary Monks: An Introduction to the History and Theology of Missionary Monasticism*, Eugene: Cascade, 2016)

이렇게 저자는 교회사와 선교를 서로 융합하며 독창적인 연구를 진행해 왔다.

최근에는 『환대로서의 선교: 환대하시는 선교적 하나님을 본받아』(*Mission as Hospitality: Imitating the Hospitable God in Mission*, Eugene: Cascade, 2021)를 출판하며 선교 역사는 물론 선교 개념에 대한 이론적 지평을 더욱 심화하고 있다.

이 책의 원제목은 *Christian Mission: A Concise Global History*이다. 『기독교 선교: 간추린 세계사』 정도로 직역할 수 있겠다. 말 그대로 지난 2천 년간의 기독교 역사를 글로벌한 관점에서 정리한 입문서의 성격을 지니고 있다. 그러나 본 역자는 이 책에서 밝힌 저자의 연구 방향과 성격을 적극적으로 반영하여 『간추린 세계 기독교 형성사』라는 제목으로 바꾸어 달았다.

이렇게 표제를 변경한 이유는 스미더가 서론에서 강조한 것처럼 '글로벌'(Global)을 강조했기 때문이다. '지구적' 혹은 '세계적'으로 번역될 수 있는 '글로벌'은 이 책을 관통하는 하나의 핵심 개념이자 방법론이다. 기독교 선교가 초대 교회라는 서구적 지형과 전통에서 비서구 지역으로 확장한 것이 아니라, 이미 기독교의 발생과 초대 교회 시대부터 기독교의 원형이 전 지구적으로 파생하고 있었음을 전제하는 것이다.

기존에 발간된 선교 역사서나 입문서에서는 서구 중심적 분석 틀이 내재되어 있어 기독교를 서구적 기독교로 전제하는 성향이 강했다. 그러나 이 책은 이런 전통적인 선교 패러다임을 극복하고 이미 1세기부터 '글로벌'한 지평에서 세계 기독교의 형성과 그 확산에 주목하고 있다. 이런 이유로 역자는 '기독교 선교'라는 용어를 '세계 기독교'(World Christianity)로

대체했다.

이 책에서 염두에 두고 있는 '세계 기독교'라는 용어를 좀 더 설명할 필요가 있겠다. 세계 기독교 개념에서 생각해 볼 수 있는 용어는 '크리스텐덤'(Christendom, 기독교 세계)이다. '세계 기독교'와 '크리스텐덤'이 꼭 대치되는 개념은 아니지만, 세계 기독교가 학문적으로 정립하는 과정은 크리스텐덤이라는 서구중심주의에 대한 학문적 반성과 유리되지 않는다.

크리스텐덤 현상, 특히 기독교의 로마화, 로마제국과 기독교의 공모, 십자군과 기독교 헤게모니, 이슬람과 기독교의 충돌, 중세 지리상의 발견과 서구제국주의라는 역사적 경로는 서구 기독교 확장 과정에서 볼 수 있는 사건들이다.

선교 역사에서 뚜렷하게 볼 수 있는 현상은 바로 이런 서구 중심적인 것들로, 서구의 선교를 통해서 기독교 복음과 문화가 아프리카, 아시아, 라틴아메리카로 팽창했다. 이 책에서도 '세계 기독교'에 대해서 강조점을 두지만 이런 서구에서 비서구로의 기독교적 확산에 대해서 간과하지는 않는다. 다만 저자가 집중하는 것은 기독교와 복음의 서구 중심적 확장이라는 큰 기류 속에서도 현지의 복음에 대한 수용성과 이를 통한 새로운 해석을 줄곧 밝히고 있다.

즉, 제3세계 혹은 비서구 그리스도인들의 기독교 복음 수용의 역사와 이들을 통한 복음의 주체화 과정, 그리고 교회의 자립과 자신학화라는 새로운 차원의 등장이 이 책에서 잘 스케치되어 있다. 이를 '기독교 선교'에서 '세계 기독교'로의 전이 과정이라고 표현할 수 있다. 이 책에서 저자는 기독교 형성 과정이 이미 모든 시대, 모든 지역에서 발현하는 '다중심성'(polycentricity)이라는 특징을 전제하고 있다.

이 책이 지니는 특징과 장점을 세 가지로 정리해 볼 수 있다.

첫째, 이 책은 간결하고 대중적이며 선교학 입문서로 적격이다.

기존 기독교계 출판사에서 출판한 선교학 개론서들은 그 내용과 양이 방대하다. 대표적으로 선교학의 대표 교과서라 할 수 있는 데이비드 보쉬(David Bosch)의 『변화하고 있는 선교』(CLC 刊)가 그 한 예이다. 보쉬의 책은 현재 전 세계 신학교에서 사용하는 필독서이다. 그러나 내용의 난해함과 전문성 때문에 입문서로는 접근하기 어려운 점이 많다.

필자도 대학교에서 『변화하고 있는 선교』를 주 교재로 사용하면서 학생들로부터 이런 불만을 듣게 되었다. 그러나 이 책은 원서 제목에서 알려주는 것처럼 간결(concise)하다. 그렇다고 전문성이 결핍된 것도 아니다. 부담 가지 않는 분량으로 선교 역사의 핵심 장면들과 사건들을 이렇게 압축적으로 담아내는 것은 저자의 완숙한 학문성 없이는 불가능했을 것이다. 아주 알짜배기를 잘 선별하여 꼭 필요한 지식과 정보를 담아내고 있다.

둘째, 이 책은 '글로벌'한 역사적 관점을 강조한다.

21세기 이후 세계적이고 글로벌한 통찰은 신학계 전반에 새로운 패러다임을 제시할 정도로 그 중요성이 부각되고 있다. 그러나 현재까지 출판된 선교학 및 선교 역사서들은 '글로벌'한 관점을 놓치고 있다.

폴 피어슨(Paul E. Pierson)이 저술한 『기독교 선교운동사』(CLC 刊) 등이 기존에 발간된 중요한 선교학 서적으로 볼 수 있는데, 이 도서에서도 글로벌한 관점이 강하게 부각되지는 않았다. 이런 한계를 인지한 스미더는 작심하고 제목의 부제에 글로벌이라는 관점을 적시함으로써 여느 다른 책들과 차별성을 부여한다.

특히, 책 후반부에는 아프리카 신학, 아시아 신학 등 제3세계 신학에 대한 언급을 통해 왜 한국과 같은 아시아 교회가 세계 선교에 있어서 중요한 지점을 가졌는지 그 의미를 밝혀낸다. 이런 해석은 한국 독자들에게 복음 증거의 필요성을 역설하고 세계 선교의 비전을 확고히 하도록 도와줄 것이다.

셋째, 이 책의 각 장 끝에 [더 읽을 자료]를 마련하여 심화 도서를 소개한다.

이런 책자를 통해 독자들은 상위 과정의 배움으로 나아갈 수 있다. 이 책에는 기독교 내 교파를 초월하여 수많은 선교사, 선교 정책 전문가 또는 전략가, 선교 기구, 선교 개념 등이 등장한다. 신학생들과 연구자들은 이런 인물, 정책과 개념들을 선택하여 전문적인 글과 논문으로 발전시킬 수 있으리라 본다.

이 책은 신학생, 전문적인 선교 연구가, 선교사만을 독자층으로 삼지 않는다. 단기 선교를 계획하고 장단기 선교사들을 후원하는 지교회에서 지속할 수 있는 선교를 위한 역사적 흐름과 교훈을 얻을 때도 이 책이 도움을 줄 것이다. 이 책은 혼란스러운 선교 정책과 역사를 정리하는 안내판 역할을 할 것으로 기대한다.

필자는 대학에서 선교학과 세계 기독교학을 가르치기에 어떤 전문적이고 논쟁적인 책보다는 학생들이 이런 학문의 세계에 쉽게 흥미를 갖고 선교의 세계로 진입할 수 있는 개론서를 주로 살펴보아 왔다. 또 나름 "간추린 세계 기독교"라는 제목으로 집필할 계획을 세우고 있었다. 그러다가 스미더의 책을 발견하고 집필보다는 번역이 더 유익할 것이라는 판단을 내렸다.

이 개론서가 신학생은 물론 선교사 지망생과 세계 선교를 후원하는 지교회 성도들에게 오늘의 세계 기독교가 어떻게 형성되어 왔고 어떤 정책과 흐름이 전개되었는지를 파악하는 길라잡이가 되었으면 좋겠다.

코로나는 물론 신학교와 교회의 쇠퇴로 인해 기독 출판이 어려운 상황 속에서도 이 책을 출판하도록 이끌어주신 기독교문서선교회(CLC) 대표 박영호 목사님께 감사를 드린다. 또한, 번역 계약과 제반 행정을 꼼꼼하게 진행해 주신 직원들에게 본 지면을 빌어서 고마움을 표하고자 한다.

동숭동 낙산교회에서

서론

조지 릴리(George Liele, 1750-1820년)는 미국 최초의 해외 선교사였다. 릴리는 1783년 자메이카(Jamaica) 해안에 도착했다. 그 섬에서 일하고 살면서 궁극적으로는 침례교 선교 사역을 개척하고자 했다. 1750년 미국 버지니아(Virginia)에서 노예로 태어났지만, 자유를 얻었고 사우스캐롤라이나(South Carolina)와 조지아(Georgia)에서 교회를 설립하며 목회를 시작했다.

다시 노예가 될 것을 두려워했던 그는 계약 노동자로 자메이카에서 일하기로 결심했다. 릴리는 자신의 빚을 청산한 후 농사를 짓기 시작했다. 그리고 한때 자메이카 운송업에도 종사했다. 그는 목회나 선교 사역의 대가로 한 푼의 사례도 받지 않았다. 현재 337개의 회중교회와 4만 명의 신자로 구성된 자메이카침례교연합회(Jamaican Baptist Union)는 고국에서 노예 상태에서 도망쳐 자메이카 선교사로 활동한 조지 릴리라는 이중직 교회 개척자가 오랫동안 노력한 결과였다.

이 책은 역사 속에 등장한 조지 릴리와 같은 인물을 소개하고 다룬다. 선교의 혁신가들, 이들은 그리스도 복음을 알리기 위해 자신을 희생하며 전 세계를 방문했다.

나는 기독교 선교의 지리적, 정치적, 사회적 상황을 조사하고 세계 선교의 주요 인물과 전략 그리고 결과를 살펴보면서 기독교 선교의 세계사를 이야기하고자 한다. 무엇보다 나는 '세계적'(global)이라는 말을 강조하고 싶다. 복음은 결코 오직 하나의 문화나 세계의 한 지역에 국한되지 않는다. 지금까지의 역사를 돌이켜 볼 때 복음은 모든 곳에서 모든 이에게 흘러 들어갔다.

1. 선교는 파송에 관한 것

오늘날 '미션'(mission)이라는 단어는 지나칠 정도로 자주 사용되고 있다. 외교관, 전투기 조종사, 일부 초등학교 교사도 자신의 업무를 미션이라고 말한다. 자동차 부품 유통업에서부터 패스트푸드 음식점에 이르기까지 거의 모든 업종에서 분명한 미션 선언문을 갖고 있다.

그러나 어느 한 단어가 무분별하게 사용될 때, 그 단어가 내포하는 의미는 희미해지고 모호해지기 마련이다. 기독교 선교도 예외는 아니다. 20세기 영국성공회 주교이자 선교 역사가인 스티븐 닐(Stephen Neill)은 이렇게 경고한 바 있다.

> 모든 것이 선교이면 아무것도 선교가 아니다.[1]

그렇다면 기독교 선교가 의미하는 것은 무엇인가?

간단하게 말하면 '선교'는 파송을 의미한다. 성서에서 사용된 파송의 첫 번째 사례는 최초의 응답자이신 살아 계신 하나님께서 타락한 인간을 향해 나아가시고 "네가 어디에 있느냐"(창 3:9)라는 근원적 물음을 제기하셨을 때 즉시 나타났다. 바로 이 지점부터 하나님께서는 인간의 벌거벗음과 수치를 동물의 가죽으로 덮으셨다. 이는 그리스도께서 십자가에서 성취하실 것이라는 구원 사역을 예견하는 하나의 희생적 행위이다.

분명 하나님께서는 선교적 하나님이시다. 당연히 성서는 사람과 집단을 파송하시는 하나님의 선취적 이야기로 가득 차 있다. 아브라함, 이스라엘, 예언자, 예수님, 교회에 이르기까지 이들에게 그리스도의 길과 메시아 그리고 구속과 화해의 메시지를 예고하셨다. 따라서 복음주의 신학자와 선교학자는 선교를 "하나님의 선교"(The mission of God)로 정확하게 언급한다.[2]

---

1 Stephen Neill, *Salvation Tomorrow: The Originality of Jesus Christ and the World's Religions* (Cambridge: Lutterworth, 1976), 17.
2 다음의 책을 참고할 것. Christopher Wright, *The Mission of God: Unlocking the Bible's*

여기서 '기독교 선교'는 적십자나 유엔과 같은 선한 사역과 어떤 차이가 있을까?

한 가지 차이는 바로 동기다. 인류의 가장 중요한 필요는 영적이기에 기독교 선교에 있어서 핵심적인 과제는 그리스도를 선포하는 일이다. 즉, 그리스도께서 죽으시고, 땅에 묻히시고, 부활하심을 선포하는 일이다. 예수님은 교회에 "제자를 삼으라"고 명령하셨다.

이는 예수님을 선포하고 예수님을 따르도록 죄인을 초청하는 것(전도)을 포괄한다. 또한, 새로운 신자들에게 예수님이 신앙과 실천에 관해 명령하신 모든 것을 가르치고(제자화), 신자들이 예배하는 공동체로 모이게 하는 것(교회 개척)도 포괄한다.

성서의 관점에서 보면, 우리는 선교가 단순히 말씀(복음을 선포하고 가르치며, 교회를 시작하는 일)만이 아니라, 행동(인간의 실질적 필요를 돌보는 일)으로도 이루어지는 것임을 알게 된다. 예수님이 펼치신 이 땅에서의 선교는 주로 설교와 가르침으로 이루어지지만, 그중에서도 병자를 치유하시고 굶주린 자를 먹이시며 사회적 불의를 비난하시는 때도 있었다.

따라서 적십자에서 근무하는 직원과 기독교 선교사는 재난 구조에 있어서 함께 동반자로 사역할 수 있겠지만 선교사의 사역은 복음을 전하는 일을 반드시 포함해야 한다.

차츰 내가 나이를 먹어 가면서 친분 있는 선교사들이 살아가는 아이티(Haiti)나 아프리카의 선교 사역을 떠올려 보곤 한다. 제자를 삼기 위해 모든 나라로 떠나는 일은 여권과 비자를 발급받고 또 예방주사 접종을 의미한다. 그런 후에야 저 멀리 떠나기 위해 비행기에 탑승하고 선교지에서 예수 그리스도의 이름으로 사역할 수 있게 된다. 선교는 분명 경계를 넘는 일을 포함한다.

Grand Narrative (Downers Grove, IL: IVP Academic, 2006); Mike Barnett, ed., *Discovering the Mission of God: Best Missional Practices for the Twenty-First Century* (Downers Grove, IL: IVP Academic, 2012); William Larkin and Joel Williams, eds., *Mission in the New Testament: An Evangelical Approach* (Maryknoll, NY: Orbis, 1998).

그러나 선교사가 항해하는 가장 위대한 경계는 신앙과 비신앙 사이의 경계를 넘는 일이다!

이렇게 경계 넘는 일은 내가 튀니지(Tunisia)에 거주하는 무슬림 친구와 사귀고, 미국 도시에서 공부하는 중국인 박사 과정 학생과 이야기 나누며, 마을 옆집에 사는 이웃과 만나는 상황에서도 적용된다.

선교는 자칫 단일 문화적 경험에 그칠 수 있겠지만, 성서는 "그의 영광을 만국에 알리고 그가 일으키신 기적을 만민에게 알려라"(시 96:3)라는 말씀으로 우리 마음을 성찰하게 한다. 하나님 선교의 범주와 영역은 지구 전체이며 모든 문화 집단 전반에 걸쳐 있다. 성서에서 말하는 하나님의 선교는 땅에 사는 모든 민족이 복을 받게 하려고 먼저 아브라함에게 복이 되라는 하나님(창 12:1-3) 말씀에 근거해 있다.

사도 바울은 갈라디아 사람들에게 이런 축복이 복음 그 자체라고 해석하기도 한다.

> 하나님께서 이방 사람을 믿음에 근거하여 의롭다고 여겨 주신다는 것을 성경은 미리 알고서, 아브라함에게 '모든 민족이 너로 말미암아 복을 받을 것이다'라는 기쁜 소식을 미리 전하였습니다(갈 3:8).

우리는 기독교 선교를 통해서 신앙과 비신앙의 경계를 넘어 모든 국가로 향해야 한다.

어느 브라질 출신의 목사가 성실하게 교회에서 사역하며 자신이 속한 공동체 선교 사역에 종사할 때, 그는 이미 전 세계에 대한 넓은 시야 속에서 일하겠다는 책임을 지니고 있다. 자신이 시무하는 교회 신자들과 전 세계를 위해 함께 기도한다. 때로는 이들을 선교사로 섬기도록 파송한다. 또 자신이 속한 지역공동체에 온 타국의 이민자들을 돌보는 일을 함께 나누기도 한다.

"과연 선교는 선교사의 사역일까?"

마지막으로 이 물음을 생각해 볼 필요가 있다. 물론, 이 질문은 선교사란 누구이며 무엇을 하는지를 잘 알고 있음을 가정한다. 나는 이 책에서 수많은 역사적 이야기를 살펴보며 선교사의 정체성과 활동에 대해 철저하게 규명할 것이지만, 지금 이 단계에서 우리는 그리스도를 믿는 모든 신자가 하나님의 선교에 어떤 역할을 하고 있는지 확인할 필요가 있다. 많은 사람이 전업 선교사라는 공식 자격으로 파송을 받는다. 또 다른 신앙인들은 직장이나 학업을 위해, 때로는 강제 추방과 같은 이유로 해외로 이주할 것이다.

이런 과정에 이들은 그리스도의 제자들을 만들고 교회를 세울 것이다. 또한, 누군가는 외국인 학생이나 이주민, 난민 등 다양한 국가에서 온 이들을 환대할 것이다. 그리고 자신의 공동체 안에서 이들이 온전히 정착하도록 전력을 다해 돌볼 것이다.

누군가는 이 이방인들을 위해 기도해 주고 재정적인 지원을 해 주며 설령 복음을 믿지 않는다고 할지라도 그들의 처지를 옹호해 줄 것이다. 하나님은 선교적 하나님이시다. 그분은 자기 백성을 하나님의 선교에 참여하도록 초청하신다. 그리스도인이라면 그 누구도 이 사명을 내려놓을 수 없다.

2. 선교 역사의 중요성

선교 역사를 연구하는 데 있어서 우리가 고려해야 할 중요성은 무엇일까?

첫째, 일반적으로 역사를 검토하는 시도는 인류의 경험을 풍요롭게 한다. 우리는 다양한 역사적 상황, 근거, 변화, 복잡한 전개 과정을 파악함으로써 과거를 정확하게 이해할 수 있게 된다.[3]

둘째, 역사학자 후스토 곤잘레스(Justo González)는 교회사는 사실 선교사라고 정확하게 주장한 바 있다. 우리는 기독교 건물, 전통, 교리의 역사를 넘어서 매 시대에 등장하는 교회 이야기를 이해하기 위해 복음이 어떻게

---

[3] 다음의 책을 참고할 것. John Fea, *Why Study History? Reflecting on the Importance of the Past* (Grand Rapids: Baker, 2013).

사회문화적 경계를 넘어서 확장하고 교회가 어떻게 인간 집단 중에 뿌리 내리게 되는가를 평가해야만 한다.

기독교 역사를 이해하는 일이란 세계 교회의 의식을 형성하고 있는 것이며 건전한 기독교공동체의 기억에 유익함을 가져다준다. 선교 역사에 대한 엄밀한 평가는 선교사들의 약점과 실수, 심지어 당혹스러운 사건들을 들추어내곤 하지만, 이런 과정에서도 결국 선교적 하나님의 신실하심을 증명할 것이다.

셋째, 실천적인 관점에서 말하면, 현대 선교 실천가들은 선교 역사를 평가하며 과거의 한계와 혁신을 배울 수 있을 것이다. 가령, 여기에는 당장 내 현장에서 중단되어야 하는 실천도 있을 것이고 오늘의 상황에 맞춰 회복하거나 전수해 나가야 할 다양한 방법도 있을 것이다.

3. 선행 연구

지금까지 많은 저자가 선교 역사에 관한 연구를 발표해 왔다.[4] 나는 그들의 연구에 큰 빚을 지고 있다. 본 저서 프로젝트는 이런 선행 연구를 기반으로 이루어졌다. 일부 학자가 근대 선교의 시대적 모습을 집중적으로 연구해 왔지만 정작 초대 교회 선교에 관해서는 연구의 질과 양이 비교적 빈약하다.[5] 이외 연구에서는 20세기 중후반까지 시간대를 설정하여 그 시

---

[4] 대표적으로 다음의 책을 참고할 것. Stephen Neill, *A History of Christian Missions* (London: Penguin, 1990); Ruth A. Tucker, *From Jerusalem to Irian Jaya: A Biographical History of Christian Mission* (Grand Rapids: Zondervan, 2004); J. Herbert Kane, *A Concise History of the Christian World Mission: A Panoramic View of Missions from Pentecost to the Present* (Grand Rapids: Baker, 1982); Jacques A. Blocher and Jacques Blandenier, *The Evangelization of the World: A History of Christian Missions* (Pasadena, CA: William Carey Library, 2012); Dana Robert, *Christian Mission: How Christianity Became a World Religion* (Oxford: Wiley-Blackwell, 2009); and Carlos F. Cardoza-Orlandi and Justo L. González, *To All Nations from All Nations: A History of the Christian Missionary Movement* (Nashville: Abingdon, 2013).

[5] 다음의 책을 참고할 것. Neill, *History of Christian Missions*; Tucker, *From Jerusalem*

대의 연구 주제를 다루어 왔다.[6]

아울러 다른 저자들은 근대 시기의 주류 개신교, 정교회, 로마가톨릭 선교를 연구하면서 더욱 폭넓은 에큐메니컬 독자를 대상으로 연구서를 편찬해 왔는데, 이는 이 책에서 다루는 핵심을 넘어서는 방대한 영역이다.[7]

마지막으로 주제별로 다루거나 인물사적 방법을 적용한 일부 연구서도 있다.[8] 물론, 본 연구도 주제와 인물 모두를 포괄하지만, 방법론에서 좀 더 폭넓고, 연대기적이며, 상황적인 접근을 취하고자 한다. 이 책은 기독교 선교의 세계사에 주요 관심을 설정하고 어떻게 복음이 모든 곳에서 모든 이에게 전파되는가를 조명하고자 한다.

이 책은 근대 시대에도 관심을 기울이겠지만, 종종 무시되어 온 초대 시대 교부와 중세 시대의 선교 풍경에 대해서도 균형 잡힌 연구를 개진할 것이다. 또한, 지구 남반구(Global South)나 다수 세계로부터 이어지는 21세기 복음화 선교 노력도 강조하고자 한다.

4. 몇 가지 한계

본 입문서는 방대한 내용을 담고 있기에 한편으로는 다음과 같은 몇 가지 약점과 한계점도 동시에 드러내고 있다.

첫째, 다른 세계 기독교 연구서와 비교할 때 이 책에서 담고 있는 19-20세기 오세아니아, 아프리카, 아시아, 라틴아메리카 지역 기독교 연

---

to Irian Jaya.

6 다음의 책을 참고할 것. Neill, *History of Christian Missions*; Kane, *Concise History of the Christian World Mission*; Blocher and Blandenier, *Evangelization of the World*.

7 다음의 책을 참고할 것. Neill, *History of Christian Missions*; Cardoza-Orlandi and González, *To All Nations from All Nations*.

8 다음의 책을 참고할 것. Robert, *Christian Mission*; Tucker, *From Jerusalem to Irian Jaya*.

구는 정밀하게 연구한 것이라기보다는 각 지역 기독교의 대표적인 사례를 보여 주는 데 그쳤다.

둘째, 이 책은 선교 방법과 전략을 위한 상황을 보여 주기 위해 특정 시대와 특정 지역의 정치, 사회적 역사를 간략하게 논의할 것이다.

셋째, 가끔 몇 가지 신학적 논쟁이 언급될 수 있겠지만 이것이 역사신학을 철두철미하게 다루는 것이 아님을 미리 일러둔다.

넷째, 이 책은 1800년 이후 진행하는 방대한 세계 선교의 흐름과 연계하면서 19세기부터 현재까지의 개신교 복음주의 선교에 초점을 맞출 것이다. 특히, 로마가톨릭과 동방정교회 선교사들은 이 시기 하나님께 영광을 돌리는 선교 사역에 집중해 왔다. 그러나 이 책의 범위와 독자층을 고려해 개신교 복음주의 선교에 좀 더 초점을 맞추는 불가피한 선택을 하게 되었음을 밝힌다.

이 책에서 언급된 '복음주의자들'이라는 용어는 "베빙턴의 복음주의에 대한 네 가지 분류"(Bebbington Quadrilateral)를 참고하기로 한다.[9]

다음은 복음주의의 네 가지 특징이다.

첫째, 회심이 필수적이라는 점이다. 인간은 주 예수 그리스도의 죽음, 땅에 묻히심, 부활에 대한 믿음을 통해서 반드시 "다시 태어나야" 한다(요 3:1-8).

둘째, 성서가 기독교 신념과 실천을 위한 최종적 권위라는 사실이다.

셋째, 그리스도인은 신앙이라는 승리의 삶을 체험한다는 점이다. 그리스도인은 죄가 없는 완벽한 상태에 결코 이를 수 없지만, 신자의 삶 속에서 성령의 내주하시는 임재와 사역을 통해 지속적인 영적 성장을 기대하게 된다. 이런 이유로 그리스도인은 영적으로 성숙하기 위해 영적 제자도를 실천(가령, 공동예배, 기도 모임, 성경 공부 등)한다.

---

9   다음의 책을 참고할 것. David Bebbington, *Evangelicalism in Modern Britain: 1730s to 1980s* (London: Routledge, 1988).

넷째, 그리스도인이 자신의 신앙을 삶으로 살아 내야 한다는 것이다. 그리스도의 사랑이 강권하여 그리스도인은 하나님의 선교에 참여(고후 5:14)하며 적극적으로 예배와 증언에 관여한다. 일부 로마가톨릭, 동방정교회, 주류 개신교인이 이런 네 가지 특징을 복음주의적이라고 스스로 정의할 수 있겠지만 이 책에서는 복음주의적 개신교가 이루어 온 선교적 노력을 지칭하는 것으로 그 의미를 제한하고자 한다.

5. 방법론과 개요

이 책의 구조는 장마다 다음과 같은 질문을 제기하고 있다.

첫째, 언제 그리고 어디서?
우리는 연대기적 관점에서 어떻게 교회가 전 세계적으로 팽창해 나가는지를 엿보게 될 것이다.

둘째, 누가 그리고 무엇을?
여기서 우리는 선교 방법론뿐만 아니라 혁신적인 선교사들과 선교 운동을 고찰할 것이다.

셋째, 선교 사상과 실천에 나타난 핵심 경향, 주제, 패러다임 전환은 무엇인가?
이 부분에서 우리는 각 시기에 드러난 기독교 선교의 장점과 한계점 모두를 평가할 것이다.

이 책은 시대적 흐름과 지리적 확장에 주목한다. 아울러 이 책은 구조적으로 여섯 개의 장과 에필로그로 구성되어 있다.

제1장은 "초대 교회의 선교"를 다룬다. 우리는 이 장에서 1세기 말에서 시작하여 교부 시대를 거쳐 8세기 중반에 이르는 선교를 살펴볼 것이다. 서방, 즉 로마제국의 여러 지역 선교에서 동방의 중앙아시아를 관통하는 시리아와

중국에 이르기까지 그 여정을 탐험하고자 한다. 우리는 이런 여정 가운데서 기독교에 호의적이고 또 적대적인 분위기를 경험하게 될 것이다. 아울러 4세기 콘스탄틴 황제(Constantine, 274-337년)의 회심에 따라 교회와 국가가 친밀해진 상황 속에서 선교가 의미하는 바는 무엇인지 상세하게 다룰 것이다.

초대 교회 때에는 아주 소수의 사람만이 '전업' 선교사였다. 대부분은 이중직 선교사였다. 이 말은 선교사이면서 주교였고, 선교사이면서 교사였고, 수도사였음을 의미한다. 이외에 자신을 선교사로서 규정하지 않은 채 그리스도를 증거하고 교회를 개척한 익명의 선교사들도 존재했다.

제2장 "중세 교회의 선교"는 8세기 중반부터 종교개혁 전야까지 교회가 어떻게 선교에 관여해 왔는지 조명한다. 우리는 복음이 서유럽, 동유럽, 러시아, 스칸디나비아의 남은 지역을 거쳐 중앙아시아와 동아시아 지역으로 확장해 나가는 흐름을 목격하게 될 것이다. 이 시기에 주목할 만한 선교사들은 주교와 수도사들이었다.

그러나 우리는 탁발수도회(Mendicant Orders: 〈프란치스코회〉, 〈도미니코회〉 등)와 이들의 혁신적인 선교가 등장하고 있음도 주목할 필요가 있다. 확실히 크리스텐덤이라는 이 시기에 '기독교적 돌봄'이라는 행위는 선교 개념을 혼란스럽게 만들었다. 그러나 선교사들은 제자화라는 성서적 방법을 포기하지 않았으며 바이킹과 무슬림 그리고 몽골과 같은 세력의 폭력적 상황 속에서도 헌신을 이어 갔다.

제3장 "초기 근대 교회의 선교"는 시기적으로 1500년부터 1800년까지를 다룬다. 스페인과 포르투갈 그리고 후발 제국은 16세기에 전 지구적으로 팽창하고 있었다. 기독교 선교사들은 탐험가들과 정복자들을 대동하며 퍼져 나갔다. 선교와 제국의 이런 공모는 분명 혼선을 불러일으키기 충분했다.

그러나 우리는 로마가톨릭 선교사들이 아시아, 아메리카, 아프리카에서 복음을 전한 것처럼 성서적으로 진정성 있는 선교의 사례를 목격할 수 있다. 탁발수도회는 전 세계적으로 사역을 지속해 나갔고, 당시 대부분의 중요한 가톨릭선교 운동은 16세기 〈예수회〉(Society of Jesus)와 함께 개시하기에 이른다.

1500년부터 1800년까지 세계 선교 사역은 여전히 로마가톨릭 진영이 지배했다. 불행히 주요 종교개혁가들의 비전과 노력이 실행할 수 있는 세계 선교 운동으로 이어지지는 못했다. 개신교 해외 선교 사역이 잠깐 등장하는 듯했지만 1727년 모라비아 교도가 선교 무대에 나타나기 전까지 개신교 선교 운동은 첫발을 떼지 못했다.

제4장은 "기독교 선교의 위대한 세기"이다. 우리는 이 장에서 19세기 복음주의 개신교 선교사들의 노력을 논한다. 이때는 윌리엄 캐리(William Carey, 1761-1834년)라는 잉글랜드 출신의 이중직 목사가 대위임령(마 28:18-20)에 대한 신선한 해석을 강조했던 시기였다. 그는 교회가 모든 세대에 걸쳐 선교를 성취하기 위한 하나님의 수단이라는 결론을 내렸다. 자발성의 원칙을 주장한 캐리는 다른 동료와 함께 선교회를 창립하고 아시아, 아프리카, 아메리카, 오세아니아에 일꾼을 동원하고 파송했다.

제5장 "기독교 선교의 지구적 세기"는 20세기 기독교 선교를 파헤친다. 20세기는 폭력과 동요의 시대로 점철된다. 두 차례의 세계대전, 수많은 지역 분쟁, 공산주의의 발흥과 영향, 여기에 세계 곳곳의 집단 학살이 20세기를 가득 채우고 있었다. 이 시기는 대부분의 아프리카와 일부 아시아에서 횡행하던 식민주의의 종식을 가져왔다. 이런 시대적 대변동에도 복음은 아메리카, 아프리카, 아시아로 거침없이 퍼져 나갔다.

동시에 유럽은 점차 포스트 크리스텐덤의 시대로 접어들게 되었다. 19세기 영국은 선도하는 선교 파송국이었는데, 20세기에 이르러 이런 주도권을 미국에 넘겨주고 말았다. 선교 기구가 20세기에도 줄곧 조직되었고 상당수가 지구 남반구 지역 선교를 끌어 나갔다.

제6장은 "21세기 다수 세계로부터의 선교"를 주제로 한다. 우리는 이 장에서 21세기에 등장한 선교적 반전 현상을 지켜볼 것이다. 20세기 초 선교사들은 주로 서구 출신으로 비서구 지역으로 파송을 받았다. 그러나 20세기 후반 브라질, 나이지리아, 한국, 인도, 중국의 신자들이 교차문화적 선교에 헌신하고 있었다. 소위 지구 남반구 기독교가 그 모습을 드러낸 것이다.

이제 세계 대부분의 그리스도인이 아프리카, 아시아, 라틴아메리카에 거주하고 있으며 세계 선교의 지형도도 이 점을 반영하기 시작했다. 우리는 이 마지막 장에서 비서구 세계로부터 개시되는 선교 운동의 전개에 대해서 고찰할 것이다. 아울러 지구적 이민과 디아스포라 상황에서 선교가 무엇인지 평가할 예정이다.

에필로그는 우리가 과거로부터 배운 지식을 바탕으로 세계 선교의 미래에 대해서 전망한다. 선교 정체성, 고통, 토착교회, 전방위 선교라는 굵직한 주제들을 다시 한번 점검해 보기로 한다.

[더 읽을 자료]

Barnett, Mike, ed. *Discovering the Mission of God: Best Missional Practices for the Twenty-First Century*. Downers Grove, IL: IVP Academic, 2012.

_____. "The Missing Key to the Future of Evangelical Mission." In *MissionShift: Global Issues in the Third Millennium*, edited by Ed Stetzer and David Hesselgrave, 223–23. Nashville: B&H Academic, 2010.

Bebbington, David. *Evangelicalism in Modern Britain: 1730s to 1980s*. London: Routledge, 1988.

Blocher, Jacques A., and Jacques Blandenier. *The Evangelization of the World: A History of Christian Missions*. Pasadena, CA: William Carey Library, 2012.

Cardoza-Orlandi, Carlos F., and Justo González. *To All Nations from All Nations: A History of the Christian Missionary Movement*. Nashville: Abingdon, 2013.

Escobar, Samuel. *The New Global Mission: The Gospel from Everywhere to Everyone*. Downers Grove, IL: IVP Academic, 2003.

Fea, John. *Why Study History? Reflecting on the Importance of the Past*. Grand Rapids: Baker, 2013.

Kane, J. Herbert. *A Concise History of the Christian World Mission: A Panoramic View of Missions from Pentecost to the Present*. Grand Rapids: Baker, 1982.

Larkin, William, and Joel Williams, eds. *Mission in the New Testament: An Evangelical Approach*. Maryknoll, NY: Orbis, 1998.

Latourette, Kenneth Scott. *A History of the Expansion of Christianity: The First Five Centuries*. New York: Harper & Brothers, 1937. Reprint, Grand Rapids: Zondervan,

1970.

Neill, Stephen. *A History of Christian Missions*. London: Penguin, 1990.

_____. *Salvation Tomorrow: The Originality of Jesus Christ and the World's Religions*. Cambridge: Lutterworth, 1976.

Ott, Craig, ed. *The Mission of the Church: Five Views in Conversation*. Grand Rapids: Baker Academic, 2016.

Pierson, Paul. *The Dynamics of Christian Mission: History through a Missiological Perspective*. Pasadena, CA: William Carey International University Press, 2009.

Robert, Dana. *Christian Mission: How Christianity Became a World Religion*. Oxford: Wiley-Blackwell, 2009.

Wright, Christopher. *The Mission of God: Unlocking the Bible's Grand Narrative*. Downers Grove, IL: IVP Academic, 2006.

제1장

초대 교회의 선교, 100-750년

신약성서는 선교 이야기다. 예수님의 삶, 사역, 고난을 담고 있는 복음서는 보내심을 받은 자, 그리스도를 아주 근접한 거리에서 조명하고 있다. 사도행전에서 누가 기자는 교회의 선교를 연대기적으로 잘 묘사하고 있다. 사도행전에서 진행되는 선교는 예루살렘, 유대, 사마리아를 거쳐 세상 끝(행 1:8)으로 향하며 지리적이고 문화적인 경계를 넘어선다.

신약성서의 다른 저작들, 가령 초대 교회에 보내는 바울서신과 기타 서신은 선교의 맥락 속에서 기록된 결과물이다. 한편으로 선교는 신약성서를 기록하게 하는 하나의 추동력이었다. 다른 한편으로 신약성서는(구약성서와 마찬가지로) 하나님의 선교에 관한 기록으로서 역할을 한다.

누가 기자는 오순절 날 교회의 태동을 기억하여 복음을 듣고 믿는 일부 사람의 그룹을 열거한다.

> 바대 사람과 메대 사람과 엘람 사람이고, 메소포타미아와 유대와 갑바도기아와 본도와 아시아와 브루기아와 밤빌리아와 이집트와 구레네 근처 리비아의 여러 지역에 사는 사람이고, 또 나그네로 머물고 있는 로마 사람과 유대 사람과 유대교에 개종한 사람과 크레타 사람과 아라비아 사람이다(행 2:9-11).

1세기 후반과 2세기 초반, 교회는 바로 이런 지역에서 등장했다. 이는 부분적으로 예루살렘에서 경험했던 것을 자신의 지역으로 돌아와 나누게 된 오순절 예배자들의 증거 때문이기도 하다.

시리아의 안디옥에 있는 기독교공동체는 첫 세기에 설립되었다. 이 공동체는 곧 바울과 그의 동역자를 위해 파송하는 교회가 되었다(행 11:19-27, 13:1-3).

바울과 동역자들은 키프로스, 몰타, 크레타의 섬들과 소아시아와, 다소와 마케도니아 사이에 위치한 아시아, 그리고 그리스, 이태리, 로마에 복음을 선포했다. 아마 스페인도 놓치지 않았을 것이다. 사도행전 기록의 절반은 주로 안디옥에서 서쪽으로 진행하는 바울의 땅끝 선교에 집중한다.

우리는 이 제1장에서 바울과 초기 오순절 신자들의 발자국을 따라가면서 복음이 어디로 전파되고 첫 8세기 반에 걸친 시기에 복음이 어떻게 뿌리를 내리게 되는지 살펴볼 것이다.

우선 서쪽으로 여정을 진행하고 로마제국 내 교회의 선교적 만남을 묘사하면서 논의를 시작하고자 한다. 또한, 로마제국 변방에 자리 잡은 몇몇 선교 지점(아일랜드, 스코틀랜드, 게르마니아)도 살펴볼 것이다. 그 후 동쪽 지역으로 옮겨 가면서 어떻게 기독교 운동이 시리아를 거쳐 아시아 전역과 중국으로 팽창해 나가는지를 탐험할 것이다.

1. 로마제국

1) 상황

1세기 로마 세계에서 교회의 선교는 수많은 상황과 현실 속에서 가능하게 되었다.[1] 구조적으로 멋지게 정비되고 잘 유지된 로마의 도로는 바울과 같은 복음 전도자가 제국 내 도시 곳곳을 쉽게 방문할 수 있도록 했다. 정치적으로 1세기 로마제국은 '팍스 로마나'(*Pax Romana*)라는 명성을 날리고 있었으며 평화의 시대를 누리고 있었다.

---

1 다음의 책을 참고할 것. Michael Green, *Evangelism in the Early Church* (Grand Rapids: Eerdmans, 1970; rev. ed., 2003), 29-49. 『초대교회 복음전도』(CLC, 刊)

로마의 황제권이 가끔 와해되기도 하고, 또 외국 군대가 제국의 변두리 지역을 에워싸고 있었지만, 전반적인 로마 분위기는 전례 없는 평화의 시대를 보냈다. 이런 훌륭한 도로 여건으로 인해 초기 그리스도인들은 안전하게 여행할 수 있었고 방대한 영토를 관장할 수 있었으며 제국의 경계 내부에 있는 다양한 문화 집단과도 조우할 수 있었다.

로마제국은 수많은 다양한 문화 집단으로 구성되어 있었지만, 언어적으로 그리스어가 제국을 통합했다. 그리스어라는 공용어는 비즈니스나 설교를 위한 구전 소통에 있어서 매우 용이했다. 특히, 일상적으로 사용되던 코이네(koine) 그리스어가 신약성서를 기록하기 위한 언어로 채택되었다. 이 때문에 아람어로 기록된 메시아의 가르침은 로마 세계에서 독자를 최대한으로 확보하기 위해 그리스어로 번역되고 표현되어야 했다.

소아시아 길리기아(Cilicia) 다소의 토박이인 바울은 그리스어로 편지를 썼는데 이 편지는 라틴어를 말하는 로마 독자들에게 읽혔다. 이렇게 제국 내에서 그리스어의 광범위한 사용은 복음을 전하기 위한 전략적 수단이 되기에 충분했다.

그리스 철학과 종교 역시 기독교적 가르침을 이해하기 위한 가교 역할을 했다. 두 명의 위대한 그리스 철학자 플라톤(BC 427-348년)과 아리스토텔레스(BC 384-322년)는 다신론을 냉혹히 비판하고 일신론을 공언했다. 그리스의 신비 종교는 그리스와 로마의 이교 사상으로 동화되어 갔고, 용서, 정결, 신과의 연합, 불멸에 관한 질문을 제기했다. 초기 기독교 복음은 이런 물음에 대한 답변을 제공했다.

기독교가 그리스-로마라는 환경에 뿌리내릴 때 저스틴 마터(Justin Martyr, 100-165년)와 알렉산드리아의 오리겐(Origen of Alexandria, 185-254년)과 같은 대부분의 초기 기독교 사상가들은 그리스 철학적 사고 체제 안에서 자신들의 신학을 건설해 나갔다.

로마에서 복음이 전파되는 데 영향을 미친 마지막 요인은 바로 유대인의 존재와 이들의 영적 영향력이었다. 이들은 당시 로마 인구의 약 7퍼센트를 차지하고 있었다. 이 수치는 제국 전체에 흩어져 있는 민족적 유대인과 회심을 통해 신앙을 갖게 된 헬라 유대인을 모두 포함한다. 한 분 하나님에 대한 유대인들의 믿음, 메시아에 대한 강조, 성서와 예배 모임에 대한 중요성은 기독교 설교를 위한 논리적 근거를 제공했다.

마이클 그린(Michael Green)이 다음과 같이 적절하게 지적하고 있다.

> 기독교 신앙은 유대 토양에서 최선의 방식으로 그리고 가장 빠르게 성장하고 있었으며 적어도 이런 토양은 유대교에 의해서 마련된 것이었다.[2]

2) 로마인과 그리스도인

로마인은 그리스도인을 이교 신앙을 믿고 숭배하는 사악한 자라고 고발했다. 황제를 포함하여 로마 판테온의 많은 신을 존중하지 않았던 그리스도인을 향해 보이지 않는 미신을 숭배한다며 무신론자라 비난했다. 로마인은 그리스도인의 이런 불경건이 신을 노엽게 하고 로마의 평화를 빼앗아 갈 것이라 믿었다.

이 점에서 카르타고의 터툴리안(Tertullian of Carthage, 160-220년)은 이렇게 말한 바 있다.

> 그들(로마인들)은 그리스도인들이 모든 국가적 재난을 야기하고 사람들이 방문하는 곳곳에 온갖 역경을 불러일으킨다고 생각한다. 만일 티베르강(Tiber)이 도시의 성벽만큼 차오르면 또 나일강(Nile)이 들판에 물줄기를 내보내지 못한다면 또 하늘이 비를 내리지 않는다면, 그리고 지진이 일어나고 기근과 역병이 발발한다면 엄청난 경멸과 함께 즉시 '그리스도인들을 사자 굴에' 던지도록 했다.[3]

터툴리안의 이런 진술은 냉소적이긴 하지만, 종교란 제국의 경제적, 정치적, 군사적 보존을 위해 존재해야 한다고 믿는 이교 군중과 일부 황제가

---

2   Green, *Evangelism in the Early Church*, 49.
3   Tertullian, *Apology* 40 (*ANF* 3:48).

그리스도인을 박해했던 동기를 잘 대변하고 있다. 많은 로마인의 사고방식은 로마인이라면 로마 판테온의 신들을 숭배해야 한다는 것이었다. 이를 따르지 않는 것은 위험천만한 불경건한 행위로 간주되었다.

로마 정부는 이와 같은 종교적 이해를 토대로 기독교를 법률상으로 "불법적 종파"(*religio illicita*)라는 비난을 가했다. 이런 이유에서이다.

첫째, 교회가 그리스도라는 배타적인 신앙을 주장했기 때문이다.

둘째, 교회가 로마 판테온이 신봉하는 다원적 신성을 거부했기 때문이다.

셋째, 로마인은 그리스도인이 눈으로 확인할 수 없는 신을 숭배한다고 하여 이들을 무신론자로 간주했다. 이와 함께 기독교의 성찬식과 애찬식에 대해 그릇된 이해를 견지하고 있었던 로마인은 그리스도인이 식인 풍습과 성적 음란함에 도취되어 있다고 비난했다.

넷째, 그리스도인은 그들이 속한 기독교가 신생 종교였기 때문에 불법적 존재로 간주되었다. 유대인의 경우 이들이 속한 유대교는 종교로서 늘 인정받지 못했지만, 이들은 오랜 역사적 전통성 때문에 결코 불법적인 대우를 받지 않았다.

초대 교회는 태생부터 4세기 초까지 산발적인 차별과 박해의 시기를 견뎌야 했다.[4] 64년경, 로마의 네로 황제(Nero, 재위 기간 54-68년)는 로마에 있는 그리스도인을 박해했고, 도미티안 황제(Domitian, 재위 기간 81-96년) 역시 1세기 말까지 네로 황제와 동일한 박해 정책을 취했다. 폭력을 동반

---

4 다음의 책을 참고할 것. Robert L. Wilken, *The First Thousand Years: A Global History of Christianity* (New Haven, CT: Yale University Press, 2012), 65-71; Candida Moss, *Ancient Christian Martyrdom: Diverse Practices, Theologies, and Traditions* (New Haven, CT: Yale University Press, 2012), 12; George Kalantzis, *Caesar and the Lamb: Early Christian Attitudes on War and Military Service* (Eugene, OR: Wipf & Stock, 2012), 11, 25, 149; W. H. C. Frend, *Martyrdom and Persecution in the Early Church* (Cambridge: Lutterworth, 2008), 238-42, 285-323, 351-92; Wilken, *The Christians as the Romans Saw Them* (New Haven, CT: Yale University Press, 2003).

한 이런 차별 정책은 4세기 초 콘스탄틴 황제(Constantine)가 권력을 쟁취하기 전까지 끊이질 않았다.

로마제국이 시행한 대부분의 반기독교 조치는 지역적 수준에서 실행되었다. 많은 경우 분노한 이교 군중이 지방 총독 앞에서 그리스도인에 대한 소송 절차를 진행했다. 또한, 가정을 파괴하고 사회를 위협한 기독교적 불신앙을 고발했다.

대부분의 로마 총독은 방대한 영토를 감독했기에 이와 같은 질서 확립에 관한 사안에 대해서는 대부분 성급한 판단을 내리곤 했다. 이런 사례는 156년 서머나의 폴리캅(Polycarp in Smyrna)과 177년 리용(Lyons)의 순교자들에 대한 유명한 재판에서도 잘 드러난다.

이는 고발당한 그리스도인을 처리하는 데 있어서 소아시아의 비시니아(Bithynian) 총독 플리니(Pliny, 재위 기간 111-113년)가 트라얀 황제(Trajan, 재위 기간 98-117년)에게 올린 항소를 이해하기 위한 하나의 맥락을 제공한다. 플리니가 황제에게 제기한 문제는 다음과 같은 물음이었다.

> 사람들을 나이에 따라 다르게 처벌해야 합니까?
> 신념을 철회하고 죄를 뉘우치면 사면될 수 있습니까?
> 그리스도인이라는 고백만으로도 범죄가 성립합니까?

이런 질문에 대해 트라얀 황제는 다음과 같이 유명한 답변을 내놓는다.

> 나는 총독이 그대 앞에 그리스도인이라고 고발당한 자들을 심문하는 데 있어서 적절한 절차를 수행했다고 판단하오. 왜냐하면, 일련의 소송 절차처럼 어떤 사안을 다루는 법안을 제정할 수 없기 때문이오. 또한, 그들을 강제적으로 색출할 수는 없는 일이오. 다만 그들이 고발당해 유죄임이 드러나면 반드시 처벌하도록 하시오.[5]

---

5 Trajan, *Letter* 10.97 (trans. James Stevenson, *The New Eusebius: Documents Illustrative of the Church to ad 337* [London: SPCK, 1957], 16).

만일 그리스도인이 앞으로 자신의 신념을 주장하지 않는다면 그들에게 어떻게 죄를 묻고 처벌할 수 있을까?

트라얀의 교활하면서도 모호한 답변은 향후 150여 년간 제국의 공식 정책이 되었으며 로마 군중이 그리스도인을 더욱 차별하고 폭력에 노출되도록 했다.

로마제국이 시행한 반기독교 정책이 대부분 지역적 수준에서 일어났을지라도 일부 로마 황제는 가장 높은 강도로 교회를 박해해 나갔다. 202년 최초의 아프리카 출신 황제인 셉티미우스 세베루스(Septimius Severus, 재위 기간 193-211년)는 유대교와 기독교 개종 금지법을 제정했다. 249년에는 데키우스 황제(Decius, 재위 기간 249-251년)가 전통적인 로마 종교를 부흥시키기 위한 캠페인을 광범위하게 전개했다.

이런 전략의 일부는 기독교와 같이 반로마적이고 무신론적인 종파를 근절시키기 위한 목적이었다. 249년 로마 정부는 중대한 칙령을 발표했는데, 이 칙령은 모든 교회 지도자가 로마의 신에게 제물을 바치고 각 교회의 그리스도인들도 동일한 의식에 참여할 것을 명령하는 것이었다.

다음 해 로마 행정관들이 로마 신을 위한 희생 제의를 집행할 목적으로 모든 관할 지방에 파견되었다. 적지 않은 그리스도인이 그 명령에 순응했다. 그리고 의식에 참여했다는 표시로 "제물을 바친 자"(*sacrificati*)라는 증명서(*libellus*)를 교부받았다. 일부 배교자는 로마 관료들에게 뇌물을 주고 증명서를 얻어 내고자 했다. 그러나 교회 지도자들을 포함한 일부 그리스도인은 일체 이런 명령을 거부하고 순교했다. 데키우스 황제의 박해는 251년 그가 전쟁에서 죽음을 맞고서야 종식되었다.

발레리아누스 황제(Valerianus, 재위 기간 253-260년)는 257년부터 이전 황제처럼 무자비한 박해 정책을 개시했다. 로마 정부는 초기에 모든 로마 시민과 특별히 교회 지도자를 대상으로 제물을 바칠 것을 명령했다. 기독교 예배 집회와 장례식은 모두 금지되었다. 기독교 세력에 대해 불쾌해했던 황제는 제국의 반기독교 정책에 저항한 성직자와 평신도를 처형하고 교회 신자의 재산을 몰수했으며 원로원에서 모든 그리스도인을 추방했다.

그러나 260년 페르시아와의 전쟁에서 발레리아누스는 죽고 말았다. 그 다음 해 발레리아누스의 아들이자 후계자 갈리에누스(Gallienus, 재위 기간

260-268년)가 기독교를 관용하는 포고령을 발표하면서 제국 내 그리스도인들은 40년간 평화의 시기를 보냈다.

로마의 이교 사상을 부흥시키길 갈망했던 디오클레티아누스 황제(Diocletianus, 재위 기간 284-305년)는 303년 대박해를 위해 대대적인 행동에 착수했다. 당시 로마 정부는 네 개의 칙령을 공포했다.

첫째, 교회의 문을 닫도록 명령했다. 또한, 예배를 금지하고 성서를 몰수했으며 로마 사회 내 영향력 있는 그리스도인들을 박해의 표적으로 삼았다.
둘째, 성직자들이 강제적으로 제물을 바치도록 규정했다. 그렇지 않으면 성직자들은 옥에 갇혔다.
셋째, 그리스도인을 고문하거나 처형하도록 하는 조치를 허용했다.
넷째, 제국 내 모든 시민은 제물을 바치든지 죽든지 선택의 기로에 놓였다.

아이러니하게도 이 마지막 단계에서 그리스도인이라 자백했던 디오클레티아누스의 가족과 조언자 일부가 옥에 갇혀 처형되었다. 305년 디오클레티아누스의 폐위에 이어 갈레리우스 황제(Galerius, 재위 기간 305-311년)가 311년까지 동로마에 거주하는 그리스도인들을 계속 진압해 나갔다.

그러나 서로마제국의 황제이자 콘스탄틴 1세(Constantine)의 아버지인 플라비우스 발레리우스 콘스탄티누스(Flavius Valerius Constantinus, 재위 기간 293-306년)는 자신의 영토에서 그리스도인에 대한 억압적인 칙령을 강요하지 않기로 결정했다.

3) 콘스탄틴 황제와 제국 기독교

로마의 기독교 상황은 312년 밀비안 다리(Milvian Bridge)에서 벌어진 콘스탄틴과 막센티우스(Maxentius)와의 전쟁 직전부터 급속하게 전환되었다.[6] 이 군사적 충돌에 관한 유세비우스(Eusebius, 263-339년)와 락탄티우스(Lactantius, 240-320년)의 보고에 따르면, 콘스탄틴은 자신이 전쟁에서 승리를 약속하는 하늘의 표징(치로 라바룸[*chi-rho labarum*], 상징이나 십자가)을 보았다고 한다.

승리를 앞둔 콘스탄틴은 337년 죽기 전까지 세례를 끝끝내 미루어 왔지만, 당시 그리스도인이 믿고 있던 바로 그 신을 신봉하게 되었다.

콘스탄틴은 312년 그리스도인에게 평화를 보장했다. 그러나 기독교의 온전한 지위 인정은 그가 제국 통치권을 완전히 확보한 324년에 가서야 이루어졌다. 제국이 교회에 베푼 몇 가지 혜택은 성직자 세금 감면, 교회 사역 허용, 교회 건축 자금 지원 등을 포함했다. 그리스도인들은 이미 1세기부터 매주 첫째 날 예배를 드려왔는데 콘스탄틴은 일요일에 시장을 폐쇄함으로써 기독교 집회를 더욱 확대해 나갔다.

이뿐만 아니라 그리스도인들은 정부와 사회에 있어서 중요한 직무를 차지하기 시작했다. 특히, 주교(bishops)는 아주 특별한 지위를 누리게 되었다. 교회 일치에 남다른 관심을 쏟았던 콘스탄틴 황제는 도나티스트(Donatist, 314년) 논쟁과 아리안(Arian, 325년) 논쟁을 해소하는 데 큰 힘을 썼고 이런 이슈들을 해결하기 위해 주교들을 회합하고 신학적 논의를 주관하기도 했다.

테오도시우스 1세(Theodosius I, 재위 기간 379-395년)가 4세기 후반 법제화하기까지 기독교는 공식적인 로마 종교로 선포되지 않았지만 콘스탄틴의 회심은 왕과 백성이 개종하고 기독교를 믿게 하는 데 지대한 영향을 미쳤다. 이는 곧 교회와 국가의 연합을 의미하는 크리스텐덤(Christendom)의 탄생을 알리는 것이었다.

---

6 다음의 책을 참고할 것. Eusebius, *Life of Constantine* 1.28-31; *Church History* 9.9; Lactantius, *On the Manner in Which the Persecutors Died* 44; 또한 다음의 글도 참고할 것. Glen Thompson, "From Sinner to Saint? Seeking a Consistent Constantine," in *Rethinking Constantine: History, Theology, Legacy*, ed. Edward L. Smither (Eugene, OR: Pickwick, 2014), 5-25; Smither, "Did the Rise of Constantine Mean the End of Christian Mission?," in Smither, *Rethinking Constantine*, 130-45.

교회와 국가 관계의 이런 패러다임 전환은 교회가 부와 권력을 쌓도록 촉진했고 기독교 선교 사상과 방법론에 큰 영향을 미쳤다. 가끔 일부 교회와 국가 지도자는 개종을 강요하고 이를 위해 폭력을 사용하는 것이 수용할 수 있는 '선교' 방식이라고 여겼다. 이와 관련한 최악의 사례로 서로마 황제 샤를마뉴(Charlemagne, 742-814년)가 8세기 후반 작센 지방(Saxony)으로 행진해 갈 때 색슨족을 교회의 적으로 선포하고 그들을 개종시키거나 아니면 칼로 처형하도록 명령했다는 사실이다.

이런 문제가 있는 방식에도 불구하고 콘스탄틴의 등장과 크리스텐덤의 지속적인 전개는 기독교 선교의 종말을 고하지 않았다. 앞으로 그리스도의 선포와 제자화를 통해 선교 사역에 참여한 주교, 수도사, 정치가의 다양한 사례를 보여 주고자 한다.

4) 사상의 흐름

기독교 운동이 로마제국으로 확산해 나갈 때 이 운동은 로마의 이교 사상을 제외하고도 다양한 철학과 종교와 접촉할 수밖에 없었다.[7]

대표적으로 2-3세기 영지주의(Gnosticism)는 기독교 사상에 큰 도전을 준 사상이다. 오늘날 학자들은 영지주의 철학과 관련해서 더욱 광범위한 개념적 정의를 규명하며, 다음과 같은 몇 가지 특정한 근본 원리가 있음에 동의한다. 즉, 영지주의는 대개 창조와 물질세계를 부정적인 관점으로 이

---

7   다음의 책을 참고할 것. J. Kevin Coyle, "Mani, Manicheism," in *Augustine through the Ages: An Encyclopedia*, ed. Allen Fitzgerald (Grand Rapids: Eerdmans, 1999), 520-25; Ben Quash and Michael Ward, eds., *Heresies and How to Avoid Them: Why It Matters What Christians Believe* (Peabody, MA: Hendrickson, 2007); J. N. D. Kelly, *Early Christian Doctrines* (New York: HarperCollins, 1978); Smither, "Augustine, Missionary to Heretics? An Appraisal of Augustine's Missional Engagement with the Donatists," in *A Uniquely African Controversy: Studies on Donatist Christianity*, ed. A. Dupont, M. A. Gaumer, and M. Lamberigts, *Late Antique History and Religion 9* (Leuven: Peeters, 2015), 269-88.

해하고, 구원이라는 것이 육체로부터 정신을 해방하는 신비한 지식(*gnosis*)을 통해 달성될 수 있다고 가르친다는 것이다.

영지주의와 조로아스터교(Zoroastrianism, 지혜와 이원주의적 세계관을 특징으로 하는 페르시아 종교), 그리고 신플라톤 사상을 혼합한 마니교(Manichaeism)는 주로 악의 문제에 관심을 기울이며 북아프리카에서 중국에 이르기까지 많은 추종 세력을 얻고 있었다. 금욕주의적 지식인들이 주도한 이 운동들은 교회에 환멸을 느낀 히포의 어거스틴(Augustine of Hippo, 354-430년)과 같은 당대 젊은 사상가들에게 영향을 주었다.

교회 밖으로부터 불어닥치는 이런 철학적 도전뿐만 아니라 초기 기독교 지도자들과 선교사들은 교회 내부의 이단 문제를 다루어야 했다. 특히, 그리스도 교리(기독론)를 엄밀하게 규정하는 작업이 기독론의 가장 중요한 핵심이었다.

첫 3세기 동안 교회는 "예수님은 순전히 환영에 불과하고 인간의 육체를 입은 모습으로 드러나셨다(*dokeo*)"고 주장하는 이단적 교리인 가현설(docetism)에 응답해야 했다. 이후에도 다양한 논쟁이 전개되었는데, 가령 예수님이 하나님의 아들로 받아들여지고 세례 때 신성을 취하셨다는 양자론(adoptionism, 養子論)과 예수님은 성부 하나님보다 열등하시다는 종속론(subordinationism, 從屬論) 논쟁을 들 수 있겠다.

4세기에는 아폴리나리우스(Apollinarius, 310-390년)가 예수님의 인간 의지와 본성을 부정할 정도로 예수님의 신성을 강조했다.

끝으로 네스토리우스(Nestorius, 386-451년)는 알렉산드리아의 키릴로스(Cyril of Alexandria, 376-444년)와의 열띤 신학적 논쟁에서 예수님에게는 하나의 신성과 하나의 인성이 존재한다고 가르쳤다. 이에 451년 칼케돈 공의회(Council of Chalcedon)는 네스토리우스의 기이한 기독론을 정죄했다. 공의회에 모인 교회 지도자들은 완전한 인성과 완전한 신성을 갖춘 하나의 그리스도를 확언했다.

양자론과 종속론의 사상적 논쟁은 4세기까지 지속되었는데, 교회 지도자들은 '성부, 성자, 성령'(특히 성부와 성자)의 본성과 행동이 어떤 관련을 맺고 있는지 이해하고 명확히 하고자 했다. 알렉산드리아의 주교 아리우스(Arius, 250-336년)는 성부가 영원하고 창조되지 않은 존재이시며, 아들은 성부에 의해 창조되셨기 때문에 예수님은 필연적으로 성부에 종속되신다는 가르침을 전했다.

325년 니케아 공의회(Council of Nicaea)에서는 성부와 성자가 동일한 본성(*homoousios*)을 공유하고 있다고 확증했지만, 아리우스 논쟁은 4세기 내내 치열하게 진행되었다.

니케아 공의회의 공식적 입장은 두 부류에 의해서 도전받았다.

첫째, 호모이안파(the homoians)로 성부와 성자는 '유사한' 본성을 갖고 있다고 주장했다.

둘째, 아노모이안파(the anomoians)로 성부와 성자는 전적으로 '다른' 본성을 갖고 있다고 주장했다.

이런 사안이 교회 내부를 중심으로 논쟁이 제기되었음에도, '호모이안'을 지지하는 선교사이자 주교인 울필라스(Ulfilas, 311-383년)는 4세기 고트족(Goths)을 대상으로 아리우스적 복음을 전파하기도 했다.

4-5세기 교회는 펠라기우스(Pelagian) 논쟁을 통해 은총의 교리(자유의지, 인간의 타락, 원죄)와도 씨름해야 했다. 펠라기우스(Pelagius, 354-420/440년)는 인간성은 죄 된 본성을 소유하지 않으며 인간의 온전함이 가능할 뿐만 아니라 심지어 필연적인 것이라는 주장을 펼쳤다.

어거스틴(Augustine)은 펠라기우스의 주장에 관한 자신의 견해를 여러 책과 서신 그리고 교회 공의회에서 피력해 왔다. 같은 시기 어거스틴은 아프리카 교회 내부의 분열을 자극한 도나투스파(Donatists)에 연루되어 있었다. 어거스틴은 교회 분열을 일종의 이교적 행위로 간주했다. 또한, 그는 이런 교계 내분을 선교가 필요한 일종의 선교지로 파악했다.

5) 팔레스타인과 시리아

기독교 선교는 바울이 펼친 1세기 사역을 이어받아 예루살렘과 로마의 안디옥에서 서쪽으로 계속 확장하고 있었다. 그리스도께서 활동하셨던 중심지인 팔레스타인은 콘스탄틴의 통치 시기까지 대부분 비기독교 지역으로 남아 있었다.

그러나 많은 선교사가 유대인들을 개종하기 위해 접근하기 시작했다. 페니키아(Phoenicia) 근접 지역에 위치한 한 교회가 두로(Tyre)에 강력한 영향을 미치며 등장했다. 그러나 기독교공동체는 대부분 그리스어를 말하는 집단으로 남겨져 있었고 주로 도시 사역에 제한되었다.

시리아의 안디옥은 1세기 고난 중에서 복음을 받아들였다. 이곳은 예수님의 추종자가 최초로 그리스도인이라고 불린 바로 그 장소로 기억된다. 사실 그리스도인이라는 말은 다수의 이교도에 의해서 붙여진 경멸적인 명칭(행 11:26)이다.

한편, 안디옥의 신앙공동체는 바울과 바나바 그리고 이들의 동역자를 파송한 교회(행 13:1-3)이기도 하다. 안디옥은 유대와 헬라-로마적 영향을 통해 형성된 국제적 요충지로 성서 해석을 위한 배경이었을 뿐만 아니라 서방과 동방으로 다문화적 선교사를 파송하는 중요한 무대가 되었다.

1세기 후반과 2세기 초, 이그나티우스(Ignatius, 110년경 사망) 주교는 안디옥 교회에서 목회하며 아시아 교회에서 주교직을 감당해 나갔다. 그는 이교도들과 이단적 그리스도인들, 특히 가현설 지지자들을 복음과 연관시키도록 노력했다.

이그나티우스는 체포된 후 로마로 압송되어 순교를 통해 그리스도를 증거했다. 그는 로마로 가는 여정 중 아시아와 로마에 있는 다문화교회에 일곱 편지를 보내며 일치와 건전한 교리에 힘쓰고 다수의 이교도에게 신실한 마음으로 그리스도를 증거할 것을 권면했다.

6) 아시아와 소아시아

1세기 중반 이후 아시아와 소아시아에서 활발한 선교 활동이 목격되었다. 특히, 이런 사역을 주도했던 사도 바울이 소아시아 길리기아 지방 출신으로 이 지역에서 설교하고 교회를 설립하게 되는데 이런 사실은 그리 놀랄 만한 일이 아니다. 바울의 고용주이자 목회 동역자인 브리스길라(Priscilla)와 아굴라(Aquila)도 본래 소아시아의 본도(Pontus) 출신이었는데 아마도 로마와 고린도(행 18:1-3)에서 사업과 선교를 진행하기 전 고향에서 복음을 받아들였을 것으로 추정된다.

이 지역에서 기독교 운동에 대한 초기 비그리스도인들의 증언은 112년 비시니아 총독 플리니가 트라얀 황제에게 보낸 유명한 서신에서 찾아볼 수 있다.

플리니는 다음과 같이 언급했다.

> 많은 그리스도인이 모든 삶의 현장 속에서, 사회의 각계각층에서, 또 그들이 남자든 여자든, … 도시와 마을에서, 그리고 전 지역마다 흩어져 살아가고 있다.[8]

플리니의 이런 목격담은 교회가 변혁적 운동으로 탈바꿈하고 있음을 암시하는 것이며 이제 신앙공동체가 다양한 구성원을 포용하고, 사회, 경제, 세대 차이를 연결하고 있음을 알려 준다.

서머나에서 교회를 이끌던 폴리캅 주교(156년 사망)는 이교도들과 영지주의자들을 개종시키기 위해 안간힘을 다했다. 사회적으로 낮은 계층이나 궁중의 고위층과 모두 관계를 맺을 수 있었던 폴리캅은 토론과 논쟁을 통해 복음을 선포했다. 그의 가장 유의미한 그리스도 증거의 기회는 자신의 순교를 통해 이루어졌다.

---

[8] Trajan, *Letter* 10.96 (trans. Stevenson, *New Eusebius*, 16).

노쇠한 주교 폴리캅은 어느 무신론 종파를 이끈다는 죄목으로 체포되어 재판에 회부된 후에도 자신의 신앙을 고수하며 다음과 같은 유명한 고백을 남겼다.

> 지난 86년 동안 나는 주님의 종이었소. 주님은 나에게 잘못하신 일이 없소. 그런데 어떻게 내가 나를 구원하신 왕을 모독할 수 있겠소.[9]

팔레스타인 출신인 저스틴 마터(165년 사망)는 에베소와 로마에서 가르친 학식 있는 철학자였다. 저스틴은 그리스 철학에서 사용된 언어를 기반으로 토론과 저술 작업을 진행했고 이를 통해 대중과 소통했다.

특히, 그는 자신의 메시지를 유대인, 이방 지식인, 기독교 이단자에게 전수했다. 135년경, 저스틴은 에베소의 유대 사상가 트리포(Trypho)와 논쟁하기도 했는데 이 논쟁은 그 후에 『트리포와의 대화』(Dialogue with Trypho)라는 책으로 출판되었다.

저스틴은 이 저술의 한 장에서 자신이 그리스도 신앙을 받아들이기까지의 여정을 고백하고 있다. 그는 당대 그리스 철학의 다양한 학파의 사상을 섭렵하고 있었다. 특히, 그의 기독교 회심은 그가 어느 바닷가에서 나이 지긋한 노인을 만나면서 절정에 이르렀는데, 그 노인은 저스틴의 플라톤에 대한 이론적 가정에 도전을 주었고 그에게 히브리 예언자와 메시아를 소개해 주었다. 저스틴은 그리스도를 믿은 후에야 비로소 자신을 진정한 철학자라 선언했다.

저스틴은 이미 그리스 철학의 언어에 나타난 성서적 개념을 파악하고 있었고 자신의 주장을 해명하기 위해 로마에서 통용되는 소통 방식을 빌리기도 했다. 저스틴은 자신의 책 『변증 I』(First Apology)을 정교하게 다듬으면서, 교회 안의 무신론과 식인 풍습에 대한 세간의 비난을 반박했다. 그리고 그리스도인이 믿는 내용은 무엇이고 예배를 어떻게 드리는가를 명료

---

9 Martyrdom of Polycarp 9 (trans. Holmes, *The Apostolic Fathers in English* [Grand Rapids: Baker, 2006], 150).

하게 설명하기 위해 로마의 법정 탄원서(*biblidion*)라는 방식을 사용하기도 했다.

폴 파비스(Paul Parvis)는 이렇게 설명한다.

> 저스틴이 하고자 했던 것은 로마의 일반적 행정 절차를 활용하여 이를 복음의 메시지를 정교화하고 보급하기 위한 수단으로 삼고자 한 데 있었다.[10]

저스틴의 저작은 그리스도인에 대한 부당한 처우를 해소하기 위해 교회를 옹호하고 로마 정부를 반박하는 데 목적이 있었다. 저스틴은 자신의 변증서가 특별히 선교적인 목적과 연결되도록 의도했다.

『변증 I』의 말미에서 그는 이교도들에게 다음과 같은 말을 주지시켰다.

> 우리(그리스도인)는 당신을 증오하는 것이 아니라 당신이 개종하길 원한다.[11]

그러나 이런 의도에도 불구하고 165년경 로마에서 진행된 이교 적대자들과의 논쟁에서 저스틴은 체포되었고 결국 폴리캅을 따라 순교했다.

그레고리 타우마투르구스(Gregory Thaumaturgus, 213-270년)는 팔레스타인의 가이사랴(Palestinian Caesarea)에서 수학하며 그의 스승 알렉산드리아의 오리겐이 전한 증거를 통해 복음을 접하게 되었다. 그레고리는 수도원의 삶을 살기 위해 귀향했고 240년 본도에 있는 '네오 가이사랴'(Neo-Caesarea)의 주교로 임명받았다. 그는 주교로서 직분을 감당하면서 본도 지역 복음화를 이끌었고 여기서 다양한 선교 전략을 적용했다.

그레고리는 철학, 수학, 법학 분야에 탁월한 지식을 겸비하고 있었으며

---

10 Paul Parvis, "Justin Martyr," in *Early Christian Thinkers: The Lives and Legacies of Twelve Key Figures*, ed. Paul Foster (Downers Grove, IL: IVP Academic, 2010), 6-7.

11 Justin, *First Apology* 57.2 (*ANF* 1:86).

이를 통해 이교 지식인들과 소통했다. 또한, 가난한 자를 포함한 이웃을 섬기고 치유하며 귀신 축출도 하면서 말씀을 설파했다. 그가 펼친 사역의 중요성을 다소 과장해서 표현하는 가이사랴의 바질(Basil of Caesarea, 329-397년)은 그레고리가 주교로서 본도에 도착했을 때 열일곱 명에 불과했던 그리스도인들이, 그가 죽었을 때는 오직 열일곱 명의 이교도만 남게 되었다고 주장했다.[12]

한편, 바질은 수년간의 수도사생활을 마치고 가이사랴 지역교회에서 낭독자, 장로, 마지막에는 주교로 구분된 직무를 감당했다. 바질은 안수받았지만 수도사로서의 소명을 간직했다. 그는 수도사와 주교로 소명 받아 사역하는 수많은 4세기의 교회 지도자를 이끌었다.[13]

가이사랴는 로마로 향하는 길목에서 콘스탄티노플이나 시리아와 같은 무역 중심지를 잇는 전략적 공간이었다. 가이사랴는 4세기까지 로마 행정의 요충지이자 중요 도시로 간주되었다. 소아시아, 아르메니아, 시리아, 페르시아, 북부 고트 지역 출신 등 다양한 사람이 정기적으로 이 도시를 왕래했다. 그렇기에 가이사랴는 당대 주류 문화가 교류하는 교차로가 되었다. 한편, 368년경 이 도시를 강타한 지진과 기근으로 인해 수많은 갑바도기아 사람(Cappadocians)이 극심한 빈곤과 굶주림에 처했다.

바질은 가이사랴의 주교로서 설교를 자신의 가장 중요한 직무로 이해했다. 여기에는 신자들을 훈련하고 비신자들을 복음화하는 것도 포함하고 있었다. 바질의 설교는 가이사랴에서 일어나는 모든 불의한 행위에 대항하는 예언자적 발언을 포함했다. 특히, 노예 문제와 가난한 자에 대한 착취를 고발하는 설교가 행해지기도 했다. 바질은 갑바도기아에서 살아가는 가난한 자의 필요를 적극적으로 돌보았다. 그는 곡식 창고를 개방하여 가난한 자와 굶주린 자에게 음식을 나누어 주었다.

---

12 Basil, *On the Holy Spirit* 74; *Letter* 28.
13 다음의 책을 참고할 것. Edward L. Smither, "Basil of Caesarea: An Early Christian Model of Urban Mission," in *Reaching the City: Reflections on Mission for the Twenty-First Century*, ed. Gary Fujino et al. (Pasadena, CA: William Carey Library, 2012), 77-95.

그 후 바질은 '새로운 도시'라는 의미의 바실레아스(basileas)를 설립했다. 바실레아스는 가이사랴 부근에 있는 종합 단지로 여기에는 가난한 자를 위한 안식처, 병원, 직업 훈련센터, 음식 나눔터, 유통 센터, 여행객을 위한 '환대의 집'이 자리 잡고 있었다. 바질의 사역은 이교도들에 대한 선교도 포함했다.

바질은 나지안주스의 그레고리(Gregory of Nazianzus, 329-390년), 니사의 그레고리(Gregory of Nyssa, 335-395년)와 함께 4세기 교회를 오염시켰던 아리우스 이단자들을 향해 설교하고 글을 썼다. 그는 성령론에 대해 단독 논문을 쓴 초기 기독교 신학자였다.

7) 로마

로마교회는 3세기까지 서로마제국에서 가장 규모가 큰 기독교공동체였는데 이 교회의 기원에 대해서는 한 가지 비밀이 남겨져 있다. 로마 도시에서 발견될 수 있는 기독교에 관한 첫 증거는 역사가 수에토니우스(Suetonius)로부터 찾아볼 수 있는데, 그는 클라우디우스(Claudius) 황제가 50년경 크레스투스(Chrestus, 아마도 '크리스토스' 혹은 '그리스도'의 오기로 보인다)의 추종자가 일으킨 봉기를 진압했다는 기록을 남겼다.

2세기경 교회는 그리스어를 말하는 공동체로 지속되었는데 이 사실은 교회 운동이 주로 하층 계급 사이에서 확산하고 있었음을 암시한다. 그러나 189년 빅토르(Victor, 199년 사망) 주교가 교회의 예전 언어로 라틴어를 도입하면서 점차 변하기 시작했다.

3세기 중반까지 약 3만 명의 그리스도인이 로마 도시에 존재했던 것으로 밝혀지고 있다. 이들은 가정교회라는 조직을 이루며 예배를 드렸다. 이 수치는 교회로부터 재정을 지원받았던 교회 지도자들로부터 추정할 수 있다.

유세비우스는 코르넬리우스(Cornelius, 253년 사망) 주교의 지도하에 있던 3세기 중반 로마교회에 "46명의 장로, 7명의 부제, 7명의 차부제(次副祭), 42명의 복사(服事), 52명의 퇴마사, 낭독자, 문지기, 수위(守衛)"가 있었다고 기록하고 있다.[14] 동시에 100명 이상의 주교가 이끄는 교회가 이탈리아 전역에 더 광범위하게 분포하고 있었다고 밝혀졌다.

로마교회와 주교의 중요성은 4세기에 더욱 부각되었는데 그 원인을 크게 두 가지로 살펴볼 수 있다.

첫째, 당시 교회는 사도 베드로와 깊은 관련을 맺고 있었기에 사도들의 집합체로 여겨졌다. 이런 사도성이 점차 신학적 중요성을 내포하게 된다.

둘째, 콘스탄틴이 330년 제국을 콘스탄티노플(Constantinople)로 옮겼을 때 로마에는 권력의 공백이 생기게 되었는데, 이 부분을 결국 로마 주교가 채우게 된 것이다. 교회와 국가의 이런 연합은 테오도시우스가 4세기 후반 기독교를 법제화하는 데까지 이어지게 된다. 점차 시간이 흐르면서 로마 주교는 한 도시의 지역교회 지도자에서 이 땅 위의 교황으로서 지위가 격상하게 된다.

그레고리 대제(Gregory the Great, 540-604년)는 그의 깊은 영성과 행정적 능력을 인정받아 교회 역사상 가장 위대한 교황으로 알려지게 된다. 원래 로마 관료 출신인 그는 세속을 떠나 금욕적 삶을 살도록 부름을 받게 된다. 578년 그는 부제로 봉사를 시작했으며 도시 전역에 구호 물품을 배분하는 일에 관여했다. 그레고리의 사역은 로마인을 위해 가장 중요한 영적이고 물질적인 도움을 제공하는 것이었다.

당시 티베르강의 홍수로 인해 전염병이 확산되었고 설상가상으로 농업 생산량도 감소했다. 이런 사태는 로마 도시 내 많은 사회경제적 문제를 야기했다. 여기에 586년 근접 지역에 있던 롬바르드족(Lombard)이 이탈리아의 한 지방을 공격하자 로마인들은 또다시 침략을 받을까 봐 두려워서 그 지역을 떠나게 되었다.

이런 상황 속에서 590년 그레고리는 로마 주교로 봉직한 교회 역사상 최초의 수도사가 되었다. 금욕적 삶은 행동주의(섬김, 사역)만이 아니라 명

---

14 Eusebius, *Church History* 6.43.11 (*NPNF2* 1:288).

상(기도, 예배)을 반드시 포괄해야 한다고 확신한 그레고리는 이런 수도사 신학을 기반으로 로마, 이탈리아 그리고 그 경계를 넘어 선교 사역에 헌신하게 된다.[15]

8) 갈리아와 스페인

갈리아와 스페인에 존재했던 교회의 기원을 설명하는 역사적 증거는 상당히 제한적이다. 일부 성서 전통은 사도 바울의 제자 그레스게(Crescens)가 이 지역을 관할했다고 주장한다(딤후 4:10). 그러나 이보다도 시리아, 아시아, 소아시아 출신의 기독교 상인과 이주민이 본격적으로 복음을 전했다는 설도 있다.

특별히 리용의 주교였던 이레네우스(Irenaeus, 115-200년)가 그리스어를 말하는 이주민공동체를 위해 영적 돌봄을 시작했던 곳도 바로 이 도시였다. 177년 박해받던 리용의 많은 순교자도 프랑스 출신은 아니었다. 교회가 팽창함에 따라 주교들 역시 185년까지 쾰른(Cologne)과 마인츠(Mainz) 지역에 임명되었다.

한편, 이외의 교회들이 4세기까지 아를(Arles), 루앙(Rouen), 보르도(Bordeaux), 파리에 터를 잡기 시작했다. 바울이 정말로 스페인에서 목회했는지는 불명확하다. 그러나 터툴리안과 키프리안(Cyprian, 195-258년) 모두 3세기에 이들이 남긴 저작에서 스페인 교회에 대해서 언급한 바 있다. 마지막으로 4세기 엘비라 공의회(Council of Elvira) 법령에는 약 36개의 스페인 교회를 열거하고 있다.

이레네우스는 2세기 후반에 갈리아 남부에서 선교사이자 주교로 사역했다. 그는 라틴어를 사용하는 광활한 지역에서 그리스어를 사용했는데, 리용을 둘러싼 이교도 마을에서 설교하기 위해 갈리아 방언을 배우기도 했다. 물론, 이

---

15 다음의 책을 참고할 것. Edward L. Smither, *Missionary Monks: An Introduction to the History and Theology of Missionary Monasticism* (Eugene, OR: Cascade Books, 2016), 83-84.

런 사역은 이레네우스 자신이 맡은 주교직 임무와 별도로 진행되었다.

이레네우스는 영지주의 사상에 상당한 영향을 받고 있었던 환경에서 사역했다. 그는 『모든 이단을 반대하여』(*Against All Heresies*)와 『사도적 가르침의 논증』(*Demonstration of the Apostolic Preaching*)과 같은 핵심 저작을 통해 갈리아와 로마에서 복음을 변호했다. 이레네우스는 주로 창조론에 대해 비판하는 영지주의를 반박했다. 그는 이교적 담론에 응답하고자 네 가지 방법을 취한다.

첫째, 그는 거의 20년간 영지주의 학파에서 연구하면서 체득한 방법인 영지주의적 사상을 아주 상세하게 밝혔다.
둘째, 그는 근거가 빈약하고 신화적인 영지주의의 토대를 신랄하게 비판했다.
셋째, 그는 예수님의 역사적 관계에 대한 영지주의의 주장에 도전했다.
넷째, 그는 기독교 성서를 해석하기 위한 영지주의자들의 시도에 반론을 제기했다.

이레네우스는 영지주의자들에게 "창조하시는 하나님은 구원하시는 하나님"이라는 복음을 전파하며 성서의 권위, 사도적 권위, 하나님의 삼위일체 교리를 피력했다.[16]

투르의 마틴(Martin of Tours, 316-397년)은 4세기의 또 다른 혁신적인 선교사 겸 주교였다. 판노니아(Pannonia, 현재 헝가리) 출신인 마틴은 로마 군대에서 군인으로 복무하다가 극적인 회심을 경험했다. 이후 그는 수도사가 되었고 밀라노(Milan)와 갈리아 그리고 이탈리아의 갈리나리아(Gallinaria)섬에 수도원을 설립했다. 372년 마틴은 다소 강압적인 절차에 의해 투르의 주교로 임명받았다. 동시대 주교들과 같이 그는 수도사와 주교의 직분을 병행했다.

---

16 Irenaeus, *Against All Heresies* 1.8, 23-27; 다음의 책을 참고할 것. Edward L. Smither, *Mission in the Early Church: Themes and Reflections* (Eugene, OR: Cascade Books, 2014), 85-86.

이 직분을 통해 그는 이교 관습과 맞서며 갈리아의 이교도를 개종시켰고 이교 사원을 파괴하며 치유와 이적을 행하기도 했다. 또한, 거룩한 삶을 이교 대중에게 증명해 보였다. 마틴의 선교지는 교회 내부에도 존재했다. 그는 자신의 조언자인 푸아티에의 힐러리(Hilary of Poitiers, 315-367년)를 따라 아리우스파의 주장에 대항해 갈리아 교회를 변호했다.[17]

496년 프랑크 왕국의 초대 왕 클로비스(Clovis, 466-511년)가 세례를 받았다. 이는 갈리아 지역에 기독교가 뿌리내리게 하는 계기를 마련했고 크리스텐덤 패러다임이 시작하는 기회를 제공했다. 클로비스는 자신의 군인들에게 세례를 받도록 명령을 내렸고 이는 분명 프랑크인들이 자기 왕의 신앙을 믿도록 영향을 주었을 것이다.

이런 경향은 8세기까지 지속되었는데 샤를 마르텔(Charles Martel, 686-741년), 페핀 더 쇼트(Pepin the Short, 714-768년), 샤를마뉴(Charlemagne)와 같은 프랑크 지도자들은 교회와 국가 사이의 연합을 강화해 나갔다.

이레네우스, 투르의 마틴, 그리고 다른 이들이 갈리아를 복음화하고 이에 따라 제도교회가 존재하면서 아일랜드의 수도사 콜롬반(Columban, 543-615년)도 590년 교회를 갱신해야 한다는 사명을 가지고 등장했다. 콜롬반과 그의 수도사들은 프랑크 왕에 호의를 얻어 안느그레(Annegray)에 위치한 버려진 옛 군사 요새에 수도원을 설립했다. 그 후 그는 추가로 뤽세이유(Luxeuil)와 퐁텐(Fontaines)에도 수도회를 열었다. 콜롬반은 생애의 마지막까지 약 60개 이상의 수도원공동체 네트워크를 세웠다.

콜롬반의 넘치는 카리스마로 인해 새로운 수도사들이 자신의 공동체에 입회하게 되었지만, 이는 또한 다른 주교와 교회 지도자들과의 마찰을 가져오기도 했다. 콜롬반은 갈리아 군주로부터 이 지역에 들어가도록 허락받은 후 정치 지도자들과 친밀한 관계를 유지하는 데 어려움이 많았다. 결국, 여성 군주 브룬힐다(Brunhilda, 543-613년)는 불법적으로 태어난 자기 손자에게 축복 주기를 거부한 이유로 콜롬반을 부르고뉴(Burgundy)에서 추방했다.

---

17 다음의 책을 참고할 것. Smither, *Missionary Monks*, 42-50.

이후 콜롬반은 갈리아를 거쳐 이탈리아에 도착하기 전 오늘의 스위스 지역으로 옮겨 갔고 그곳에서 아리우스파에 경도된 롬바르드족에게 설교하는 꿈을 꾸었다. 그는 이탈리아 북부에 있는 보비오(Bobbio)에서 마지막 수도원을 설립했고 이 수도원에서 남은 삶을 보냈다.

콜롬반의 선교 방법은 정치 지도자들과의 관계를 포함했다. 우선 자신의 사역을 시작할 때 지도자들로부터 호의를 얻고 그들과 지속적인 접촉을 시도하는 방식을 취했다. 이 아일랜드 수도사는 프랑크족, 슈바벤족, 슬라브족에게도 복음을 전한 순회 설교자였다.

콜롬반의 전기 작가는 그가 설교하고, 특히 치유와 축귀 사역할 때, 종종 기적이 동반되었다고 보고하고 있다. 콜롬반은 마틴처럼 공개적으로 이교 사상을 비판했으며 때에 따라 우상과 이교도 성지를 파괴했다. 마지막으로 콜롬반은 이탈리아에 거주하는 이교도, 특히 아리우스파 롬바르드족에게 복음을 선포했다.

9) 영국

일부 전설에 따르면 바울과 아리마대 요셉(Joseph of Arimathea)도 1세기에 영국 지방을 복음화했다고 한다. 터툴리안도 3세기 초반까지 영국에 그리스도인들이 거주하고 있었다고 언급했다. 그러나 그는 어떻게 그 지역에서 교회가 시작되었는지에 대해 언급하지는 않는다. 영국 교회의 존재를 증명하는 가장 구체적인 초기 증거는 314년 아를 공의회(Council of Arles)의 법령으로부터 추적할 수 있다.

런던(London)과 요크(York)의 주교가 이 공의회에 참석했다. 이 공의회 주최자들은 이 영국 주교들이 아를에 참석할 여비를 지급했는데, 이런 사실은 4세기 초 영국의 교회가 빈곤한 상황에 있었다는 점을 알려 준다. 400년까지 고대 로마제국 시대의 영국인(Briton)은 복음을 받아들인 것으로 파악된다. 그러나 종종 무력 충돌로 맞서 왔던 앵글로 색슨족(Anglo-Saxon)은 대개 6세기 후반까지 복음을 접하지 못하고 있었다.

596년경 그레고리 대제가 로마의 주교로 임명된 지 몇 년 후, 그는 캔터베리의 어거스틴(Augustine of Canterbury, 604년 사망)과 약 40명의 수도사를 파송해 앵글로 색슨족에게 선교하도록 했다. 이것이 로마 주교에 의해 시작된 교회 역사상 최초의 '교차문화 선교'로 볼 수 있다. 수도사들은 갈리아를 지나 대륙을 건너 잉글랜드에 도착해 켄트의 왕 애설버트(Ethelbert, 재위 기간 589-616년)의 환대를 받았다.

애설버트는 기독교 신자인 아내와 결혼하여 30년간 지내 왔지만 분명히 복음은 받아들이지 않았다. 이런 상황을 고려한다면 애설버트가 수도사들의 메시지에 즉각적으로 응답하지 않았던 것은 당연한 일일지 모른다. 그러나 애설버트는 수도사들에게 교회를 짓고 캔터베리에 선교 지부를 설립하도록 허락했다. 그리고 자기 신하들에게 설교할 자유도 용인했다. 그레고리에 따르면 사역 첫해에만 만 명 이상의 앵글로 색슨인이 세례를 받았다고 한다. 결국, 애설버트도 복음을 받아들였다.

다른 지역 기독교 선교사들과 달리 이 수도사들은 정치 지도자에게 접근함으로써 선교 사역을 개시했다. 지도자들에게 복음을 전파하고 호의를 구했으며, 결국 대중을 대상으로 목회할 수 있도록 허락을 받아 냈다. 수도사들은 모범적인 삶을 살았고 또 가시적인 기적을 펼치면서 선교의 진정성을 보여 주었다. 결국, 이들은 복음을 영국적인 형태로 담아내면서 공감을 끌어냈다. 수도사들은 당시 존재하던 이교도 사원을 기독교 예배처로 전환했으며 이교도의 가축 축제(cattle festival)를 추수감사절로 지키게 했다.[18]

635년경, 노섬브리아의 왕 오스왈드(King Oswald of Northumbria, 재위 기간 634-642년)는 자신의 왕위를 회복하기 위해 망명에서 귀환했다. 오스왈드는 거의 20년간 아이오나(Iona)에서 망명생활을 했는데 바로 여기서 복음을 받아들이게 된다. 왕권을 회복한 그는 기독교 선교사를 초청해 노섬브리아 주민을 가르치도록 했다. 선교사들은 아이오나의 셀틱 수도사였는데, 특히 아일랜드 출신의 수도사 아이덴(Aiden, 590-651년)이 파송되어 노섬브리아에서 사역하게 되었다.

---

18 Smither, *Missionary Monks*, 82-92.

영국의 수도사 베데(Bede)에 따르면, 오스왈드왕은 아이덴에게 린디스판(Lindisfarne)섬에 수도원과 사역 본부를 세우도록 공간을 제공했다. 아이덴은 이런 호의에도 불구하고 매우 혼란스러운 상황에서 사역했다.

왜냐하면, 오스왈드가 주변 머시아(Mercia) 왕국의 이교도 왕인 펜다(Penda, 655년 사망)에 의해 전쟁에서 죽임을 당했고, 이에 따라서 독일계 이교도의 영향이 노섬브리아에 증가했기 때문이다. 아이덴은 오스왈드와 같은 정치 지도자와 협력 관계를 구축하여 순회 설교와 기적을 행하고 가난하고 권리를 박탈당한 자들을 돌보았다.[19]

10) 이집트

이집트에 존재했던 초기 교회의 모습과 관련하여 클레멘트(Clement, 150-215년)나 오리겐이 사역을 시작하기 이전에는 알려진 바가 거의 없었다. 클레멘트, 유세비우스, 제롬(Jerome, 347-420년)은 복음 전도자 마가가 이집트의 선구적 선교사였다는 전통적인 주장을 개진했다.[20]

알렉산드리아의 교회 지도자들은 강력한 영지주의적 환경 속에서 회중들에게 기독교 정통 교리에 대해서 가르치는 데 전력을 다했다. 2세기 후반, 인도에서 사역했던 선교사이자 철학자였던 판테누스(Pantaenus, 200년 사망)는 이런 도전을 대비하기 위해 교리문답 학교를 세웠다. 그 후 클레멘트와 오리겐이 이 저명한 학교를 이어 맡았다.

오리겐이 당대 기독교인은 물론 비기독교인 모두를 포함하여 위대한 세계적 사상가였다는 사실에는 의심의 여지가 없다. 그는 성서 주석과 신학 저작 활동뿐만 아니라 철학과 변증학을 섭렵하며 지식인을 향한 선교에도 관여했다.

---

19 Smither, *Missionary Monks*, 73-76.
20 다음의 책을 참고할 것. Thomas C. Oden, *The African Memory of Mark: Reassessing Early Church Tradition* (Downers Grove, IL: IVP Academic, 2011).

178년경, 이집트의 플라톤 철학자인 켈수스(Celsus)는 『진정한 교리에 관하여』(On True Doctrine)를 저술하고 순박하고 교육받지 못한 자들이 기독교의 먹잇감이 된다며 그리스도인을 공격하고 나섰다. 켈수스는 신약성서와 기독교를 면밀하게 분석한 후 예수님은 주술사에 불과하고 교회는 은둔적이며 불법적 사교 집단이라고 주장했다.

켈수스가 기독교에 관해 제기한 가장 중대한 문제는 기독교의 배타적 성격에 있었다. 즉, 특정 부류의 사람을 통해서 계시된 신적인 방법에 대한 문제 제기다. 비록 오리겐이 약 70년이 지난 후에야 『켈수스를 논박함』(Against Celsus)이라는 저작을 남겼지만, 그런데도 이 책은 기독교에 대한 많은 철학적 반대자가 켈수스의 논점을 연속적으로 공유하고 있었기에 여전히 유의미했다.

오리겐은 기독교 플라톤주의자로 간주되는 이런 비판론자에 응답했다. 그는 기독교가 당연히 이성적이고 합리적인 종교라는 사실을 증명하기 위해 비판론자들의 철학적 논리 구조를 활용했다. 오리겐은 성서(신적 철학)가 그리스 철학보다 우월하다는 견해를 견지하면서, 신적인 것에 관한 일반 지식은 누군가를 신적 철학으로 인도하는 데 중요한 역할을 한다고 주장했다.

로버트 윌켄(Robert Wilken)은 이집트의 지식 문화와 연결 짓는 오리겐의 학문적 능력을 다음과 같이 요약하고 있다.

> [오리겐]이 저술을 집필할 때면, 제아무리 저명한 철학자라 할지라도 결코 무시할 수 없는 능력자라는 사실을 곧 깨닫게 된다.[21]

인도 선교사이자 철학자인 판테누스의 이런 발자취에 이어 오리겐 역시 교차문화적 환경 속에서 사역을 이어 나갔다. 오리겐은 수년간 알렉산드리아학파를 이끌어 가며 이집트의 영지주의 이단에 대응해 나갔다. 그 후 팔레스타인의 가이사랴로 이주해 학교를 세워 신학과 철학을 가르쳤다. 그는 철학을 기독교적으로 사고하는 방식을 가르치며 제자들이 그리스도

---

21 Wilken, *First Thousand Years*, 55.

를 믿도록 했는데, 그중에는 그레고리 타우마투르구스도 있었다.²²

초기 콥틱어 성서 번역은 이집트 선교의 중요한 결과였다. 그리스어가 이집트의 헬라화된 도시 중심부와 교회의 주된 언어였지만, 콥틱어가 초대 교회 때 도시와 마을에서 광범위하게 사용되었다. 콥트인이 기독교로 개종하는 상황 속에서, 콥틱 알파벳과 언어가 이집트 이교 사상을 기독교적 세계관으로부터 구분하기 위해 만들어졌다.

3세기에 이르러 첫 성서 번역이 콥틱어로 선보이기 시작했고 이는 이집트 교회의 예전과 가르치는 사역에도 광범위하게 활용되었다. 그 후 번역이 개정되었고 콥틱 교회가 성서의 표준 언어로 보하이르 방언(Bohairic dialect, 여섯 개의 콥틱 방언 중 하나)을 채택했다.

브루스 메츠거(Bruce Metzger)는 콥틱어 성서의 유산에 대해서 다음과 같은 견해를 남긴 바 있다.

> 콥틱어 방언은 아랍어(Arabic)가 일상 언어로 채택된 후에도 콥틱 교회의 교회론적이고 예전적인 언어로 살아남아 왔다.²³

콥틱어 성서 덕분에 이집트 기독교는 아랍어가 지배 언어가 되고 이슬람이 주요 종교로 부상한 후에도 그 지역에 계속 남아 생존했다.²⁴

이집트의 수도원 운동은 안토니(Antony, 251-356년)와 파코미우스(Pachomius, 290-346년)와 같은 개혁적인 수도원장의 주도로 콥틱 기독교 상황 속에서 등장했다. 초기 기독교 신학과 실천에 영향을 미친 이집트의 수도원 운동은 간접적으로 수도사들이 주교와 함께 지방 복음 전도에서 사역하도록 이끌었다. 아울러 다른 헌신자들은 교회 사역을 위해 안수받았다.

22　다음의 책을 참고할 것. Smither, *Mission in the Early Church*, 11, 39, 81-82.
23　Bruce M. Metzger, *The Bible in Translation: Ancient and English Versions* (Grand Rapids: Baker Academic, 2001), 36-37.
24　다음의 책을 참고할 것. Smither, *Mission in the Early Church*, 100-101.

오리겐을 제외하고 초대 교회 시기 활약한 이집트의 위대한 신학자로 알렉산드리아의 아타나시우스(Athanasius of Alexandria, 296-373년)를 들 수 있다. 그는 45년간 알렉산드리아의 주교로 섬기면서 이교도를 개종시켰는데, 특히 아리우스파의 가르침을 반박하며 교회를 변호했다.

11) 북아프리카

로마제국 중에서 기독교가 가장 꽃을 피운 지역은 바로 북아프리카였다. 그러나 이 지역에서 기독교의 두드러진 성장에도 불구하고 아프리카 교회의 기원에 대해 밝혀진 바가 거의 없다. 당시 초기 선교사나 교회 설립자의 기록이 남아 있지 않은 상태이며 2세기 후반과 3세기 초반 교회의 역동적인 등장에 대해서만 대략으로 파악할 뿐이다.[25] 이 부분을 정밀히 밝히기 위해서 3세기 중반에서 2세기 초반으로 시간을 거슬러 올라가며 북아프리카 기독교의 연표를 고찰해 보도록 하겠다.

220년 카르타고의 아그리피누스(Agrippinus of Carthage) 주교는 70명의 주교가 참여하는 교회 공의회를 주관했다. 이들은 모두 아프리카의 어느 총독 관할 지방(Proconsular Africa, 로마제국 내의 아프리카주-역자 주) 출신이었다. 로마가 지배하는 아프리카 지역에는 70여 개의 교회가 존재했는데, 이는 3세기 초 교회의 급성장을 의미한다. 더욱 두드러진 사실은 아프리카 기독교가 처음으로 언급된 후 불과 40년이 채 되지 않아 이런 기독교 공의회가 개최되었다는 점이다.

가령, 우리는 180년 카르타고 스킬리(Scilli) 지역 순교자 이야기로부터 아프리카 기독교에 대한 초기 언급을 찾아볼 수 있다. 흥미롭게도 총 12명의 순교자 중에 대다수(7명의 남성과 5명의 여성)가 아프리카 토착 이름(가령, 퓨닉어-베르베르어)을 갖고 있었는데, 이 점은 교회가 이미 아프리카 내

---

25 다음의 책을 참고할 것. Stephen Neill, *A History of Christian Missions* (London: Penguin, 1990), 34; François Decret, *Early Christianity in North Africa*, trans. Edward L. Smither (Eugene, OR: Cascade, 2009), 10.

부를 관통하고 있으며, 180년 이전에도 북아프리카 지역에 기독교 세력이 분명하게 존재하고 있었음을 알려 주는 증거다.

고고학자들은 하드루메툼(Hadrumetum, 수즈[Sousse] 지역)의 지하 묘지 연대를 추정하는데, 여기에는 2-4세기 사이에 지어진 1만 5천여 기독교인들의 무덤이 포함되어 있었다. 카르타고는 아마 복음이 전달된 최초의 아프리카 도시였을 것이다. 프랑스의 고고학자 폴 몽소(Paul Monceaux)는 북아프리카의 키레네(Cyrene) 지역 유대식 공동묘지에서 2세기 초까지 거슬러 올라가는 기독교 무덤을 발견했다.[26]

이렇게 볼 때 아프리카 교회의 기원은 2세기 초반까지 거슬러 올라가며 복음을 전파한 선교사들 상당수는 익명으로 남겨져 있음을 알 수 있다. 이런 초기 복음 전도자들은 상인, 식민지 개척자, 심지어 군인으로 추정되며 아프리카에 그리스도 복음을 전하는 사역도 함께 담당했을 것이다.[27]

아프리카 기독교에 관해 최초로 남겨진 기록물은 프랑수아 데크레(François Decret)가 "피의 증언"이라 부르는 것으로 여기에는 스킬리움 순교자들(Scillitan martyrs)의 심판을 담고 있었다.[28]

아프리카 교회 이야기는 2-3세기 차별과 고통으로 점철되었다. 아프리카 순교에 관한 가장 유명한 일화는 퍼페투아(Perpetua)와 펠리시타스(Felicitas)의 이름을 가진 두 젊은 여인 이야기이다.

이 두 여인이 기독교를 받아들였을 때는 다른 세 명의 남자와 함께 구금당한 상태였다. 당시 기독교 신앙을 받아들이는 행위는 세베루스 황제가 202년에 내린 칙령을 모욕하는 것이었다. 퍼페투아는 부유하고 저명한 카르타고 가정 출신이었고, 펠리시타스는 그의 하인이었다.

이들은 완전히 다른 경제적 배경이었지만 한 가지 공통점이 있었다. 그것은 바로 그들 모두 젊은 어머니였다는 사실이다. 이들이 구금당했을 때

---

26 다음의 책을 참고할 것. Kenneth Scott Latourette, *A History of the Expansion of Christianity: The First Five Centuries* (New York: Harper & Brothers, 1937; repr., Grand Rapids: Zondervan, 1970), 1:92.

27 다음의 책을 참고할 것. Smither, *Mission in the Early Church*, 45-46.

28 Decret, *Early Christianity in North Africa*, 10.

퍼페투아는 신생아를 돌보는 상황이었다. 반면 펠리시타스는 옥에서 한 아이를 출산했다. 203년 3월 7일, 두 여인은 카르타고의 로마 원형극장(Carthage Amphitheatre)으로 끌려가 야생 짐승에 의해 찢겨 죽었다.

많은 로마 구경꾼은 목숨을 내놓고서라도 자신의 신앙을 부인하지 않는 그리스도인들의 도덕적 확신에 감동했다. 한편, 일부 아프리카 그리스도인은 심문이나 처형장에서 공개 증언을 하기도 했다.

스킬리움 순교자 중 한 명인 스페라투스(Speratus)는 재판 중에 이렇게 선언한 바 있다.

> 나는 이 세상의 제국을 인정하지 않소. 오히려 나는 인간이 눈으로 본 적이 없고 또 볼 수도 없는 그 하나님을 섬길 뿐이오.

키프리안은 카르타고에서 처형당하기 전 이렇게 진술했다.

> 나는 그리스도인이자 주교다. 나는 다른 신은 인정하지 않는다. 오직 하늘과 땅과 바다를 지으신 참 하나님만을 인정할 뿐이다.[29]

이런 고난과 증거의 환경이 바로 터툴리안이 2세기 후반 "순교자의 피는 교회의 씨앗"이라고 선언하게 되는 바로 그 상황이었다.[30]

그리스도의 복음이 아프리카 전역, 특히 도심으로 확산되어 나갈 때, 라틴어 성서의 최초 번역본이 등장하기 시작했다. 그 첫 번역본이 2세기 말 즈음에 첫 모습을 드러냈다.

아프리카 예배 모임에 참여하던 그리스도인들은 공식 번역가 모임을 꾸리지 않고 자신들이 직접 구(舊)라틴어 성서를 번역했다. 그리스 성서는 예전 시에 통성으로 읽혔고 동시에 라틴어로 통역되었다. 이런 통역이 기록되고 개정되어 각층에 유포되었다. 구라틴어 성서는 브루스 메츠거가

29　Passion of the Scillitan Martyrs; Acts of Cyprian 1, 3.
30　Tertullian, *Apology* 50 (*ANF* 3:55).

말한 것처럼 "살아 있는 창조물이자 지속해서 성숙하게 하는" 원천이 되었다.[31]

초기 라틴어 성서는 예배와 가르침의 상황 속에서 유기적으로 발전했다. 또한, 그리스도인들이 하나님 말씀에 대해 간절하게 갈망하면서 더욱 정확한 성서 번역이 필요하게 되었다. 이런 당시 상황이 성서 번역을 자극했지만 일이 꼭 순리대로 이루어지지는 않았다. 어거스틴과 같은 아프리카 목회자는 구라틴어 성서의 다양한 번역본에 대해 자연스럽게 불만을 표출했다.

4세기 후반, 라틴어가 서로마제국에 있는 대부분의 교회에서 공식 예전 언어가 되면서 로마의 다마수스(Damasus, 304-384년) 주교는 제롬에게 라틴어 복음서를 개정할 것을 부탁했다. 제롬은 처음에 이 제안이 썩 내키지 않았다. 그러나 결국 20년 이상에 걸쳐 신구약 성서를 새롭게 번역했다. 이런 번역 작업을 통해 라틴어 불가타(Latin Vulgate)로 알려진 성서가 탄생했다.

제롬의 작업이 혁신적이고 위대한 이유는 그리스 칠십인역 성서(Greek Septuagint)가 아닌 히브리 성서를 원본으로 하여 구약성서를 직접 번역했기 때문이다. 이는 구라틴어 성서 번역가들이 한 것과 같은 방식이었다. 현대 독자들은 불가타 역본을 두고 제롬의 논리적 결단성을 주목할 수 있겠다. 그러나 칠십인역 성서가 하나님의 영감을 받아 기록되었다고 믿는 초기 많은 그리스도인에게 제롬의 히브리어에 대한 진정성은 논쟁의 대상이 되었다.

북아프리카 교회가 성장함에 따라 수많은 영향력 있는 신학자가 이런 교회의 역사적 발전과 전통을 형성하고 있었다. 라틴 기독교 문학의 아버지라 불리는 터툴리안은 광범위한 이교도 환경 속에서 기독교 사상을 변증했고 삼위일체의 의미에 대한 초기 사상을 정립하는 데 기여했다.

키프리안은 목회 지도력과 교회론에 관해 어떻게 사고해야 하는가를 지속해서 탐구했다. 어거스틴은 자신의 삼위일체론과 은총의 교리에 대한 신학적 저작을 발표하는 것 이외에도, 이교도에 대한 선교사로서 마니교

---

31 Metzger, *Bible in Translation*, 30; Smither, *Mission in the Early Church*, 45-46, 53-54, 95-99.

도, 도나투스파, 펠라기안주의자의 가르침을 반박하고 교회를 변호했다.

12) 아일랜드와 스코틀랜드

아일랜드는 고대 로마제국 시대의 영국과 지리적으로 근접해 있었지만 어떤 제국의 영향을 받지는 않았다. 그러나 5세기에 이르러 로마계 영국 선교사 겸 주교인 패트릭(Patrick, 389-461년)이 아일랜드를 복음화하는 데 전력을 다했다. 패트릭은 그가 십대일 때 납치되어 노예 신분으로 켈틱족(Celtic)과 함께 6년간 살게 된다. 이때 그는 그리스도를 향한 자신의 헌신을 결단하고 아일랜드 언어와 문화를 배웠다.

패트릭은 이후 도피하여 (고대 로마제국 시대의) 영국에 있는 집으로 돌아왔다. 그러나 그는 『고백록』(Confessions)에서 자신이 아일랜드로 다시 돌아가 복음을 전해야 한다는 소명을 받았다고 기록하고 있다. 결국, 로마 주교 켈레스틴(Celestine, 432년 사망)이 패트릭을 아일랜드 선교사 겸 주교로 파송했다.

패트릭은 자신이 마지막 날과 세상 끝날에 사역하고 있다고 믿고 있었다. 이 때문에 그는 아일랜드 선교의 첫 단계로 부족 지도자들에게 접근해서 그들의 보호와 호의를 구하고 복음을 전파할 수 있도록 허락을 받았다. 패트릭이 432년부터 461년까지 약 30년간 사역했을 때, 아일랜드의 거의 전 지역이 복음화되었고 새로운 교회와 수도원이 곳곳에 건립되었다.

패트릭의 선교 이전 아일랜드 내에는 도시가 전혀 없었는데 수도원공동체가 도시의 구조적인 역할을 담당하여 지역 최초의 마을 중심부가 되었다. 아일랜드 교회에는 주교가 존재했다. 그러나 수도원장이 주요 지도자직을 맡았다. 패트릭의 사역으로 인해 아일랜드 교회는 유럽의 다른 지역에 접근할 수 있는 핵심 중추가 되었다.[32]

가장 유명한 아일랜드 선교사는 수도사 콜롬바(Columba, 521-597년)로, 사람들은 그를 스코틀랜드의 사도로 기억한다.

---

32 Smither, *Mission in the Early Church*, 51-63.

수도사 베다(Bede, 672-735년)는 콜롬바의 소명과 사역을 다음과 같이 정리한 바 있다.

> [565년] 아일랜드에서 영국으로 건너온 콜롬바라 이름하는 성직자 겸 수도원장이 있었다. 그는 진실로 삶 전부가 수도사였다. 콜롬바는 하나님의 말씀을 전하기 위해 북부 픽트(Picts) 왕국에서 영국으로 이동해 왔다. … 콜롬바는 픽트족의 가장 강력한 왕 브리디우스(Bridius)가 8년 이상 그들을 통치하고 있었을 때 영국에 도착했다. 그는 말씀과 삶의 모범을 보임으로 이교도들이 그리스도 신앙으로 귀의하도록 했다. 그리고 이들로부터 아이오나섬을 허락받아 그곳에 수도원을 설립했다.[33]

만일 베다의 기록이 정확하다면 콜롬바는 처음으로 브리디우스왕의 간청을 구한 사람일 것이다. 분명히 브리디우스는 복음을 통해 개종했고 콜롬바와 그의 수도사들에게 아이오나수도원을 시작하도록 허락했다. 브리디우스는 이들에게 스코틀랜드 하이랜드(Scottish Highlands) 전역에 거주하는 픽트족에게 복음을 전하도록 자유를 허락해 주었다.

아이오나 수도사들이 채택한 한 가지 특별한 선교 방법은 픽트족의 시각 문화를 사용한 점이다. 미술사가들은 오랫동안 석조미술, 금속 작품, 북아트(book art)를 포함하는 '픽트 인설라 예술'(Pictish Insular Art)에 오랫동안 흥미로운 관심을 가졌다. 픽트족은 전통적으로 자신들의 역사 중에서 전쟁 승리와 중대한 사건을 기념하기 위해 석조 기념물을 건축해 왔다. 이런 배경 속에 복음이 픽트족 가운데 뿌리내린 것이다. 수도사들은 석조미술 전통과의 융합을 통해 십자가를 공개적으로 전시했다.

픽트족은 자신들의 예술 형태를 기독교적 목적으로 변형하도록 허락했다. 콜롬바와 수도사들도 복음을 전하기 위해 픽트족의 예술을 상황에 맞게 적응시킬 것을 고려했다. 섬 지역에 있는 돌 십자가는 복음의 본질, 즉

---

[33] Bede, *Ecclesiastical History of the English People* 3.4, ed. Judith McClure and Roger Collins (Oxford: Oxford University Press, 2009), 114-15.

그리스도의 죽음, 매장, 부활을 드러내고 있었다. 그 후 제작된 돌 십자가들은 더욱 섬세한 성서 이야기를 전달했다.

예를 들면, 성 마틴(St. Martin)의 십자가는 거대한 8세기 석조물로 아이오나에서의 전성기를 드러내며 수많은 성서 이야기를 포함하고 있다.

이 십자가 중앙에는 마리아가 아기 예수 그리스도를 안고 있는 모습이 묘사되어 있다. 사자 굴 속 다니엘, 아브라함이 아들 이삭을 죽이기 위해 칼을 들고 있는 장면, 골리앗과 싸우는 다윗, 악기를 연주하는 다윗의 모습 역시 십자가에 각인되어 있다. 성 마틴의 돌 십자가처럼, 아이오나의 십자가는 과거 순례자를 위한 가시적인 교리문답과 성서 연구 자료로 활용되었다.

아이오나 수도사들은 8세기 후반 잘 알려진 『켈스의 서』(Book of Kells)를 제작하면서 복음을 시각적으로 표현하려고 했다. 이 책은 라틴어로 기록된 사복음서를 담고 있지만, 그 분량은 복잡한 예술 작품을 포함하고 있어 800쪽에 달하고 있다. 이 책 안에는 아름다운 서체, 석조 예술 이미지, 신약성서 이야기를 묘사한 삽화가 담겨 있다.

『켈스의 서』는 픽틀랜드(Pictland) 지역 선교 여행 때 들고 다닐 수 있을 정도로 작지만, 아이오나에서 가장 좋은 상태로 보존되어 있다. 순례자들이 아이오나섬에 도착해 예전에 참여하면 새신자들은 이 책에서 전달하는 시각적 주제(그리스도의 인격과 사역, 십자가, 성만찬 이미지)를 통해 예배에 깊이 참여할 수 있었다. 『켈스의 서』는 픽트족의 시각적 상상력과 구전 기억을 결합하기 때문에 성서 이야기와 복음이 픽틀랜드 전 지역에 입소문을 타고 퍼졌을 것이다.[34]

13) 게르마니아

고트족은 로마제국 접경에 있는 다뉴브강(Danube River) 북쪽 출신의 게르만족이었다. 이들은 명확하게 구분되는 두 집단으로 나뉘었는데, 하나는 서고트족(Visigoths)이고 다른 하나는 동고트족(Ostrogoths)이다. 이들은

---

34 Smither, *Mission in the Early Church*, 40, 118-22.

오늘의 헝가리 지역에 거주했다. 동고트족은 콘스탄티노플에 있는 동로마 제국과 평화로운 관계를 유지했다. 반면 서고트족은 5세기 초 로마 도시를 약탈하고 한 세기 동안 북아프리카를 포함한 서쪽 제국 대부분을 지배하여 역사적으로 갈등 관계에 있었다.

서고트족은 아마도 모에시아(Moesia)와 다키아(Dacia) 지역(오늘의 루마니아와 불가리아)으로 팽창할 때 그리스도인과 접하게 되면서 처음으로 복음을 받아들인 것으로 보인다. 갑바도기아에서 붙잡힌 기독교 노예들 역시 서고트족에게 복음을 증거했다.

온건했던 아리우스주의자 울필라스는 이 게르만족에게 가장 환영받는 선교사였다. 고트족과 갑바도기아 출신 부모에게서 태어난 울필라스는 콘스탄티노플 부근에서 성장했다. 340년 다른 아리우스파 주교 니코메디아의 유세비우스(Eusebius of Nicomedia, 341년 사망)가 울필라스를 고트족 목회를 위한 주교로 파송했다.

울필라스는 고트족이 읽을 수 있는 성서를 편찬하고자 고트어 알파벳을 개발했다. 그는 직역 번역 방식을 채택하면서도 구약성서의 열왕기서와 사무엘서는 의도적으로 생략했다. 그 이유는 수차례 전쟁을 치러 온 서고트족이 열왕기서와 사무엘서로부터 폭력에 관해 어떤 새로운 전략을 얻을지도 모른다는 우려 때문이다.

5세기 서고트족이 로마를 정복한 후, 이들의 언어가 현재 유럽을 이루는 지역으로 광범위하게 퍼져 나갔다. 이는 고트어 성서를 확산하는 결과를 가져왔으리라 예상할 수 있다. 그러나 다음 세기 비잔틴의 부활과 함께 고트어는 지방어로 밀려났고 고트어 성서는 그 지역교회에 큰 영향을 미치지 못했다.[35]

또 다른 게르만족으로 프리시안족(Frisians)이 있었다. 이들은 8세기경 영국 수도사 윌리브로드(Willibrord, 658-737년)와 보니파스(Boniface, 680-754년)에 의해 복음을 받아들이게 되었다. 719년 로마 주교 그레고리 2세(Gregory II, 669-731년)는 한 해 동안 보니파스를 윌리브로드와 함께 프리시

---

35 Smither, *Mission in the Early Church*, 102-3.

안족 선교 특사로 파송했다.

722년에는 그레고리 2세가 독일 전체를 담당하는 선교사 겸 주교로 보니파스를 다시 파송했다. 보니파스는 아일랜드에 파송된 패트릭과 유사하게 교회가 아직 설립되지 않은 지역과 사람을 위해 주교직을 맡게 된 것이다. 보니파스는 교황에 대한 헌신 서약을 맹세하며 게르만족에게 로마적 양식의 기독교를 전파하기로 약속했다.

프리시안족 사역과 관련해 보니파스가 남긴 가장 유명한 이야기가 있다. 724년 보니파스가 가이스마(Geismar) 중심에 있는 토르(Thor)의 성스러운 떡갈나무를 절단함으로써 이교도 의례 및 신앙과 정면으로 대결했던 이야기이다.

> 보니파스는 가이스마라 불리는 어느 장소에서 이교도들이 토르의 오크(Oak of [Thor])라 부르던 거대한 크기의 나무를 절단하려고 했다. 그는 용기를 내 도끼를 들고 나무에 첫 번째 자국을 냈다. (수많은 이교도 군중이 구경하려고 몰려들었고 그 신들의 적을 마음속 깊이 저주하고 있었다.) 그러나 보니파스가 살짝 홈집을 냈을 때, 갑자기 어마어마한 덩치의 떡갈나무가 위로부터 흐르는 세찬 바람에 흔들렸고 나무 위의 높은 나뭇가지들이 조각조각 흩어지며 요란한 소리와 함께 땅에 내리박고 말았다.
>
> 이는 분명 하나님의 뜻이었다. 떡갈나무는 네 파편으로 갈라졌다. 각 파편은 같은 길이의 나무줄기였다. 보니파스를 저주하던 이교도들은 이 거대한 광경을 지켜보며 욕설을 멈추었다. 기이하게도 이들이 주님을 믿고 영접하기 시작했다. 그 후 즉시 거룩한 형태로 변한 보니파스는 개종한 이교 형제들을 인도했다. 그리고 쓰러진 떡갈나무로 예배당을 짓고 이를 사도 베드로에게 바쳤다.[36]

보니파스가 사역을 계속 이어갈 때 로마 지도부는 행정관으로서의 그의

---

36 Willibald, *Life of Boniface* 6, trans. C. H. Talbot, in *The Anglo-Saxon Missionaries in Germany, Being the Lives of SS. Willibrord, Boniface, Leoba and Lebuin Together with the Hodoepericon of St. Willibald and a Selection from the Correspondence of St. Boniface* (London: Sheed and Ward, 1954).

역량을 인정했다. 737년부터 747년까지 로마 주교는 보니파스를 게르만과 프랑크 지역의 교회를 조직하고 개혁하도록 임무를 맡겼다.

보니파스는 세례를 받지 않은 게르만 이교도들을 복음화할 선교적 열정이 가득했지만, 70대라는 고령에 접어든 그는 753년 프리시안족에 복귀할 수밖에 없었다. 보니파스와 그의 동료는 설교, 세례, 교육이라는 새로운 과업을 이행하는 도중 성난 군중의 공격을 받았고 결국 754년에 순교했다.

초기 다른 기독교 선교사들처럼, 보니파스는 우선 게르만 지도자들과 접촉했으며 그들에게 그리스도에 관해 설교했다. 동시에 게르만족에게 설교할 수 있도록 허락을 구했다. 보니파스는 프랑크의 기독교 정치가들과도 친분을 쌓았는데, 대표적으로 샤를 마르텔(Charles Martel)과 페핀(Pepin)이 있었다. 이들은 보니파스가 프리시안족에게 설교할 때 군사적 보호를 제공했다.

보니파스의 선교 사역은 지역 주민과의 관계를 돈독히 했고 무엇보다 설교하는 일에 집중되어 있었다. 가이스마에서 목격된 설명에 따르면 보니파스가 설교를 통해 주장한 핵심 요소는 이교 사상을 반박하는 것이었다. 그는 교육, 교리문답, 신생교회 설립을 통해 프리시안족에게 복음을 전했다. 결국, 보니파스는 자신의 복음 전도에 헌신할 규모 있는 수도사 조직을 필요로 하게 되었고 이런 선교 사역을 위해서 여성까지 모집한 최초의 수도사가 되었다.[37]

2. 동방

불행히도 서구에서 신학이나 선교 역사를 공부하는 학생들은 로마제국 시대의 초대 기독교에 너무 많은 초점을 기울이는 경향이 있다. 그리고 그 이외의 지역에서 기독교선교 운동이 어떤 방식으로 진행하는지에 대해서

---

37 다음의 책을 참고할 것. Smither, *Missionary Monks*, 93-106.

간과하곤 한다.[38]

그러나 처음 8세기까지 교회사를 면밀히 들여다보면, 복음은 서방교회의 확산보다 동방에서 훨씬 더 멀리 팽창해 나갔다. 635년 아이덴이 노섬브리아에서 사역을 시작할 당시 이미 동방교회 소속 선교사와 수도사가 중국의 황제에게 복음을 선포하고 있었다는 사실을 기억할 필요가 있다.

이 장에서 우리는 안디옥에서 출발하여 복음이 어떻게 로마제국 이외의 지역, 특히 동방으로 확산해 가는가를 점검하고자 한다. 동북부 아프리카를 시작점으로 해서 중동, 중앙아시아, 중국에 이르는 전 여정을 탐험할 것이다. 서방과 마찬가지로 동방 그리스도인들 역시 차별과 고난을 견뎌야 했다.

특히, 조로아스터교를 숭상하는 왕들에 의해 박해받던 페르시아 그리스도인들은 콘스탄틴 황제가 로마에서 패권을 장악한 후에도 지속적인 탄압을 받았다. 동방교회는 실크로드를 따라 중앙아시아를 관통하면서 조로아스터교, 힌두교, 불교, 도교의 상황 속에서 선교를 진행했다.

7세기 초, 중동과 아시아 일부 교회는 이슬람이 지배하는 환경 속에서 생존 투쟁의 기로에 서 있었다. 로마를 벗어난 동방 세계는 문화적으로나 정치적으로 균일하지 않았다. 이에 대해서는 각 지역을 다루는 부분에서 좀 더 구체적인 배경을 설명하고자 한다.

1) 에데사

그리스도 복음은 안디옥에서 출발해 동쪽으로 전파되면서 오스로에네(Osrhoene) 왕국과 수도 에데사(Edessa)에 이르렀다. 유세비우스는 『교회사』(*Church History*)의 첫 장에서 에데사의 왕 아브가르 5세(Abgar V, 50년 사망)가 예수님과 교신했고, 치유를 위해 예수님을 초대했다고 주장했다.[39]

---

38 다음의 책을 참고할 것. Phillip Jenkins, *Lost History of Christianity: The Thousand-Year Golden Age of the Church in the Middle East, Africa, and Asia—and How It Died* (New York: HarperOne, 2009); Samuel Moffett, *A History of Christianity in Asia*, vol. 1, Beginnings to 1500 (New York: HarperCollins, 1992).

39 Eusebius, *Church History*, 1.13.

유세비우스의 이런 설명에는 역사적 근거가 희박하지만, 에데사 사람들이 매우 이른 시기부터 예수님과 기독교 신앙을 생각하고 있었음을 암시한다. 3세기 초 오스로에네 왕국이 로마제국에 병합하기 전 에데사 교회는 주교가 파송되는 200년경까지 안디옥 교회로부터 양육을 받고 있었다.

에데사 교회는 시리아어를 말하는 지역에서 정착했기에 성서를 지역 언어로 번역하는 과정이 필수였다. 초기 성서 번역이 라틴어였는지 혹은 시리아어였는지 불명확하지만, 2세기 후반에 구(舊) 시리아어 신약성서가 그 모습을 드러냈다.

가장 주목할 만한 시리아어 성서는 타티안(Tatian, 110-180년)의 『디아테사론』(Diatessaron)으로 이는 사복음서를 단권으로 만든 것이다. 사복음서를 단 하나의 책으로 엮은 것은 타티안이 최초로 시도한 것이었다. 4세기 들어 구시리아어 성서는 개정을 거쳐 페쉬타(Peshitta) 판으로 출판되었다. 같은 세기에 최초로 시리아어 구약성서 번역본도 등장했다.

신약성서 중에 베드로후서, 요한2서, 요한3서, 요한계시록은 경전으로 간주하지 않았지만 6세기 시리아 교회는 가톨릭교회와 동일하게 페쉬타 성서를 개정하고, 이때 마지막 출판에서 지금과 같은 27권의 신약성서로 선보였다. 시리아 교회를 위해서 시작한 시리아어 성서 번역은 향후 아르메니아, 그루지야, 아랍 성서 번역을 위한 토대를 놓았다.[40]

4세기 에데사 교회는 시리아의 성인 에프렘(Ephrem the Syrian, 306-373년)의 사역을 통해서 부분적으로 성장했다. 시리아 교회의 가장 저명한 신학자 에프렘은 찬송과 시의 형식으로 신학을 정교화했다. 페르시아 출신인 그는 에데사의 약자, 특히 기근과 역병으로 고통당하는 자들을 위해 자신의 말년을 바쳤다. 에프렘은 굶주린 자를 위해 음식을 조달하고 병원을 운영했다. 또한, 자신이 만든 풍요로운 찬양을 통해 병든 자와 죽어 가는 자를 위로했다. 에프렘은 담대하게 사역하는 와중에 병에 걸려 373년 죽음을 맞이했다.

---

40 다음의 책을 참고할 것. Smither, *Mission in the Early Church*, 93-95.

2) 메소포타미아, 페르시아, 아라비아

메소포타미아(Mesopotamia)와 페르시아(Persia)의 기독교 운동은 아마도 2-3세기 상인과 페르시아에 의해 포획된 그리스도인을 통해서 에데사로부터 확산했을 것으로 보인다.

225년 약 20여 교회가 페르시아 접경지의 티그리스-유프라테스 계곡(Tigris-Euphrates Valley)에 존재했다. 이런 신앙공동체 중 하나는 232년경 티그리스강(Tigris River) 부근에 있는 도시인 두라-에우로포스(Dura-Europos)에 건립된 작은 교회로, 이 교회는 원래 가정집을 개조한 것이었다. 이는 초대 기독교 시대 가장 초기 형태로 발굴된 교회 구조 중 하나였다.

이 지역에서 번창한 주류 기독교 운동은 동방교회(The Church of the East)로 로마제국과 페르시아제국의 경계 지역인 에데사와 니시비스(Nisibis) 사이에서 살아가는 시리아와 페르시아 그리스도인으로 구성되어 있었다.[41]

이들의 영적 지도자는 셀레우키아-크테시폰(Seleucia-Ctesiphon)의 총대주교였다. 225년 페르시아 내 사산제국(Sassanid Empire, 224-651년)의 등장에 따라 동방교회는 페르시아의 정체성을 더욱 갖추게 되었다. 285년까지 첫 페르시아 주교가 파송되었고 5세기 초반 이 지역에는 인지할 수 있는 교회공동체와 주교들이 존재했다.

그러나 기독교는 페르시아 내에서 공인을 얻지 못했다. 409년 종교적 관용을 일시적으로 누린 적이 있었지만 4-6세기에 걸쳐 교회는 조로아스터교가 장악한 정부에 의해 박해와 차별을 받게 되었다. 페르시아의 그리스도인들은 종종 반기독교 로마인들과 함께 관련을 맺기도 했는데, 향후 이들은 4세기에 기독교를 제국종교로 수용하기도 했다.

315년 페르시아 그리스도인에 대한 보호를 요청하는 콘스탄틴 황제의

---

41 다음의 책을 참고할 것. Wilhelm Baum and Dietmar W. Winkler, *The Church of the East: A Concise History* (London: Routledge, 2000); Samuel N. C. Lieu and Ken Parry, "Deep into Asia," in *Early Christianity in Contexts: An Exploration across Cultures and Continents*, ed. William Tabbernee (Grand Rapids: Baker Academic, 2014), 143-80.

서한을 받고 이에 답장을 보낸 사산제국의 샤아 샤푸르 2세(Shah Shapur II, 309-379년)는 오히려 그 반대 정책을 취했고 페르시아의 신자들을 잔인하게 박해했다. 이런 차별과 압박은 많은 페르시아 그리스도인이 본국을 떠나 아라비아와 같은 지역으로 이주하도록 했다.

동방교회는 풍요로운 신학 전통을 발전시켰고 에데사와 그 후 니시비스에도 신학교를 열었다. 이 교회는 칼케돈 신조(451년)를 거부했지만 이런 거부가 곧 네스토리우스와 그의 정통에서 벗어난 기독론을 옹호하는 것은 전혀 아니었다. 오히려 동방교회는 칼케돈 신조가 그리스적 방식으로 정교화되어 셈족에 기반한 동방 그리스도인을 배제한 현상에 대해 반발했다.

4세기 페르시아에서 등장한 수도원 운동은 조로아스터교도들과 샤푸르 2세와 같은 지도자들의 박해로부터 안전한 공동체를 구축하기 위해 그리스도인들이 보호처로 발전시켰다. 페르시아의 수도원은 신학과 목회 사역에서 수도사를 훈련하는 것 이외에도, 의학 교육을 제공했고 종종 신학과 의학을 통합하기도 했다.

어떤 점에서 바울이 회심을 한 후 아라비아에서 설교했기 때문에(갈 1:15-17), 일찍이 복음이 이 지역을 관통하여 확산했을 것이다. 그런데도 우리는 4세기 전까지 아라비아의 기독교에 관해 아는 바가 거의 없다. 아랍인들은 아마도 로마와 페르시아 신자들의 증언을 통해 복음을 가장 많이 전해 들은 부류일 것이다.

최초로 알려진 교회는 현재 카타르(Qatar) 지역에 존재했을 것으로 추정한다. 또한, 베두인계 아랍인(Bedouin Arabs)을 사역했던 어느 한 주교가 325년 니케아 공의회에 참석했다. 4세기에는 수많은 아랍 군주가 기독교를 받아들였다. 이들은 선교사들을 초청해 백성들에게 그리스도의 가르침을 전수하도록 했다.

이슬람교의 예언자 무함마드(Muhammad, 570-632년)는 메카(Mecca)에서 태어났다. 무함마드가 죽은 지 불과 몇 년이 채 되지 않아 아랍과 이슬람제국은 모든 아라비아 지역 통제권을 확보하게 된다. 8세기 중반까지 무슬림은 시리아, 페르시아, 이집트, 북아프리카 전역을 통제했다. 그리고 인도, 중앙아시아, 중국으로도 팽창해 나갔다.

많은 아랍 그리스도인이 메디나의 칼리프(Caliphs of Medina, 632-661년)의 지도하에서 그리고 다마스쿠스에 있던 우마이야 왕조(Umayyad Dynasty, 661-750년) 시기에 이슬람교로 개종했다.

다른 사람들은 이슬람의 딤미(*dhimmi*, 딤미는 이슬람법이 다스리는 국가의 비무슬림 주민으로 이슬람의 관용 정책에 따라 일정 조건에 부합하면 그리스도인이나 유대인이라 할지라도 강제 개종을 당하지 않았다 - 역자 주) 신분을 받아들였다. 이 그리스도인들은 세금을 납부하는 대가로 계속 예배드릴 자유와 보호를 받았다.

이 시기 기독교 선교가 무슬림 지역에서 대대적으로 위축되었지만, 우리는 기독교-무슬림 관계를 파악하기 위한 몇 가지 정황을 추가적으로 이해할 필요가 있다.

다마스쿠스의 요한(John of Damascus)으로 알려진 야나 이븐 만수르 이븐 사르준(Yanah ibn Mansur ibn Sarjun, 650-749년)은 아랍계 그리스도인으로 우마이야 왕조 시대에 활동했다. 요한은 자신의 아버지처럼 칼리프궁전에서 일종의 회계관으로 일했다. 726년경, 즉 다마스쿠스에서 30년간 일을 마친 후 요한은 예루살렘 부근의 마사바(Mar Saba)수도원에서 은둔하며 살아갔다.

요한은 이 시기에 가장 저명한 저작을 남기게 되는데 『지식의 원천』(*Fount of Knowledge*)이 바로 그것이다. 요한은 두 부분으로 이루어진 이 책에서 이교 집단을 논했는데, 그 하나가 바로 이슬람교로 그는 이 종파를 "이스마엘 후손의 이교"(the Heresy of the Ishmaelites)라고 불렀다. 특히, "요한은 하나님께는 아들이 없다"는 가르침을 설파한 무함마드를 냉혹하게 비판했다. 동시에 이슬람교의 일부다처제 전통에 대해서도 혹평했다. 요한은 니케아적 기독교를 옹호하면서 예수님은 하나님과 분리할 수 없는 말씀이자 정신이시며, 예수님의 신성은 성부, 성자, 성령의 상호 내주로서 이해되어야 한다고 주장했다.

요한의 방법이 논쟁적이긴 하지만, 그의 신학적이고 변증적인 방법은 다른 복음주의자들이 바그다드의 티모시(Timothy of Baghdad, 727-823년)와 테오도르 아부 쿼라(Theodore Abu Qurrah, 750-823년)와 같은 무슬림을 개종

시키기 위한 길을 열어 주었다.[42]

3) 인도

초대 기독교 역사에 있어서 가장 유명한 사도이자 선교사는 1세기 인도에 파송되었다고 알려진 도마일 것이다. 다만 이는 추측일 뿐이다. 왜냐하면, 도마의 선교를 입증하는 주요 문서 자료는 3세기 묵시 작품인 『도마행전』(*Acts of Thomas*)인데, 이 책에서는 군다파르왕(King Gundaphar)에게 봉헌된 정신적 왕궁을 지은 후 옥으로 간 도마에 대해 다소 환상적인 이야기를 전하고 있기 때문이다.

『도마행전』에 대한 몇 가지 의구심에도 불구하고 일부 다른 자료는 도마가 행한 사역의 진정성을 뒷받침하고 있다. 가령, 도마가 남인도 지역에 머물렀던 시기에 발견된 로마 시대 주화가 바로 그것인데, 이는 인도와 로마제국 사이에 무역이 이루어졌음을 암시하는 것이다. 이외에도 군다파르왕이 실존했다고 확신하는 고고학적 증거도 발견된다. 마지막으로 포르투갈이 1500년 인도에 도착했을 때 이들은 남인도에서 십만 명에 이르는 그리스도인공동체를 목격했다. 이는 의심 많은 도마의 영적 계보를 말해 주는 증거가 된다.

알렉산드리아의 기독교 교리문답 학교를 이끈 판테누스(Pantaenus) 역시 인도 선교사로 헌신했다.

유세비우스는 다음과 같이 기록하고 있다.

> [판테누스]가 자신이 동방 국가에 그리스도 복음을 알리는 사자로 임명되었다는 신언(神言)에 열망했고 인도에까지 보내졌다.[43]

---

42 다음의 책을 참고할 것. Smither, *Mission in the Early Church*, 23, 88-89; Smither, *Missionary Monks*, 138-47.

43 Eusebius, *Church History* 10.1-4 (NPNF2 1:225).

판테누스의 사역에 관한 구체적인 증거가 여전히 부족하지만, 그는 분명 알렉산드리아의 주교 데메트리우스(Demetrius of Alexandria, 232년 사망)에 의해 파송되어 인도에서 철학과 성서를 가르쳤을 것이다.

3세기 동방교회는 페르시아에서 팽창하여 인도에서 그 모습을 드러냈다. 인도 교회는 페르시아 교회와 행정적으로 관련을 맺고 있었으며 아울러 세계 교회와도 소통하고 있었다. 페르시아의 요한(John of Persia, 345년 사망) 주교는 325년 니케아 공의회에 참석했고 페르시아와 인도 교회를 대신하여 니케아 신조에 서명했다.[44]

4) 에티오피아

에티오피아(Ethiopia) 교회의 기원을 설명하는 가장 신뢰할 만한 이야기는 4세기로 거슬러 올라간다. 두로 출신의 두 청년 프루멘티우스(Frumentius, 383년 사망)와 아이데시우스(Aedesius)가 이들의 스승과 함께 홍해(The Red Sea) 아래로 여행 중이었다. 이때 그들이 탄 배가 공격을 받았고 이들은 노예로 팔리게 되었다.

당국의 호의로 자유를 얻게 된 프루멘티우스는 결국 에티오피아로 귀환했고 거기서 왕실에 그리스도 신앙을 전하고 교회를 설립하여 성직자들을 임명했다. 347년 알렉산드리아의 아타나시우스는 프루멘티우스를 에티오피아 교회의 주교로 파송했다.

프루멘티우스와 아이데시우스의 선교에 이어 에디오피아 알파벳이 완성되었는데 이는 성서가 에티오피아어나 게이즈어(Ge'ez)로 번역되도록 기초를 놓았다. 성서 번역 작업이 이 두 형제의 선교 기간인 4세기 초 시작되었어야 했지만, 실제 번역은 5세기까지 진행되었다. 이 두 번역가는 제롬이 이해했던 히브리어에 대한 가치를 인식하지 못했거나 이에 영향을 받지 않았기 때문에 이들은 그리스 칠십인역 성서를 원본으로 삼아 구약성서 번역을 진행해 나갔다.

---

44 다음의 책을 참고할 것. Smither, *Mission in the Early Church*, 30-31, 38-39.

흥미로운 점은 에티오피아 성서가 81권의 책으로 이루어져 있었다는 것이다. 즉, 가톨릭교회가 거부하는 9권의 외경이 추가된 것이었다. 암하라어(Amharic)가 오늘날 에티오피아의 공식 언어지만 에티오피아어가 고대 에티오피아정교회의 성서와 예전 언어로 지금까지 남아 있다.[45]

5) 아르메니아

아르메니아의 역사가 아가탄겔로스(Agathangelos)에 따르면 아르메니아의 계몽자 그레고리(Gregory the Illuminator, 240-332년)는 아르메니아 왕을 섬기기 위해 소아시아에서 왔다. 그레고리는 아르메니아의 여신께 바칠 희생 제의를 거부한 이유에 더해 자신의 아버지가 아르메니아의 왕 트르다트(King Trdat, 287-330년)의 반대파였기 때문에 그는 고문당하고 약 13년 동안 옥에 갇혔다.

아가탄겔로스는 트르다트왕이 자신의 식솔이나 하인과 마찬가지로 귀신에 사로잡혀 병에 걸렸다고 보고한다. 이런 자포자기 상황에서 왕은 그레고리에게 자신들을 위해 기도해 줄 것을 간청했다. 트르다트는 기적처럼 귀신 들림에서 치유와 해방을 경험했다. 이에 대한 대가로 왕은 그레고리가 아르메니아인들에게 복음을 선포할 자유를 허락했다.

결국, 트르다트는 왕가와 아르메니아 귀족과 함께 기독교를 받아들였고 세례식도 거행했다. 이에 그치지 않고 왕은 301년 기독교를 새로운 국교로서 공포했다. 그리고 약 400만 명에 이르는 아르메니아인에게 세례를 명령했다.

세계사적 맥락에서 보면 아르메니아에서 이런 기독교 팽창 사건은 콘스탄틴이 공식적으로 회심하기 약 10년 전이며 테오도시우스가 기독교를 로마제국의 공식 종교로서 선언하기 거의 1세기 전이었음을 알 수 있다.

아르메니아 교회는 4세기에도 꾸준히 성장해 나갔다. 시리아 출신의 다니엘 주교(Bishop Daniel)는 아르메니아어 성서가 필요하다고 주장한 최초

---

45 다음의 책을 참고할 것. Smither, *Mission in the Early Church*, 14, 105-6.

의 인물이다. 다니엘은 아람어 문자를 차용하여 아르메니아어 알파벳을 만들길 시도했지만, 초기에는 성공하지 못했다. 그러나 5세기 초 아르메니아의 주교 샤학(Sahak, 439년 사망)이 이 알파벳을 만드는 작업을 재개했고 메스롭(Mesrob, 362-440년)이라는 수도사를 자신의 서기관으로 임명하여 언어 자문관인 페르시아 학자들과 함께 협력을 구했다.

메스롭과 그의 동료는 406년 아르메니아어 신약성서 번역에 착수하여 410년에 완성했다. 414년에는 구약성서 번역 역시 완료했다. 현대 학자들은 이 아르메니아 번역가들이 번역 원본으로 시리아어 성서를 기반으로 했는지 아니면 그리스어 성서를 기반으로 했는지에 대해 의견을 달리하고 있다.

어쨌든 흥미로운 점은 이들이 번역한 첫 구약성서 책은 잠언이었는데, 이는 아르메니아 교회가 성서의 지혜문학을 유독 선호했다는 사실을 잘 드러내 준다. 또한, 아르메니아어 성서는 가톨릭교회가 정경에 속할 수 없다고 거부한 구약성서와 신약성서의 외경을 일부 포함하고 있다.[46]

6) 중앙아시아와 중국

페르시아에 있는 셀류키아-크테시폰(Seleucia-Ctesiphon) 지역은 동방으로 향하는 교차로였다. 7-8세기 여기에서 발현하는 실크로드를 통해 기독교 상인과 동방교회 선교사, 수도사들이 중앙아시아를 넘어 중국에까지 복음을 전파했다. 이런 지속적인 복음 증거로 인해 '상인'(merchant)을 의미하는 시리아 단어는 시간이 흐르면서 '선교사'(missionary)라는 단어와 동의어가 되었다.

동방교회는 실크로드를 잇는 주요 도시에 약 150여 개의 수도원을 세우고 새로운 교회를 개시했다. 이는 이슬람교의 발흥에 발맞추어 일어난 동방 기독교의 가장 역동적인 현상을 말해 주고 있다. 실크로드의 환경은 당시 꽤 위험했을 뿐만 아니라 돈을 버는 데 혈안이 된 상인과 무역상으로

---

46 다음의 책을 참고할 것. Smither, *Mission in the Early Church*, 13, 103-4.

즐비해 있었다.

그러나 동방의 수도사들은 이런 상황 속에서도 매우 소박한 삶을 살아 갔다. 이들의 소유물이라고는 고작 외투, 성서, 지팡이에 불과했다. 수도사들은 새로운 수도원을 설립하기 위해 지역 주민들이 수도원공동체를 짓기 위한 노역에 동참하도록 했는데 이런 정황은 현지인들과 새로운 관계를 맺도록 했고 복음을 전할 기회도 제공했다.

전반적으로 수도사들은 통전적인 사역 방법을 채택했다. 즉, 비그리스도인에게 환대를 베풀고 학교를 세우며 의료적 돌봄을 제공했다. 많은 수도원은 작은 병원과 같은 역할을 했고 지역공동체에서 치유하는 공간으로 알려지게 되었다. 다른 수도원 특히 중국 서쪽에 있는 수도원은 의학 서적과 철학 서적, 성서 주석, 성자와 순교자의 일대기, 그리고 성서 사본을 갖춘 도서관을 운영하고 있었다.

7세기 초, 중국은 강력한 당(唐)나라의 지배 아래에 있었다. 당나라는 이 지역에서 안정적 체제를 유지해 나갔고 무역가와 상인이 극동을 방문하도록 권장했다. 물론, 당나라 시기 유교가 국교이긴 했지만 631년경, 당태종(재위 기간 626-649년)은 종교적 관용 정책을 펴기 시작했고 마니교도와 불교도들이 중국에서 활동하도록 허락했다.

이런 영적 개방성의 환경 속에서 동방교회의 선교사 알로펜 주교(Bishop Alopen)가 635년 경교(景教)를 설파하기 위해 중국에 도착했다. '시리아의 빛의 종교'(the luminous religion of Syria)라는 뜻을 지닌 경교는 삼위일체 교리를 강조하며 기독교 메시지를 명확하게 전달했다.

알로펜과 주로 페르시아 수도사로 구성된 그의 동료들은 발라드(Balad, 현재의 이라크)의 주교 이쇼야브 2세(Bishop Ishoyahb II, 645년 사망)에 의해서 파송받았다. 이 페르시아 주교는 선교사를 파송하는 일을 담당하는 동시에 훌완(Hulwan, 현재 이란), 헤라트(Herat, 현재 아프가니스탄), 사마르칸트(Samarkand, 현재 우즈베키스탄), 인도, 그리고 이외 중국 지방에 새로운 교회 지도자를 임명하는 역할도 했다.

특히, 중국의 황제 당 태종은 수도사를 환영했고 그 자신도 기독교 신앙을 연구하기 시작했다. 중국 황제는 배움에 관심이 있는 교양 있는 인물로 특별히 자신이 초청한 선교사들이 중국어로 번역한 성서를 갖고 있다는 사실에 남다른 관심을 보였다. 3년이 지난 후, 황제는 알로펜과 수도사들에게 중국 내에서 복음을 전파할 자유를 허락하는 칙령을 내렸다. 또한, 선교사들에게 제국의 수도 내에 수도원을 짓도록 땅을 허락함으로써 선교 사역을 효과적으로 지원하기도 했다.

동방교회의 수도사들은 불교도나 승려와 깊은 연관을 맺고 있었다. 왜냐하면, 그들 모두가 어떤 금욕주의적 가치와 수행을 공유하고 있었기 때문이다. 당나라에서 활동한 기독교 수도사는 이들이 중앙아시아에서 했던 것처럼 어떤 교육 기관이나 도서관을 통해 중국인들과 접촉하지 않았다. 그러나 이들의 높은 교육 수준은 불교의 신념 체계와 유사한 공통 근거를 마련했고, 또 불교 승려들과 함께 대화할 수 있는 계기를 제공했다.

중국어를 말하는 데 꽤 능숙했던 동방의 수도사들은 신약성서 전체와 일부 구약성서 그리고 일부 예전서를 중국어로 번역했다. 이들은 중국기독교문서회를 조직하여 1000년까지 약 500여 권의 책을 남겼다. 이런 저작들은 교육받은 중국인들의 관심과 잘 부합했다.

일부 저서에서 기독교 수도사들은 불교 경전의 본문을 다루기도 했다. 또한, 일부 성서적 개념을 불교 용어로 상황화하기도 했다. 가령, 수도사들은 일반적으로 신성을 "붓다"로, 성령을 "순박한 바람"(淳風)으로 지칭했다. 그리고 하나님에 대한 용어도 최대한 중국 상황에 적합한 어휘를 택했다. 기독교를 불교적 가치가 담긴 연꽃무늬 십자가의 모습으로 설명하려고도 했다.

물론, 이런 선교적 노력은 순수한 동기에서 비롯했지만 동방교회의 수도사들은 어떤 정통 교리로부터 크게 벗어났으며 너무 중국적 불교와 동일화하는 경향이 없지 않았다. 한편, 중국이 9세기 도교의 영향 아래 있게 되면서 기독교는 여전히 외래 종교로 간주되었고 불교와 함께 탄압을 받았다.[47]

---

47 다음의 책을 참고할 것. Smither, *Missionary Monks*, 138-47.

3. 요약

지금까지 살펴본 것처럼 우리는 이번 장에서 서방과 동방, 로마와 비로마 세계에서 발현하는 세계사적 사건을 쭉 훑어보고 기독교 운동의 확산도 함께 목격했다. 이제, 선교사들의 정체성과 활동을 포함하여 초기 기독교 선교의 중요한 특징을 정리해 보고자 한다.

1) 초대 교회 선교사들은 누구였는가?

2세기 초에 기록된 『디다케』(Didache)의 저자나, 오리겐, 가이사랴의 유세비우스(Eusebius of Caesarea)에 따르면 초대교회공동체는 순회하는 무명의 복음 전도자를 파송하고 문화를 넘어 여행하며 복음을 선포했다. 오리겐은 이런 모습을 다음과 같이 전하고 있다.

> 일부 복음 전도자는 자신들의 선교 사업을 위해 도시뿐만 아니라 마을과 시골 가정집도 순회하며 사람들이 하나님께 회심하도록 했을 것이다.[48]

초대 기독교 선교사들은 익명의 인물로 이중직을 갖고 있었고 교회 중심적이며 복음을 위한 교차문화적 사역자라는 특징을 보여 준다.

2) 익명의 노동자

초대 교회 시대 일부 선교사가 직업적 복음 전도자였지만 한 가지 주목할 만한 특이점은 이들이 익명의 선교사였다는 점이다. 서로마제국 내 가장 규모가 큰 두 신앙공동체는 로마와 카르타고인데 흥미롭게도 이 역시

---

48 Origen, *Against Celsus* 3.9 (다음의 책에서 인용. Eckhard Schnabel, *Early Christian Mission: Paul and the Early Church* [Downers Grove, IL: IVP Academic, 2004], 2:1528).

익명의 그리스도인을 기원으로 하고 있다.

이런 현상을 목격하며 앙리 이레네 마루(Henri Irénée Marrou)는 다음과 같이 기록하고 있다.

> [초대 교회 당시] 모든 교회의 신앙인은 스스로가 선교에 참여하고 선교적 의무를 갖고 있다고 생각했다. 모든 신자는 증거자이고 복음화 사역을 위해 부름받았음을 확신했다.[49]

초기 기독교 선교의 이런 정신이 『디오그네투스에게 보내는 서신』(The Letter to Diognetus)에서 잘 포착되고 있다.

> 그리스도인들은 국가, 언어, 관습이라는 측면에서 다른 이들과 차이가 없다. 그들은 자신들이 만든 도시에 거주하거나 어떤 특이한 삶을 살아가는 것도 아니었다. … 그들은 자신들에게 부여된 운명에 따라 그리스 도시와 이방 도시에 거주한다. … 그들은 시민으로서 모든 행사에 참여한다. … 그들은 각 국가에서 살아가고 있다.
>
> 그러나 그들은 재류 외국인으로서 시민처럼 모든 행사에 참여한다. 또 외국인으로서 모든 것을 감내한다. 그들은 여느 사람들처럼 결혼하고 아이를 낳는다. 그러나 아이가 태어났을 때 외부로 노출하지 않는다. 그들은 자신들의 음식을 나누지만, 성적 파트너는 아니다. 그들은 육신을 입고 살아가지만 육신에 따라 살지 않는다. 그들은 이 땅에 살지만 하늘의 삶에 참여한다.[50]

---

49 Henri Irénée Marrou, "L'expansion missionaire dans l'empire romain et hors de l'empire au cours des cinq premiers siècles," in *Histoires Universelles des Missions Catholiques I*, ed. S. Delacroix et al. (Paris: Libraire Grunds, 1957), 50, 다음의 책에서 인용. Jacques A. Blocher and Jacques Blandenier, *The Evangelization of the World: A History of Christian Missions* (Pasadena, CA: William Carey Library, 2012), 40; 아울러 다음의 책도 참고할 것. Neill, *History of Christian Missions*, 24.

50 Letter to Diognetus 5.1-6 (다음의 책에서 인용. Schnabel, *Early Christian Mission*, 2:1566).

3) 이중직 선교사

초대 교회 선교는 분명 수많은 이중직 선교사를 통해 이행되었다는 특징이 있다. 이들은 그리스도를 증거했을 뿐 아니라 다른 세속 업무에도 종사했다. 가령, 저스틴 마터나 오리겐과 같은 철학자와 교사들은 교차문화적 증언과 선교에 관여하면서 철학을 가르치고 학교를 운영했다. 마찬가지로 수많은 주교 역시 제도화된 회중공동체를 이끌면서 선교 사역에 관여했다.

이레네우스는 갈리아 지역에서 변증가로서 영지주의 교도와 접촉했으며 리용의 교회를 이끌며 시골 마을에서 설교하기 위해 게일어를 배우기도 했다. 투르의 마틴도 순회하는 설교자였고 투르의 주교로서 자신의 책무를 다하며 약자를 돌보기도 했다.

마지막으로 수도사들은 초기 이중직 기독교 선교사라는 의미 있는 집단을 구성하고 있었다. 우리는 본 장에서 소아시아에 거주했던 가이사랴의 바질, 스코틀랜드 아이오나수도원의 콜롬바와 수도사, 중앙아시아와 중국에서 활동하던 동방교회 선교사 겸 수도사를 목격해 왔다.[51]

4) 교회 중심적 선교사

초기 기독교 선교는 지역교회나 초지역교회 모두 아주 밀접한 관계를 맺고 있었다.[52] 시간이 흐름에 따라 선교 전략이 바뀌고 교회의 형태도 변했지만, 교회 없는 기독교란 결코 존재하지 않았다.

---

51   다음의 책을 참고할 것. Smither, *Mission in the Early Church*, 32-39.
52   다음의 책을 참고할 것. Smither, *Mission in the Early Church*, 149-63.

[그림 1] 북아프리카 교회 구조를 보여 주는 초기 모자이크(사진: 에드워드 L. 스미더)

교회는 선교를 추동하는 강력한 수단이자 선교의 가장 가시적인 결과였다. 1세기 선교는 가정과 가정을 의도적으로 잇는 전략을 통해 전개되었다. 또한, 그리스도인들이 합법적 조직을 구성할 수 없었을 시기에, 오이코스(oikos, 가정)의 구조가 유기적 교회를 가능하게 했다.

4세기, 교회에 평화가 찾아온 후에도 선교는 교회로부터 발현하였고 어떤 조직적 선교회가 부재한 상황 속에서 선교 사역이 교회를 중심으로 이루어졌다. 복음 전도, 교리문답, 세례 사역이 교회의 상황 속에서 자리 잡았기 때문에 이런 현상은 교회 중심적 선교를 더욱 응집시켰다.

교회 예술이라는 현상 역시 주목할 필요가 있다. 4세기 후에 지어진 바실리카를 통해 복음을 가시적으로 감상함으로써 비그리스도인들이 복음을 수용할 수 있었다.

교회는 선교 활동을 위한 권위와 후원 그리고 양육을 제공해 왔다. 패트릭, 보니파스, 알로펜은 모두 선교적 사고를 갖춘 주교에 의해 선교사로 파송받았다. 그레고리 대제, 이쇼야브 2세, 바그다드의 티모시와 같은 주교들은 선교사를 향해 일종의 권위를 행사했고 동시에 목회적 돌봄과 안내도 제공했다. 마지막으로 저명한 주교들이 지도자를 갖춘 신생교회를 세우기 위해 선교사 주교를 임명하면서 이런 교회의 권위가 공유되기도 했다.

5) 교차문화적 선교사

선교 연구는 방대한 시대와 방대한 지리적 영역을 고찰하는데, 이 때문에 종종 초대 기독교 선교사들이 교차문화적 경계를 넘나들었다는 미시적 차원을 간과하기 쉽다. 가령, 알로펜과 동방교회 수도사들은 중국에서 사역하기 위해 새로운 언어와 문화를 익혔다. 투르의 마틴은 판노니아 출신으로 4세기 갈리아족에게 복음을 전한 이주 선교사 겸 수도사였다.

가이사랴의 바질은 설교하는 여정 중 육체적으로 어려움이 있었지만, 그는 소아시아 지역 자신의 고향 경계를 가로지르며 여러 국가와 사람에게 복음을 전했다. 저스틴, 이레네우스, 다마스쿠스의 요한과 같은 선교사들도 복음을 선포하기 위해 세계관과 신념의 영역도 넘어섰다.

6) 초대 교회 선교사들은 무엇을 했나?

초기 기독교 주교, 수도사, 교사들이 선교에 관여했을 때 무수히 많은 선교 방법이 개발되었다. 선교사들이 박해로 고통받기도 했지만 이들은 복음을 전하고 지역에 맞게 상황화했으며 성서를 번역하여 말과 행동으로 사역을 표현하고자 했다. 우리는 초대 교회 선교사들이 남긴 가치를 존경하면서도 그들의 결함과 실천적 문제를 정직하게 밝혀내야 한다.

7) 박해

박해는 초기 기독교 선교 이야기를 형성하는 중요한 현상이었다. 특히, 콘스탄틴 황제의 통치 이전에는 더욱 그렇다. 역사를 공부하는 학생들은 그리스도인들이 콘스탄틴의 기독교 공인 이전 세기까지 끊임없이 박해를 받았다는 사실에 대해서 큰 비중을 두지 않을지도 모르겠다.

그러나 리용, 카르타고, 알렉산드리아, 로마에 자리 잡은 교회의 수난 이야기를 부정하기란 쉽지 않다. 수난받은 자들의 증언을 포함해서 박해와 순교 이야기에 관한 연구를 살펴보면 직간접적으로 박해 상황이 복음

을 전파하는 요인으로 작용했음을 알려 주고 있다.[53]

초기 그리스도인들이 수난을 의도적인 선교 전략으로 채택하지 않았지만, 차별과 박해의 현실은 증거를 위한 환경과 기회를 조성했다. 박해라는 공개적 현상은 그리스도인들에게 자신의 신앙을 언어적으로 증언하고 복음을 명확하게 변호하는 기회를 가져다주었다. 분명 일부 구경꾼은 그리스도인을 향한 박해를 계기로 복음을 수용하기도 했다. 다른 상황에서도 비그리스도인 목격자들은 수난당하는 그리스도인들에게 어떤 연민의 감정을 느끼기도 했다.

이런 영향은 교회 성장을 위한 토대를 놓았다. 그리스도인에 대한 박해는 변증학이 탄생하는 계기를 마련하기도 했다. 즉, 기독교 신념을 방어하고 명료화하는 논문들이 발간된 것이다.

마지막으로 수난은 순교자의 죽음을 통해 교회의 탄생과 선교를 자극했다. 순교자들은 정기적으로 축제일에 기념되거나 설교에서 언급되고 다양한 성인의 전기(傳記)에서도 기억되었다. 또한, 교회의 건축을 통해서도 기리게 된다. 결국, 기독교 순교자들은 교회의 증거를 공고히 했다.

그러나 이 시기 기독교는 박해받는 소수 종파에서 왕과 제국에 의해 공인된 종교로 변모해 나가기 시작했다. 이런 이유로 권력과 선교 사이의 관계는 때론 논란의 여지가 충분했다. 일부 기독교 선교사는 다른 계층에게 세속적 권력을 행사하기도 했다. 아르메니아의 트르다트와 로마 황제 콘스탄틴의 회심을 기점으로 기독교는 국교의 연합체로 발전해 나갔다.

일부 기독교 군주는 신앙을 전파하기 위해서 힘과 지위를 사용할 수 있다고 믿기까지 했다. 가령, 프랑크 왕국의 왕 클로비스, 페핀, 샤를마뉴는 강압과 폭력에 의지하는 한편, 윌리브로드와 보니파스와 같은 일부 선교사도 이런 국가 권력과 비호를 거부하지 않았다. 보니파스는 자신이 프랑크의 군대로부터 보호를 받을 수 있었기 때문에 가이스마의 성스러운 떡갈나무를 단번에 베어 버리는 용기를 펼칠 수 있었다.

---

53 다음의 책을 참고할 것. Smither, *Mission in the Early Church*, 49-73.

일부 선교사는 정치적으로 강요된 회심에 발맞추어 복음 전도와 제자화를 구현했지만 이런 사실이 개종한 신자들의 마음속에 드리워진 정치권력과 복음 사이의 잘못된 관계를 불식시키지는 못했다.

8) 복음 전도

복음 전도는 초기 기독교 선교의 핵심이었다.[54] 『디오그네투스에게 보내는 서신』에서 볼 수 있는 것처럼, 많은 그리스도인이 무역 요충지나 영향력이 있는 장소에서 자신의 신앙을 말로 증거했다. 저스틴, 판테누스, 오리겐과 같은 철학자들은 당대 지식인에게 그리스도를 선포하는 데 주력했다. 계몽자 그레고리, 아일랜드의 패트릭, 콜롬바는 정치 지도자들에게 기독교 메시지를 전했다.

이외 다른 선교사들은 이교도들을 기독교화하는 데도 관심을 쏟았다. 히포의 어거스틴은 분리주의자들인 도나투스파와 접촉했고 다마스쿠스의 요한은 당시 '이교도들'인 이슬람교도들을 복음화하려고 애썼다.

마지막으로 『트리포와의 대화』(*Dialogue with Trypho*)를 저술한 저스틴과 『고백록』(*Confessions*)을 저술한 어거스틴 등 초기 기독교 지도자들은 자신들이 어떻게 기독교를 믿게 되었는가를 대중적 기록과 증언으로 남기기도 했다.

9) 상황화

다양한 배경에서 복음을 상황화하는 방법은 이 시기에 대두한 핵심적인 도전이었다.[55] 선교사들은 성스러운 공간과 기존 축제일을 회복함으로써 새로운 소통 개념과 형식에 정통해야 했다. 또한, 이들은 시각적인 문화를 통해서 그리고 시장의 문화를 이해함으로써 복음을 상황에 적응시켜야 했다.

---

54 다음의 책을 참고할 것. Smither, *Mission in the Early Church*, 74-90.
55 다음의 책을 참고할 것. Smither, *Mission in the Early Church*, 109-26.

이런 방법을 통해 복음은 많은 사람과 많은 지역 가운데 뿌리내리기 시작했다. 이는 기독교가 주어진 문화에 뿌리내리면서도 그런 기존 문화를 변혁시키는 신앙이었음을 증명하는 것이다.

불행히도 선교사를 파송하는 일부 교회는 복음과 문화를 구분하는 데 실패했다. 어떤 경우 선교사들은 자신의 문화와 복음을 하나로 융합하면서 자신의 고유한 전통과 방식을 선교지 문화(host culture)에 강요하기도 했다. 이런 사례는 6세기 이후 로마교회의 선교적 실천과 사례에서 가장 두드러지게 나타난다. 캔터베리의 어거스틴과 보니파스는 잉글랜드와 독일에서 교회를 개척할 때 로마의 문화적인 형식을 선전하기로 로마 주교에게 다짐했다.

이런 경향은 기독교 복음이 지역적으로 뿌리를 내리지 못하게 만들었다. 또한, 켈트와 로마처럼 다른 전통 출신의 교회 지도자들이 동일한 선교지 내에서 충돌을 일으키기도 했다. 선교지에서 부상한 문화적 헤게모니는 예수 그리스도의 복음이 여러 국가로 나아가는 것을 방해하며 종종 해를 끼쳤다. 선교사는 종이지 정복자가 아니다.

물론, 이교 사원과 성스러운 공간을 파괴하는 일부 선교사의 문화적 헤게모니와 정반대되는 사례도 있다. 특히, 어떤 선교사들은 너무 과도하게 상황화 방법을 택했다. 이들은 선교지 문화를 복음과 적절하게 구분하지 못했다. 가령, 캔터베리의 어거스틴이 잉글랜드의 이교 사원을 교회 건물로 전환했을 때, 그는 아마도 기독교 예배에서 이교 사상을 적응시키도록 개방한 것 같다. 중국에서도 동방교회 수도사들은 기독교를 불교적 형식으로 전파하는 데 있어서 지나친 상황화 문제를 야기했다.

연꽃 양식의 십자가를 짓는다든지, 불교 경전의 양식으로 기독교 작품을 쓴다든지, 또 기독교적 개념을 전파하기 위한 언어 선택의 사례에서 이런 문제를 찾아볼 수 있다.

앞에서 살펴본 것처럼 9세기에 도교가 불교보다 우위를 점하고 있는 상황 속에서 기독교는 불교와 특별히 구분되지 않았고 이런 이유로 인해 그리스도 신앙은 불교와 함께 금기시되었다. 복음은 모든 문화 내에서 적응하고 모든 문화에 대해 순례자의 방식을 취하지만, 상황화의 초기 역사는 복음과 문화 사이에 미묘한 긴장 관계를 보여 주었으며 교차문화적 선교사들은 상당히 어려운 선택의 기로에 서 있었다.

10) 성서 번역

초기 기독교 선교는 현지 언어로 성서를 번역할 것을 강조했다. 개종한 사람에게 기독교의 정신을 전달할 수 있는 방식이 언어를 통해서 구현될 수 있기 때문이다.[56] 교회가 설립되면 많은 회중이 지방어(현지어)로 예배를 드렸고 외국어에 능통했던 그리스도인들은 언어를 매개로 성서나 기독교 저작을 번역했다.

복음은 사회문화적 경계를 넘어 이동한다. 라민 사네(Lamin Sanneh)가 한때 명명한 "토착어 원칙"이 현지에서 우선적으로 적용되어야 한다. 사네는 현지 사람이 자신의 지역 언어로 번역된 성서를 통해서 기독교 메시지를 더욱 분명하게 이해한다고 주장하면서 다음과 같이 지적한 바 있다.

> 성서 번역은 토착어가 복음과 근원적인 친밀성을 유지하고 있다는 가정에 기초해 있다. 이런 주장은 성서의 중심적 범주에 상응하는 토착 용어와 개념을 채택함으로써 지지를 얻게 된다.[57]

초기 기독교 시대, 성서 번역과 관련한 언어들은 시리아어, 라틴어, 콥틱어, 고트어, 아르메니아어, 조지아어, 에티오피아어를 들 수 있다.

---

56 다음의 책을 참고할 것. Smither, *Mission in the Early Church*, 91-108.
57 Lamin Sanneh, *Translating the Message: The Missionary Impact on Culture* (Maryknoll, NY: Orbis, 2009), 166.

11) 말과 행위를 통한 사역

초기 기독교 선교는 말(선포)과 행위(인간의 실질적 필요를 제공하는 일), 이 두 차원을 통해서 사역이 이루어졌다.[58] 선교는 선포 그 자체로만 존재할 수 없다. 또한, 선교는 복음이라는 메시지가 결핍된 인도주의적 원조도 결코 아니다. 연민의 감정으로 선포하고 행동하는 사역은 상당히 통합되어 있고 직감적이다.

복음은 그리스도의 죽음, 매장, 부활을 불변하는 핵심 내용으로 하며 신앙 규범과 초기 기독교 신조들을 통해 지지받지만, 행위를 통한 사역 역시 상황에 따라 다양한 모습으로 발전해 왔다.

이런 사역은 약자, 굶주린 자, 옥에 갇힌 자, 노예가 된 자, 그 밖의 주변화된 자를 돌보는 행위를 포함했다. 그러나 병든 자를 치유하고 악한 영을 축출하는 사역 역시, 초대 교회 선교에서 분명하게 찾아볼 수 있다.

[더 읽을 자료]

Baum, Wilhelm, and Dietmar W. Winkler. *The Church of the East: A Concise History*. London: Routledge, 2000.

Bede. *Ecclesiastical History of the English People*. Edited by Judith McClure and Roger Collins. Oxford: Oxford University Press, 2009.

Blocher, Jacques A., and Jacques Blandenier. *The Evangelization of the World: A History of Christian Missions*. Pasadena, CA: William Carey Library, 2012.

Coyle, J. Kevin. "Mani, Manicheism." In *Augustine through the Ages: An Encyclopedia*, edited by Allen Fitzgerald, 520–25. Grand Rapids: Eerdmans, 1999.

Decret, François. *Early Christianity in North Africa*. Translated by Edward L. Smither. Eugene, OR: Cascade, 2009.

---

58 다음의 책을 참고할 것. Smither, *Mission in the Early Church*, 127–47.

Eusebius. Church History, *Life of Constantine*. NPNF2. Peabody, MA: Hendrickson, 1994.

Frend, W. H. C. *Martyrdom and Persecution in the Early Church*. Cambridge: Lutterworth, 2008.

Green, Michael. *Evangelism in the Early Church*. Grand Rapids: Eerdmans, 1970. Rev. ed., 2003.

Holmes, Michael W. *The Apostolic Fathers in English*. Grand Rapids: Baker, 2006.

Irvin, Dale T., and Scott Sunquist. *History of the World Christian Movement*, vol. 1, *Earliest Christianity to 1453*. Maryknoll, NY: Orbis, 2001.

Jenkins, Phillip. *The Lost History of Christianity: The Thousand-Year Golden Age of the Church in the Middle East, Africa, and Asia—and How It Died*. New York: HarperOne, 2009.

Justin. *First Apology*. ANF. Peabody, MA: Hendrickson, 1994.

Kalanztis, George. *Caesar and the Lamb: Early Christian Attitudes on War and Military Service*. Eugene, OR: Wipf & Stock, 2012.

Kelly, J. N. D. *Early Christian Doctrines*. New York: HarperCollins, 1978.

Latourette, Kenneth Scott. *A History of the Expansion of Christianity: The First Five Centuries*. New York: Harper & Brothers, 1937. Reprint, Grand Rapids: Zondervan, 1970.

Lieu, Samuel N. C., and Ken Parry. "Deep into Asia." In *Early Christianity in Contexts: An Exploration across Cultures and Continents*, edited by William Tabbernee, 143–80. Grand Rapids: Baker Academic, 2014.

Marrou, Henri Irénée. "L'expansion dans l'empire romain et hors de l'empire au cours des cinq premiers siècles." In *Histoires Universelles des Missions Catholiques I*, edited by S. Delacroix et al., 33–62. Paris: Libraire Grunds, 1957.

Metzger, Bruce M. *The Bible in Translation: Ancient and English Versions*. Grand Rapids: Baker Academic, 2001.

Moffett, Samuel. *A History of Christianity in Asia*, vol. 1, *Beginnings to 1500*. New York: HarperCollins, 1992.

Moss, Candida. *Ancient Christian Martyrdom: Diverse Practices, Theologies, and Traditions*. New Haven, CT: Yale University Press, 2012.

Neill, Stephen. *A History of Christian Missions*. London: Penguin, 1990.

Oden, Thomas C. *The African Memory of Mark: Reassessing Early Church Tradition*. Downers Grove, IL: IVP Academic, 2011.

Parvis, Paul. "Justin Martyr." In *Early Christian Thinkers: The Lives and Legacies of Twelve Key Figures*, edited by Paul Foster, 1–14. Downers Grove, IL: IVP Academic, 2010.

Quash, Ben, and Michael Ward, eds. *Heresies and How to Avoid Them: Why It Matters What Christians Believe*. Peabody, MA: Hendrickson, 2007.

Sanneh, Lamin. *Translating the Message: The Missionary Impact on Culture*. Maryknoll, NY: Orbis, 2009.

Schnabel, Eckhard. *Early Christian Mission: Paul and the Early Church*. Vol. 2. Downers Grove, IL: IVP Academic, 2004.

Smither, Edward L. "Augustine, Missionary to Heretics? An Appraisal of Augustine's Missional Engagement with the Donatists." In *A Uniquely African Controversy: Studies on Donatist Christianity*, edited by A. Dupont, M. A. Gaumer, and M. Lamberigts, 269–88. Late Antique History and Religion 9. Leuven: Peeters, 2015.

_____. "Basil of Caesarea: An Early Christian Model of Urban Mission." In *Reaching the City: Reflections on Mission for the Twenty-First Century*, edited by Gary Fujino et al., 77–95. Pasadena, CA: William Carey Library, 2012.

_____. "Did the Rise of Constantine Mean the End of Christian Mission?" In *Rethinking Constantine: History, Theology, Legacy*, edited by Edward L. Smither, 130–45. Eugene, OR: Pickwick, 2014.

_____. *Mission in the Early Church: Themes and Reflections*. Eugene, OR: Cascade Books, 2014.

_____. *Missionary Monks: An Introduction to the History and Theology of Missionary Monasticism*. Eugene, OR: Cascade Books, 2016.

Stevenson, James. *The New Eusebius: Documents Illustrative of the Church to Ad 337*. London: SPCK, 1957.

Tertullian. *Apology*. *ANF*. Peabody, MA: Hendrickson, 1994.

Thompson, Glen. "From Sinner to Saint? Seeking a Consistent Constantine." In *Rethinking Constantine: History, Theology, Legacy*, edited by Edward L. Smither, 5–25. Eugene, OR: Pickwick, 2014.

Wilken, Robert L. *The Christians as the Romans Saw Them*. New Haven, CT: Yale University Press, 2003.

_____. *The First Thousand Years: A Global History of Christianity*. New Haven, CT: Yale University Press, 2012.

Willibald. *Life of Boniface*. Translated by C. H. Talbot. In *The Anglo-Saxon Missionaries in Germany, Being the Lives of SS. Willibrord, Boniface, Leoba and Lebuin Together with the Hodoepericon of St. Willibald and a Selection from the Correspondence of St. Boniface*. London: Sheed and Ward, 1954.

제2장

중세 교회의 선교, 750-1500년

A.D. 500년부터 1000년까지의 시대를 소위 "암흑의 시대"(Dark Ages)로 칭하곤 한다. 서유럽 사람들에게 있어서 이 시대는 로마제국이 몰락하고 고트족, 무슬림, 그리고 야만적이고 미개한 무리로 간주된 바이킹족과의 빈번한 접촉으로 인해 암흑과도 같았다. 개신교의 시각에서 보면 중세 시대 전체는 신학적으로 암흑 상태였다.

'연옥'과 같이 성서와 무관한 교리가 신앙의 삶과 교회 예전에 꾸준히 스며들기 시작했다. 서로마의 가톨릭교회 역시 부패라는 도전에 직면했다. 일부 교회 지도자는 자신의 지위를 남용하여 부와 정치권력을 획득했고 이외 독신 사제와 심지어 교황조차도 사생아를 낳았다.

그러나 중세 교회와 중세 선교의 역사적 시기가 절대적으로 암흑의 시대였을까?

중세 교회는 완전히 선교적 동력을 잃어버렸을까?

우리는 이 장에서 위와 같은 도전에도 불구하고 750년부터 종교개혁 전야에 이르는 중세 시대, 교회가 어떻게 선교에 관여해 왔는가를 탐구할 것이다. 특히, 스칸디나비아, 동유럽, 러시아, 중동, 북아프리카, 중앙아시아와 같은 새로운 지역과 함께 어떻게 서유럽으로 복음이 팽창해 가는지 집중하고자 한다. 중세 역시 주된 선교사들은 여전히 주교와 수도사였다.

그러나 우리는 이 장에서 탁발수도회의 등장과 이들의 선교적 혁신도 함께 목격할 수 있을 것이다. 분명 크리스텐덤 시기 선교 사역은 교회와 국가가 하나로 연합한 상황과 서로 강하게 영향력을 행사하는 분위기 속에서 만개하고 있었다.

그러나 이런 현실이 선교라는 개념을 다소 복잡하게 만들기도 했다. 그럼에도 제자화에 대한 성서적 방법을 고수한 선교사들은 이교도나 무슬림과 꾸준히 접촉하면서 바이킹족, 무슬림, 몽골족의 폭력적 상황 중에서도 섬김의 모습을 보여 주었다.

1. 서유럽

중세에 가장 주목할 만한 선교 지향적 수도회는 탁발수도회였다. 13세기 등장한 탁발수도회는 이윤과 착취를 장려하는 서유럽의 새로운 현금경제제도(cash economy system)에 대한 직접 반응이기도 했다. 탁발수도사들은 부, 탐욕, 권력을 거부하며 가난과 겸손을 중시하고 적선을 구하며 생계를 이어 갔다. 이들은 갱신된 사도적 비전을 통해 기독교 선교에 헌신하고자 결단했다.

우리가 살펴볼 〈프란치스코회〉(Franciscans)와 〈도미니코회〉(Dominicans)가 바로 가장 두드러진 탁발수도회였다. 도미니코회는 세계의 비기독교 지역에 복음을 전하기 전, 서유럽을 우선 복음화하는 일에 더 많은 힘을 쏟았다.

1) 도미니코회

'수도사설교단'(Friar Preachers)으로 알려진 도미니코회는 소속 회원들이 하얀 복장 위에 검은 망토를 입었다는 이유로 '검은 수도사'(Black Friars)라는 별칭을 갖고 있다. 13세기 초 카스티야(Castilian) 성직자인 도미니코 데 구츠만(Dominic de Guzman, 1170-1221년)이 도미니코 수도회를 창립했다.

1203년 도미니코는 자신의 주교와 함께 덴마크 여행에 동행하면서 프랑스에 있는 카타르파(Cathar) 혹은 알비겐시안파(Albigensian) 교회의 한 부제를 만났다. 이 부제가 속한 카타르파는 마니교 사상과 유사하게 하나님에 관한 이원론적 사고를 지지하고 있었다.

즉, 정신(靈)은 선하며 물질(肉)은 악하다는 것이다. 이들은 결혼과 성적 관계에 대해서 비판하며 물세례와 성만찬을 반대했다. 카타르파는 정화(淨化)란 안수례(按手禮)와 성령 받음을 통해서 이루어진다고 믿었다. 도미니코는 이 카타르파 부제를 만나 그를 기독교 정통 교리로 회심시키고자 했다. 이런 시도는 향후 새로운 수도회를 창립하기 위한 자신의 전망을 구체화시켰다. 당시 도미니코회의 선교란 기독교 정통파에서 불경한 교리로 넘어가는 이교도들을 차단하는 것이었다.

1206년 도미니코는 프랑스 남부의 프루이유(Prouille)에 초기 수도회와 선교 기지를 설립했다. 이곳은 이교도들에게 설교하는 순회 사제를 위한 안식처이자 가톨릭교회로 개종한 카타르파 여성들을 위한 피난처였다. 같은 해, 툴루즈(Toulouse)의 주교가 도미니코를 설교자 훈련을 위한 근거지로 세우고자 초청했다.

주교는 도미니코회 수도사들이 거주하도록 집을 제공하고 교회의 십일조 세금을 내어 이들을 돕게 했다. 아울러 도미니코는 카타르파 이교도 개종 사역을 위해 성당학교에 수도사들을 파견하여 신학을 공부하도록 했다.

1215년 로마에서 개최된 제4차 라테란 공의회(Lateran Council)는 도미니코회 수도사들에게 설교할 권한을 허락하며 탁발을 중단하고 교회의 십일조 세금으로 살아갈 것을 요구했다. 공의회 다음 해인 1216년 교황은 도미니코회를 공식적 기관으로 인정하는 칙령을 발표하고 모든 라틴 주교에게 그 수도회의 사역을 허락하도록 서신을 보냈다.

도미니코의 세계 선교를 향한 안목은 분명 초기부터 생겨났을 것이다. 그는 스웨덴 룬트(Lund)에 있는 교회에서 체험한 선교적 열정에서 크게 영향을 받았다.

제4차 라테란 공의회 직후 도미니코는 프랑스, 이탈리아, 스페인에 수도회 선교 지부(chapters)를 설립했다. 그 후 잉글랜드, 독일, 덴마크, 헝가리, 폴란드, 그리스, 예루살렘에 이와 유사한 처소를 세웠다. 도미니코는 볼로냐에 자신의 근거지를 마련하고 선교지에서 활동하는 도미니코회 소

속 설교가들을 정기적으로 방문했다.¹

도미니코회는 유럽에서 다양한 차원의 선교 방법을 구현했다. 물론, 복음 전도를 위한 설교가 이들 사역의 주를 이루고 있었다. 이런 전략을 시행하기 위해서 도미니코회 지도자들은 수많은 설교 모범집과 자료를 개발했다.

그중에는 로망의 휨베르(Humbert of Romans, 1190-1277년)가 저술한 『설교가의 지침』(*The Instruction of Preachers*)과 토마스 웨일리스(Thomas Waleys, 1287-1350년)의 『설교의 기술』(*The Art of Preaching*) 그리고 성서 용어 색인과 성인의 삶에 관한 책 등을 포함했다. 도미니코회 수도사들은 화법을 익히는 수련도 빼놓지 않았다.

도미니코회는 이교도와 관련한 문제에 대해서 헌신적으로 답해야 했다. 이 때문에 수도사들은 학문적인 신학 연구를 훈련에 있어서 가장 필수적인 요건으로 간주했다.

도미니코회 출신 수도사로 최초의 추기경이 되었던 성 체르의 휴고(Hugh of Saint-Cher, 1200-1263년)는 자신의 저작에서 다음과 같이 기록한 바 있다.

> 먼저 활(bow)이 연구(study)에서 구부러진 후, 화살(arrow)이 설교를 통해서 쏘아진다.²

---

1 다음의 책을 참고할 것. Greg Peters, *The Story of Monasticism: Retrieving an Ancient Tradition for Contemporary Spirituality* (Grand Rapids: Baker Academic, 2015), 172-75, 183; Simon Tugwell, ed., *Early Dominicans: Selected Writings* (Mahwah, NJ: Paulist Press, 1982), 9-12, 14-16, 26-31; C. H. Lawrence, *The Friars: The Impact of the Early Mendicant Movement on Western Society* (London: Longman, 1994), 8, 17, 65-80, 202.

2 Hugh of St. Cher, *Postilla super Genesim* (Gen 9:13). 다음의 책에서 인용. Peters, *Story of Monasticism*, 178.

이 비유적인 대목은 도미니코회 수도사들이 신학 연구와 설교 사역을 사실상 얼마나 중요하게 여겼는지를 가장 적절하게 보여 주고 있다.

도미니코는 자신에게 속한 설교가들을 파리, 볼로냐, 옥스퍼드와 같은 대학 도시로 보내 신학생으로 등록하게 했다. 수도회가 발전해 가면서 새로운 도미니코회 소속 기관이 신학교와 함께 형성되었고 성서, 신학, 철학을 가르치는 교수들이 준비되어 있었다. 이런 도미니코회 기관은 현재 유럽 대학교와 제휴하여 신학 전통을 이어 가고 있다.

가장 저명한 도미니코회 수도사는 바로 토마스 아퀴나스(Thomas Aquinas, 1226-1274년)였다. 그는 이교도들과 대결할 목적으로 신학과 철학을 연구한 대표 인물이다. 아퀴나스는 몬테 카시노(Monte Cassino)에 위치한 베네딕토회 수도사들에 의해 양육되었고 나폴리(Naples)에서 대학 수업을 듣던 중 도미니코회에 매료되기 시작했다.

그는 파리에서 고급 신학 연구에 매진했으며 후에는 파리, 쾰른, 로마에 있는 대학에서 가르쳤다. 그의 위대한 작품인 『신학대전』(神學大全, *Summa Theologica*)은 도미니코회 소속 회원과 교회를 위한 신학적 자산이 되었다.[3]

마지막으로 도미니코는 이교도에 대응하는 중요한 수단으로 '자발적 가난'을 강조했다. 그레그 피터스(Greg Peters)는 카타르파를 향한 도미니코의 선교 방법을 정리하면서 "메시지는 오직 메신저(messenger)에 따라 믿어질 수 있는 것"이라고 언급하며, 도미니코회는 "사도들을 본받아 금과 은 없이 맨발로 다니며 겸손한 마음으로" 이교도에게 헌신했다고 분석한다.[4]

---

[3] 다음의 책을 참고할 것. Peters, *Story of Monasticism*, 175-77; Lawrence, *Friars*, 84-88, 127-51.

[4] 다음의 책에서 인용. Peters, *Story of Monasticism*, 174.

2. 스칸디나비아

서유럽 대부분은 793년까지 원하든 원치 않든 바이킹과 대면해야 했다. 항해에 능한 이 스칸디나비아인들은 부의 획득과 군사적 승리를 추구하며 잉글랜드, 아일랜드, 독일의 해안가를 따라 수도회와 주거지를 공격하고 약탈했다. 당연히 프랑크의 왕 샤를마뉴와 경건왕이라 불리던 그의 아들 루이(Louis the Pious, 778-840년) 등 유럽 군주들은 바이킹의 이런 행동을 예의주시했다.

9세기부터 11세기까지 유럽에서 발간된 기독교 문헌은 이 스칸디나비아인들을 야만적이고 약탈하는 해적, 즉 "노스맨"(Northmen)이라 묘사했다. 스칸디나비아인들은 당시 이교 신앙을 믿고 있었는데 이런 이교주의는 보니파스가 독일에서 프리시안족과 접촉했던 상황과 매우 유사했다. 그러나 일부 기독교 신자는 바이킹의 군사적 폭력과 문화적 정복의 상황 속에서조차 선교에 참여하여 스칸디나비아인들에게 복음을 전했다.

한 가지 흥미로운 사례는 선교사 겸 수도사인 코비의 안스가(Anskar of Corbie, 801-865년)로 그는 프랑크제국의 북쪽 지방 주교로 섬기면서 덴마크와 스웨덴 지역을 사역하고 있었다. 안스가는 프랑크 귀족 가문 출신으로 젊었을 때 코비의 수도원에 들어갔다.

2세기 전 뤽세이(Luxeuil) 출신인 콜롬반의 제자가 설립한 이 수도원은 콜롬반의 선교적 비전에 강한 영향을 받아 개정된 베네딕토 규칙서(Benedictine rule)를 따르고 있었다. 822년경, 안스가는 자신이 학교를 운영했던 작센 지방 코비에서 새로운 수도원을 개원했다.[5]

---

5   다음의 책을 참고할 것. Rimbert, *Life of Anskar, the Apostle of the North, 801-865*. 다음의 책에서 인용. C. H. Robinson, *Medieval Sourcebook*, 2.

1) 덴마크

826년 덴마크 왕 하랄드 클라크(Harald Klak, 785-852년)는 프랑크의 경건왕 루이와 외교적 만남을 갖고 자기 아내를 포함하여 400여 명의 신하와 함께 세례를 받았다. 왕국을 탈환하고 프랑크와 동맹을 체결하길 원했던 하랄드에게 이런 종교적 회심은 부분적으로 정치적 의도를 갖고 이루어진 것이 분명했다. 하랄드가 덴마크로 돌아가고자 계획했을 때 루이왕은 기독교 선교사들과 함께 가도록 명령했다. 안스가와 다수의 수도사도 하랄드와 동행하는 것에 동의했다.[6]

안스가와 그의 선교 사역자들은 덴마크 북부 지역 슐레스비히(Schleswig)에서 사역을 시작했다. 안스가의 주요 활동은 데인인(Danes)에게 대중 설교를 하여 복음화하는 것이었다. 동시에 이전 코르바이(Corvey)에서 했던 사역의 연장선에서 아이들을 위한 학교를 운영하기도 했다.

안스가는 슐레스비히에서 교회 시설을 건축해 예배를 드리기 시작했다. 그는 덴마크 왕의 부분적인 관용 덕분에 이런 예배의 자유를 얻었을 것이다.

당시 덴마크에서는 기독교 신을 예배하는 것이 이교 숭배와 어느 정도 양립할 수 있다고 받아들여졌다. 그러나 이런 기독교 사역에 대한 초기 관용에도 불구하고 안스가의 사역자들은 고초를 겪었다. 때론 병약한 사역자가 죽임을 당하거나 지역 이교도들의 반기독교적 반대에 부딪히기도 했다. 이로 인해서 안스가의 수도사들이 코르바이로 복귀할 수밖에 없었다. 결국, 하랄드왕은 자신의 왕국을 다시 획득할 수 없었고 안스가는 기독교 선교에 드리워진 지나친 정치적 속성으로 인해 낙담했다.[7]

---

6   다음의 책을 참고할 것. Adam von Bremen, *History of the Archbishops of Hamburg-Bremen* 1.17, trans. Francis Joseph Tschan (New York: Columbia University Press, 1959); Anders Winroth, *The Conversion of Scandinavia: Vikings, Merchants, and Missionaries in the Remaking of Northern Europe* (New Haven, CT: Yale University Press, 2012), 16, 53, 105-6.

7   다음의 책을 참고할 것. Rimbert, *Life of Anskar*, 8; Preben Meulengracht Sørensen,

2) 스웨덴

803년경, 스웨덴의 왕 비예른(King Bjorn)은 프랑크의 루이에게 대사를 파견해 기독교 교사들을 파송하여 자기 백성을 교육하도록 요청했다. 이 프랑크 군주는 안스가를 소환하여 선교회를 이끌도록 했다. 안스가와 동료 사역자들은 스웨덴으로 향하는 도중에 심한 고초를 겪었다. 특히, 이들이 탄 배가 해적에게 포획당해, 성서와 예식서, 스웨덴 왕에게 드릴 선물을 포함해 모든 소유물을 빼앗기고 말았다.

우여곡절 끝에 스웨덴에 도착한 안스가 일행은 스웨덴 왕으로부터 환대받고 거처를 할당받았는데, 아마도 이는 수도원으로 여겨지며 지금의 스톡홀름 부근 말라렌 호수(Lake Mälar) 비르카(Birka)섬에 위치한 것으로 추정된다.

안스가가 스웨덴에서 전개한 선교 전략 가운데 하나는 그 지역에 사는 디아스포라 그리스도인들을 연계하는 것이었다. 당시 이들의 많은 경우는 노예로, 그 지역을 배회하던 바이킹의 급습을 받아 붙잡혔다. 안스가는 이렇게 감금해 있는 자들을 해방하는 사역도 간과하지 않았다.

아울러 그는 스웨덴의 이교도에게 복음을 선포했고 수많은 사람이 복음을 믿고 세례를 받았다. 이렇게 개종한 사람들 가운데는 귀족과 지방 정부 관료도 있었다. 안스가는 교회와 학교도 열었다. 이렇게 성공적인 사역이 일 년 반 지속된 후 안스가와 그의 사역자들은 프랑크로 귀환한다.[8]

"Religions Old and New," in *The Oxford Illustrated History of the Vikings*, ed. Peter H. Sawyer (Oxford: Oxford University Press, 1997), 223.

8   다음의 책을 참고할 것. Rimbert, *Life of Anskar*, 6, 9-11; Peter H. Sawyer, *Kings and Vikings: Scandinavia and Europe AD 700-1100* (New York: Barnes & Noble Books, 1994), 39-40; Winroth, *Conversion of Scandinavia*, 106.

3) 함부르크와 브레멘

스웨덴에서 펼친 안스가의 활약에 만족한 프랑크 왕은 832년 그를 다시 함부르크에 있는 학교와 선교 지부를 관리하도록 임명했다. 이 지역은 스칸디나비아 선교를 위한 집결지였다. 교황 그레고리 4세(Pope Gregory IV, 재위 기간 827-844년)는 이런 선교 정책을 승인하고 안스가를 스베아족, 데인인, 슬라브족, 북유럽인을 복음화할 교황 특사(papal legate)로 파견했다.

루이의 관대한 지지를 받은 안스가는 스칸디나비아에 선교사를 파송하기 위해 함부르크 곳곳에 수도원, 교회, 도서관, 학교를 설립했다. 안스가는 신임 선교사를 모집하기 위한 혁신적인 전략을 고안했다. 그것은 덴마크와 슬라브 소년들에게 자유를 허락하여 향후 사역을 위해 이들을 훈련시키고 선교지로 파송하는 전략이었다.[9]

안스가의 이런 공격적인 사역에 분개한 바이킹 무리가 845년 함부르크를 침략했다. 바이킹은 교회와 수도원을 완전히 파괴하고 성서와 기독교 문헌을 불태웠다. 자기 옷만 걸친 채 급히 빠져나온 안스가는 함부르크에서의 사역을 잠시 중단할 수밖에 없었다. 바이킹의 이런 방해 공작에도 교황은 848년 안스가를 브레멘의 대주교로 임명하여 함부르크도 함께 관할하도록 했다. 안스가는 브레멘에서 덴마크와 스웨덴 지역에 성공적인 선교를 위한 노력을 재개했다.

안스가는 865년 죽을 때까지 스칸디나비아에서 사역을 이어 갔다. 그의 생애 기간 바이킹을 대상으로 하는 복음 전도는 지속적인 열매를 맺지 못했다. 스칸디나비아 이교도들이 완강하게 복음을 거부했기 때문이다. 안스가가 활동을 마감할 때까지도 덴마크에서는 선교사들을 향한 강한 반감이 고조되고 있었다.

바이킹과 해적은 약탈과 폭력을 계속 일삼았다. 그런데도 안스가는 놀랄 만한 인내로 자신의 사역을 완수해 나갔다. 기독교는 분명 10-11세기

---

9 다음의 책을 참고할 것. Adam von Bremen, *History of the Archbishops*, 1.15; Rimbert, *Life of Anskar*, 15; Sørensen, "Religions Old and New," 202.

스칸디나비아를 사로잡기 시작했다. 수많은 왕이 공개적으로 회심하고 세례를 받았다. 가령, 덴마크의 크누트왕(Knut of Denmark, 995-1035년)은 이교 예식과 숭배를 사회에서 금지했다.[10]

4) 노르웨이, 핀란드, 그린란드, 아이슬란드

안스가의 영향을 받은 지역과 달리 노르웨이에서 기독교는 비교적 세속적인 방식으로 스며들었다. 한때 바이킹이었던 올라프 트리그바손(Olaf Tryggvason, 969-1000년)이 세례를 받고 995년 노르웨이의 왕위에 오르게 되었을 때, 그는 노르웨이 사람들이 새로운 신앙, 즉 기독교를 받아들이도록 강제했다. 그의 후계자 올라프 하랄드손(Olaf Haraldson, 995-1030년)도 권력을 얻은 후 계속 노르웨이를 기독교화해 나갔다.

유사한 방식으로 1155년 핀란드를 정복한 스웨덴의 왕 에리크 9세(King Eric IX, 1120-1160년)도 핀란드 백성에게 기독교를 강요했다. 11세기에는 노르웨이 출신으로 세례를 받은 바이킹 "붉은 머리" 에리크(Erik the Red, 950-1003년)와 그의 탐험가 아들 레이프 에릭손(Leif Erikson, 970-1020년)이 인접지 그린란드에 기독교를 전파했다. 그 후 12세기에 이르러 그린란드의 첫 주교가 임명되었다.

아이슬란드의 회심 이야기는 기독교 역사상 가장 흥미로운 사례를 보여준다. 9세기 후반 아일랜드의 수도사들이 북대서양의 화산섬에서 사역하고 있었다. 10세기 후반에는 올라프 트리그바손이 아이슬란드에 특사를 파견해 그가 노르웨이에서 했던 것과 똑같은 방식으로 세례받을 것을 강요했다. 그러나 아이슬란드인들은 철저하게 개종을 반대했다.

---

10 다음의 책을 참고할 것. Rimbert, *Life of Anskar*, 31-34; Sawyer, *Kings and Vikings*, 9, 135-43; Winroth, *Conversion of Scandinavia*, 27-28, 150-52; Edward L. Smither, *Missionary Monks: An Introduction to the History and Theology of Missionary Monasticism* (Eugene, OR: Cascade Books, 2016), 107-18.

1000년경, 아이슬란드 지역에서 이런 기독교 신앙의 문제가 정점에 이르렀다. 일부 아이슬란드 지배자가 기독교를 수용했지만 다른 이들은 여전히 이교도를 숭상하고 있었다.

당시 아이슬란드는 초기 의회제를 채택하고 있었기 때문에 두 주요 당은 아이슬란드인이 기독교법을 준수해야 할지, 아니면 이교법을 준수해야 할지를 두고 서로 반목하고 있었다. 이때 이교법 전문가이자 변호사인 토르겔 토르켈손(Thorgier Thorkelsson)이 이 사안을 전담하고 있었다.

토르겔은 얼마간의 검토를 마친 후 아이슬란드 의회는 기독교를 받아들여야 하고 이교도 반대파가 그들의 종교를 버리지 않더라도 모든 아이슬란드인은 세례를 받아야 한다고 결정을 내렸다. 이런 결정은 곧 내전을 일으켰다. 결국, 토르겔은 세례를 받고 그리스도인이 되었다. 12세기 중반 아이슬란드 교회는 자체적으로 주교를 파송했다.[11]

3. 동유럽과 러시아

1) 슬라브인

862년 모라비아의 라티슬라브 왕자(Prince Ratislav of Moravia, 870년 사망)는 비잔틴 황제 미카엘 3세(Michael III, 재위 기간 842-867년)를 접견하여 자기 백성인 슬라브인을 위해 기독교 교사를 파송해 달라고 요청했다. 슬라브인은 현재 동유럽과 남부 러시아 지역에 거주하고 있던 인도-유럽인이었다.

슬라브인은 세르비아인, 크로아티아인, 불가리아인을 포함하는 일종의 종족집단으로 일반적으로 공통의 언어를 사용하고 있었다. 종교적으로 이들은 이교도 일신론자들로 다른 신들을 숭상하면서도 초월적 존재에 대해

---

11   다음의 책을 참고할 것. Stephen Neill, *A History of Christian Missions* (London: Penguin, 1990), 90-92.

서 충성을 맹세했다.[12]

라티슬라브는 선교사가 아니라 기독교 교사를 요청했는데 신앙의 틀 속에서 슬라브인들을 정신적으로 무장시키기 위해서였다. 슬라브인을 대상으로 한 초기 복음 전도 사역은 7세기 초 로마 주교가 슬라브인에게 선교사를 파송하면서 시작했을 것이다. 슬라브인은 이교 신앙을 물려받았음에도 기독교 교사들을 관대하게 대우했고 7-8세기에 이르러서는 프랑크, 독일, 그리스 선교사들을 통해서 기독교를 수용했다.[13]

비잔틴 황제는 모라비아 왕자의 요청에 응답하여 두 명의 그리스 수도사 키릴(Cyril, 826-869년)과 메소디우스(Methodius, 815-885년)를 소환했다. 이들은 당시 잘 알려진 올림푸스산수도원(Mount Olympus monastery)에서 지내고 있었다. 두 수도사는 뛰어난 지적 능력과 외교 및 선교 경험, 유창한 슬라브어 실력을 두루 갖추고 있었다. 결국, 이런 역량이 반영되어 이들은 슬라브인 선교를 위해 선발되었다.[14]

슬라브인 선교를 위한 첫걸음은 예식서와 성서 번역을 위해 슬라브어 알파벳을 개발하는 일이었다. 이런 방법은 키릴과 메소디우스가 모라비아에 도착하기 전 이미 시작했다. 키릴은 올림푸스산수도원에서 활동하는 지식인과 언어학자 모임을 이끌고 있었다.

이 모임은 슬라브어 알파벳의 초기 형태를 기반으로 히브리어, 시리아어, 조지아어, 이외의 알파벳을 차용하여 "글라골"(Glagolithic, 고대 슬라브어)로 알려진 문자를 만들었다. 수도사들은 이런 알파벳과 종교적 언어를

---

12 다음의 책을 참고할 것. Francis Dvornik, *The Slavs: Their Early History and Civilization* (Boston: American Academy of Arts and Sciences, 1956), 42, 47-51, 53-54, 57-59.

13 다음의 책을 참고할 것. Francis Dvornik, *Byzantine Missions among the Slavs: SS. Constantine-Cyril and Methodius* (New Brunswick, NJ: Rutgers University Press, 1970), 5-6, 9-11, 13-48, 78-79; A. P. Vlasto, *The Entry of the Slavs into Christendom: An Introduction to the Medieval History of the Slavs* (Cambridge: Cambridge University Press, 1970), 24-26.

14 다음의 책을 참고할 것. *Life of Methodius*, 5.

조합하여 슬라브어 예전에 사용하기 위해 사복음서 일부를 번역했다.**¹⁵**

사역의 첫해가 지난 후 키릴, 메소디우스, 이외 동료들은 863년 모라비아로 떠났다. 키릴의 주된 업무는 비잔틴 예식서(미사, 성무일도, 시편서)를 번역하여 슬라브 예배와 집회가 이루어지도록 하는 일이었다. 그다음으로 이 수도사들은 사복음서를 슬라브어로 번역하는 데 집중했다. 키릴은 라티슬라브가 선발한 일부 학생이 현지 설교가로 사역하기 위해서 슬라브어 문자와 종교 언어를 배우도록 훈련했다.**¹⁶**

그런데 이 수도사들은 세 개의 언어(라틴어, 그리스어, 히브리어)를 구사하는 모라비아의 일부 독일계 성직자로부터 거센 저항에 부딪혔다. 독일계 성직자들은 기독교 예전을 위한 언어로 라틴어, 그리스어, 히브리어만 가능하다고 확고하게 믿고 있었다. 이들은 다소 흥미로운 논리와 해석을 제시하며 예수님이 십자가에 달리실 때 "유대인의 왕"이라는 칭호가 바로 이 세 언어로 기록되었으므로 오직 라틴어, 그리스어, 히브리어만이 예배 중에 사용될 수 있다는 주장을 펼쳤다.

키릴은 결국 자신의 사역을 옹호하기 위해 베니스교회 공의회에 입회할 것을 명령받았다. 그러나 교황은 키릴과 메소디우스를 로마로 소환했고 토착 슬라브 기독교를 육성하려는 그들의 사역을 인정했다.

교황 하드리안 2세(Pope Hadrian II, 792-872년)는 슬라브어 성서 사본을 획득했고 키릴과 메소디우스에게 복을 내렸다. 또한, 교황은 로마의 유명한 성베드로대성당(St. Peter's basilica)에서 드린 슬라브 예전 집회에 참석하기도 했다.**¹⁷**

키릴이 42세의 나이에 갑작스레 죽게 되자 메소디우스는 슬라브인들을 사역하기 위해 돌아갔다. 그는 독일 교회 지도자들로부터 지속적인 압박

---

15 다음의 책을 참고할 것. *Life of Cyril*, 14; *Life of Methodius*, 6; Anthony-Emil N. Tachioas, *Cyril and Methodius of Thessalonica: The Acculturation of the Slavs* (Crestwood, NY: St. Vladimir's Seminary Press, 2001), 68-73.
16 다음의 책을 참고할 것. Tachioas, *Cyril and Methodius*, 79.
17 다음의 책을 참고할 것. *Life of Cyril*, 16-17; *Life of Methodius*, 6; Tachioas, *Cyril and Methodius*, 83-86; Dvornik, *Byzantine Missions*, 129-31.

을 받고 있었다. 그럼에도 슬라브어 목회를 고집했으며 그 결과 말년에는 슬라브어 성서와 기타 신학 저작을 인고의 노력 끝에 완성했다.

그러나 슬라브 기독교는 모라비아에서 즉각적으로 번성하지 못했다. 키릴과 메소디우스의 추종자들이 대부분 금욕공동체에 머물던 수도사였기 때문에 이들은 폴란드, 보헤미아, 크로아티아, 러시아로 자신들의 토착 기독교 운동을 확장해 나가야 했다. 불가리아의 보리스 왕자(Prince Boris)가 세례를 받은 후 불가리아는 슬라브 기독교를 받아들였다.

결국, 슬라브 기독교의 여러 풍요로운 자원, 가령 알파벳, 예전, 성서, 기독교 저작은 동방정교회뿐만 아니라 더 방대한 슬라브 문화를 형성하는 데 큰 전환점을 마련했다.[18]

2) 러시아

기독교가 러시아에 처음으로 들어갔을 때는 957년경으로 이 시기는 키이우의 올가 공주(Princess Olga of Kiev, 재위 기간, 945-963년)가 콘스탄티노플을 방문하여 세례를 받았던 때였다. 그는 자신이 받아들인 이 새로운 신앙을 러시아인에게 보급하고자 했지만, 러시아 귀족과 아들이 완강하게 반대했다. 그러나 올가의 손자인 블라디미르 왕자(Prince Vladimir, 재위 기간 980-1015년)가 집권했을 때 다시금 기독교에 대한 관심을 불러일으켰다.

블라디미르가 재위하던 시기 일부 지도자가 자신들의 신하를 가르치기 위해 기독교 선교사를 초청하는 한편, 좀 더 폭넓은 관점에서 기독교를 국교로 모색하고 있었다. 블라디미르는 남부 러시아의 유대교 지역 하자르족(Khazars)과 불가리아 무슬림 지역 불가르족(Bulgars), 독일 로마가톨릭, 콘스탄티노플의 정교회에 특사를 파견했다.

---

18 다음의 책을 참고할 것. *Life of Methodius*, 15; Dvornik, *Byzantine Missions*, 174-76, 193-245, 272-82; Tachioas, *Cyril and Methodius*, 97-98, 104, 108-16; Dimitri Obolensky, *Byzantium and the Slavs* (Crestwood, NY: St. Vladimir's Seminary Press, 1994), 210-14; Smither, *Missionary Monks*, 119-37.

결국, 블라디미르는 정교회 기독교를 받아들였고 자기 백성을 영적으로 다스리기 위한 목적으로 그리스 주교들을 초청했다. 그 결과 러시아에는 비잔틴 양식의 기독교가 뿌리내리게 된다. 시간이 흘러 러시아정교회는 고유한 예전, 성서, 토착적 기독교 형식을 발전시켜 나갔다.[19]

4. 중동과 북아프리카

이슬람이 등장하고 확장하기 시작한 지 한 세기가 흘렀을 때 중동, 북아프리카, 중앙아시아의 그리스도인들은 급속하게 종교적 소수 집단이 되었다. 일부 그리스도인은 딤미 신분(비무슬림 소수 부류이자 이슬람 지역의 세금 납부자)으로 밀려났지만, 선교적으로는 무슬림과 원만한 관계를 맺고 있었다.

앞서 우리는 다마스쿠스의 요한에 대해서 살펴보았다. 그는 이슬람을 기독교 이단으로 선언하며 기독교의 역사적 가르침을 옹호해 온 인물이었다. 물론, 요한은 시리아 사막 수도원의 보호를 거부하고 무슬림을 비판하는 논쟁적인 저작을 남기기도 했다.

1) 바그다드의 티모시

동방교회에 속한 바그다드시 주교인 티모시(Timothy of Baghdad, 727-823년)는 요한과 달리 매우 개인적인 관계에서 무슬림과 만남을 가졌다. 티모시는 아바스 왕조(Abbasid Dynasty, 750-1258년)가 바그다드에 칼리프국(세계적인 이슬람 통치 중심지)을 세운 지 약 10년이 지난 762년에 이 도시 교회를 이끌기 시작했다.

사실 동방교회는 무슬림 지도자들이 무엇을 하는지 감시하기 위해 바그다드에 교회를 세우고자 했다. 게다가 많은 그리스도인이 이미 칼리프궁

---

19 다음의 책을 참고할 것. Neill, *History of Christian Missions*, 76-77.

전에서 다양한 역할을 담당하고 있었다.

아이러니하게 동방교회의 그리스도인들은 비잔틴제국의 통치에 있었던 것보다 무슬림 통치 아래서 더 많은 종교적 자유를 누리고 있었다. 결과적으로 티모시는 중앙아시아와 동아시아에 존재하고 있던 기독교 영토에 선교사를 파송하도록 칼리프로부터 허락을 받아 냈다.

티모시는 페르시아에 있는 동방교회 수도회를 선교사 훈련센터로 활용했다. 그곳에서 수도사들은 설교하고 육체적 질병을 돌보며 성서 번역을 위해 신학, 철학, 의학, 언어학을 연구했다. 티모시는 중앙아시아, 티벳, 중국에 있는 신생교회에서 목회하도록 주교를 파견하기도 했다.[20]

티모시는 바그다드에 거주하는 무슬림 이웃들에게 복음을 전하는 데에도 관여했다. 철학뿐만 아니라 신학에도 능통했던 티모시는 바그다드의 무슬림 지도자들이 복음을 거부하는 행위에 재치 있게 응대했다. 티모시는 이전에 칼리프 마흐디(Caliph Mahdi)와 기독교에 대해 논쟁하기도 했다. 781년 마흐디는 티모시에 기독교-이슬람 신앙에 대한 이틀간의 공개 대화를 진행하는 동안 안전한 거처와 보호를 제공해 주었다.

당시 대화 가운데 칼리프 마흐디는 다음과 같은 첫 번째 질문을 던졌다. "어떻게 하나님은 여성과 성관계를 하여 한 아들의 아버지가 될 수 있었는가?"

티모시는 이렇게 답했다.

"성령은 생식기가 없다. 또한, 하나님의 아들이라는 개념은 신비로운 영적 영역이어서 어떤 인간적 개념과 다르다."

마흐디가 물었다.

"왜 그리스도인은 세 분의 신(성부, 성자, 성령)을 숭상하는가?"

---

20 다음의 책을 참고할 것. Frederick W. Norris, "Timothy I of Baghdad, Catholicos of the East Syrian Church, 780-823: Still a Valuable Model," *International Bulletin of Missionary Research* 30, no. 3 (2006): 133-35; Smither, *Missionary Monks*, 143-145.

티모시는 태양이 형태, 빛, 열을 지닌 한 몸체라는 유비를 들어 니케아 공의회의 신앙고백에서 벗어나지 않으려고 노력했다. 특별히 티모시는 마흐디의 질문에 답하기 위해 갑바도기아 교부의 철학을 인용했다. 마지막으로 티모시는 예언자 무함마드를 공격하길 자제했다. 대신에 그는 기독교가 성서 이외의 다른 예언자에 대해서는 가르치지 않기 때문에 무함마드를 따르지 않는다고 간단하게 진술했다.[21]

무슬림에 복음을 전하려는 티모시의 전략은 현대 교회에도 여전히 유익한 점이 있다. 티모시는 무슬림이 지배적인 상황에서 종교적으로는 소수자로 있었지만 그렇다고 기존 사회와 고립된 삶을 살지 않았다는 점을 기억할 필요가 있다. 오히려 티모시와 동방교회 그리스도인들은 무슬림 무리 안에 살면서 그들과 사업을 추진해 나갔다. 티모시는 이슬람 종교와 이슬람 예언자를 공격하지 않았다.

오히려 기독교 복음의 반대자들과 대화하는 식의 지혜로운 태도를 보여 주기도 했다. 아울러 기독교에 대한 칼리프의 질문은 현대 무슬림에 의해 제기되는 유사한 문제(가령, 아들을 가지신 하나님, 삼위일체, 예언자 무함마드 등)와 관련지어 생각해 볼 수 있다. 이런 질문에 대한 티모시의 응답은 무슬림과 대화가 필요한 오늘의 그리스도인에게도 유익한 생각거리를 제공한다.

2) 십자군

논쟁적이긴 하지만, 기독교 역사에 있어서 가장 짙은 암흑기는 십자군 시기(1095-1291년)라 할 수 있다. 무슬림이 637년 예루살렘을 관할하기 시작한 후 11세기까지 그리스도인, 무슬림, 유대인은 평화로운 시대를 살아가고 있었다. 그러나 유럽의 그리스도인 왕들이 교황과 연합하여 성지를

---

21 다음의 책을 참고할 것. Norris, "Timothy I of Baghdad," 135-36; Alphonse Mingana, "The Apology of Timothy the Patriarch before the Caliph Mahdi," in *Woodbrooke Studies* (Cambridge: Heffer, 1928), vol. 2.

찬탈해야 한다는 강박관념은 새로운 갈등 국면을 일으켰다.

종교적 관점에서 보자면 가톨릭교도들은 참회의 여정인 순례길을 위해 성지 예루살렘을 탈환해야 할 이유가 있었다. 정치적으로도 로마가톨릭교회는 1054년 대분열 이후 동방정교회와 재연합하길 희망했다. 왜냐하면, 당시 정교회라는 기독교 경쟁자가 무슬림을 가톨릭과 마찬가지로 공동의 적으로 보고 있었기 때문이다.

1095년 교황 우르반 2세(Pope Urban II)는 성지를 찬탈하기 위해 교회가 무기를 드는 일이 하나님의 뜻이라는 설교를 했다. 이런 메시지는 즉각적으로 거의 2세기간에 걸쳐 십자군전쟁을 촉발했다.

십자군전쟁은 예루살렘에 이르는 모든 길인 아크레, 니케아, 안디옥, 에데사의 고대 기독교 요충지를 중심으로 발발했다. 전쟁의 결과 기독교 순례단의 성지 방문이 재개되긴 했지만 무슬림은 여전히 예루살렘을 지배하고 있었으며 동방교회와 서방교회는 갈라지며 수천 명의 그리스도인, 무슬림, 유대인이 목숨을 잃고 말았다.[22]

무슬림은 이슬람제국을 팽창시키기 위해 지하드(jihad)라는 수단을 인정했다. 기독교의 경우 초대 교회는 전쟁을 결코 하나님 나라를 확장하는 수단으로 인정하지 않았다.[23] 그러나 크리스텐덤(기독교 세계)의 절정기인 중세 교회는 국가의 정치적 목적과 교회의 선교적 과제를 결합하여 기독교적 지하드라는 고유한 형태를 탄생시켰다.

---

22 다음의 책을 참고할 것. Jonathan Riley-Smith, *The Crusades: A History*, 3rd ed. (London: Bloomsbury Academic, 2014).

23 지하드라는 말은 문자상으로 '투쟁'(struggle)을 의미한다. 무슬림 개개인은 알라(Allah)에게 복종하며 순결해야 한다는 영적 투쟁이 의무로 주어진다. 이는 대(大) 지하드(greater jihad)로 알려져 있다. 반면 소(小) 지하드(less jihad)는 무장 저항이나 전쟁을 통해 이슬람을 방어하는 투쟁을 말한다. 본문의 논의에서는 소 지하드의 관점에서 지하드 용어를 사용하고자 한다. 다음의 책을 참고할 것. William E. Shepard, *Introducing Islam*, 2nd ed. (London: Routledge, 2014), 10.

3) 프란치스코회

십자군 시기 많은 교회가 신약성서의 선교적 기대와는 달리 그릇된 방향으로 나아갔지만, 일부 교회는 성서에 입각한 모범을 보이며 선교를 전개해 나갔다. 그 가운데 선교 지향적 사역을 담당한 프란치스코회 수도사를 꼽을 수 있겠다.

'작은형제회'(Little Brothers)라고도 불리던 프란치스코회는 아시시의 프란시스(Francis of Assisi, 1182-1226년)의 회심과 비전 그리고 사역의 직접 결과로 탄생했다. 프란시스는 이탈리아의 부유한 포목 상인의 아들로 태어나 20살이던 1202년에는 페루자와의 전쟁에 참전하기도 했다. 프란시스는 이때 포로로 잡혀 투옥된 후 자기 삶에 대해 성찰했고 이후 회심하여 결국 수도사가 되었다.

그는 자발적 가난, 설교, 약자 돌봄을 통해 그리스도를 본받기를 분투하며 자신을 중심으로 작은형제회라는 공동체를 성장시켜 나갔다. 1216년 교황은 프란치스코회를 공식적으로 인정했다.[24]

프란치스코회는 수도회 초기부터 교차문화적 선교 사역에 관여했다. 특히, "기독교 신앙과 사라센인(Saracens, 무슬림)의 참회를 전파"한 프란시스는 1212년 성지를 향해 출항했지만, 배가 난파하여 이를 달성하지는 못했다.[25]

후에 그는 스페인으로 가서 모로코의 무슬림 지도자를 접견하고자 했다. 그러나 이 역시 병환으로 실패했다. 한편 프란시스의 동반자 자일스(Giles)는 무슬림을 사역하도록 배치되어 1209년에는 스페인으로 1215년에는 팔레스타인으로 1219년에는 튀니지로 여정을 떠났다.

24　다음의 책을 참고할 것. Francis, *The Rule* 6.4; Lawrence, *Friars*, 34.
25　Thomas of Celano, *Life of Francis* 20.55 (trans. Michael F. Cusato, "Francis and the Franciscan Movement," in *The Cambridge Companion to Saint Francis of Assisi*, ed. Michael J. P. Robson [Cambridge: Cambridge University Press, 2012], 24.

무슬림에 복음을 전해야 한다는 프란시스의 꿈은 그가 십자군을 따라 이집트에 갔을 때인 1219년에 실현되었다. 프란시스는 이집트에서 적진을 넘어 이집트의 술탄 말리크 알 카밀(Sultan Malik al-Kamil, 1177-1238년)을 만나 그에게 기독교 메시지를 선포했다.[26]

프란시스의 무슬림 선교는 두 가지 중요한 선교적 의미를 보여 주고 있다.

첫째, 프란시스의 무슬림을 향한 선교 동기는 그가 갈망해 왔던 순교를 성취하는 것과 관련되어 있다는 점이다.

순교에 대한 성취가 바로 1212년 성지로 첫 항해를 떠나고 1219년 이집트 술탄을 만난 동기가 되었다. 프란시스는 무슬림에게 설교하기 위해 모로코로 파송된 다섯 명의 작은형제회 수도사의 죽음을 기념하고 이 순교자들을 칭송하며 이제야 비로소 자신이 그 다섯 형제를 만나게 되었다고 고백했다.[27]

둘째, 프란시스는 순교를 열망했지만 무슬림과 비신자를 향한 그의 태도는 일반적으로 평화로운 모습을 보였다.

프란시스는 자신의 저작 『초기 회칙』(*Earlier Rule*)의 한 장에서 술탄을 접견한 후의 상황을 다음과 같이 논쟁적으로 기술하고 있다.

> 나의 모든 형제여, 원수를 사랑하고 당신을 미워하는 자에게 선을 베풀라는 주님의 말씀을 기억합시다. 우리가 따라야 할 길인 주 예수 그리스도께서는 배신자를 친구로 부르시고 또 자신을 심판관에게 내어 주셨습니다. 그러므로 우리 형제들이여, 고통과 번민, 수치와 상처, 슬픔과 처벌, 순교

---

26 다음의 책을 참고할 것. E. Randolph Daniel, "Franciscan Missions," in Robson, *Cambridge Companion to Saint Francis of Assisi*, 241-42; Lawrence, *Friars*, 37-38, 43-46; John Moorman, *A History of the Franciscan Order: From Its Origins to the Year 1517* (Oxford: Clarendon, 1968), 24-25, 30-31, 62-74, 166-69, 227-29.

27 다음의 책을 참고할 것. Robson, "Writings of St. Francis," in Robson, *Cambridge Companion to Saint Francis of Assisi*, 46-47; Daniel, "Franciscan Missions," 244.

와 죽음을 우리에게 가져다주는 적들이 있습니다. 우리는 그들을 위대한 사랑으로 보듬어야 합니다. 왜냐하면, 그들이 우리에게 준 것으로 인하여 우리가 영생을 얻고자 하기 때문입니다.²⁸

프란시스는 동료 형제들에게 평화와 겸손으로 무슬림을 섬기고 복음을 전하는 동안에는 어떤 논쟁과 논란도 자제할 것을 가르쳤다. 분명 프란시스는 술탄과의 만남을 통해 이런 태도를 내비쳤을 것이다. 이슬람이나 예언자 무함마드를 공격하지 않고 복음을 선포하며 술탄을 위해 기도하는 것에 집중했다. 흥미롭게도 프란시스는 술탄과의 논쟁을 마치고 그의 호위를 받으며 안전하게 귀환했다.

프란시스는 무슬림과의 평화로운 만남에 큰 관심을 기울였는데 술탄이나 무슬림과의 이런 소통을 종교 간 대화로 이해하는 것은 그를 잘못 판단하는 일이다. 그는 분명 삼위일체 하나님, 십자가에 달리시고 땅에 묻히시고 부활하신 성육화된 그리스도, 그리스도의 처녀 잉태를 가능하게 한 성령을 전파했다. 결국, 프란시스는 무슬림 청중들에게 회개하고 복음의 메시지를 믿도록 호소했다.²⁹

4) 레이몬드 룰

프란시스가 죽음을 맞이한 후에도 프란치스코회 수도사들의 무슬림을 향한 선교는 계속 이어졌다. 그러나 일부는 다소 논란의 여지가 있는 선교 방식을 취하기도 했다. 이런 부류의 가장 대표적인 수도사는 바로 레이몬

28　다음의 책을 참고할 것. Francis, *Earlier Rule*, 22 (trans. Stephen J. McMichael, "Francis and the Encounter with the Sultan [1219]," in Robson, *Cambridge Companion to Saint Francis of Assisi*, 134.

29　Francis, *Rule*, 3, 11-12; Francis, *Admonitions*, 1, 15; Daniel, "Franciscan Missions," 242-43; McMichael, "Francis and the Encounter with the Sultan," 128-35; William J. Short, "The Rule and the Life of the Friars Minor," in Robson, *Cambridge Companion to Saint Francis of Assisi*, 55, 61.

드 룰(Raymond Lull, 1232-1315년)이었다.

그는 스페인 마요르카(Majorca)섬 출신으로 카스티야 프란치스코회 소속 수도사였다. 룰은 9년간 아랍어를 배우고 무슬림을 위한 선교 훈련센터인 프란치스코연구소를 세웠다.

그리고 아랍학과 동양학을 유럽 대학의 교과 과정에 포함하도록 교황을 설득하기도 했다. 룰은 선교사 훈련과 동원을 담당한 후 직접 북아프리카 알제리와 튀니지에 세 차례의 단기 복음 전도 여행을 떠났다.

룰의 선교 방법은 도시로 들어가 이슬람과 기독교 공개 토론을 열고 무슬림 지도자들을 초대하는 것이었다. 논쟁을 즐겨 했던 룰은 복음을 설명하면서 무함마드를 비판하는 데 주저하지 않았다.

룰은 초기 두 차례 복음 전도 여행을 진행했지만, 북아프리카에서 예상치 않게 추방당하기도 했다. 83세라는 노년에 이른 수도사 룰은 세 번째 여행에서 무슬림으로부터 돌에 맞아 숨졌다. 룰은 프란시스의 순교관에 부합하고자 노력했지만, 그는 분명 무슬림과의 평화라는 수도회의 핵심 가치와 동떨어져 있었다.[30]

5. 중앙아시아

그리스도인과 무슬림이 십자군전쟁으로 계속 격전을 치르는 동안 몽골제국이 중국과 중앙아시아를 침략하고 심지어 유럽 내부로도 침투하고 있었다. 탁발수도사를 포함하여 적지 않은 그리스도인들이 몽골의 동유럽 침략으로 죽었다.

그 결과 교황 이노센트 4세(Pope Innocent IV, 1195-1254년)는 1246년 이탈리아 출신의 프란치스코회 수도사 요한 데 피아노 디 카르피니(John de

---

30 다음의 책을 참고할 것. E. Allison Peers, *Ramon Lull: A Biography* (London: SPCK, 1929); Samuel M. Zwemer, *Raymund Lull: First Missionary to the Muslims* (New York: Funk and Wagnalls, 1902).

Piano di Carpini, 1180-1252년)와 폴란드 출신의 동료 베네딕트를 몽골 칸의 공식 사절로 파송했다. 이 양면 정책은 정치적이고 종교적인 목적을 동시에 지니고 있었다.

이 두 수도사는 중앙아시아의 거친 지형을 전진하며 마침내 칸 왕궁에 도착했다. 이들은 몽골제국의 평화로운 환대를 받았다. 그리고 몽골제국이 자행한 폭력에 우려를 표하는 교황의 서신을 전하며 평화를 청했다. 아울러 칸에게 기독교 메시지를 공표했다. 비록 칸이 환대의 조짐은 내비쳤지만, 화친과 기독교 개종을 요청하는 교황의 뜻은 거절했다.

이 사절단은 종교적으로 결실이 거의 없었음에도 카르피니는 이 상황을 매우 세심하게 기록하여 자신의 몽골 지역 탐사 보고서에 담아냈다. 이 조사서는 카르피니 이후에 몽골을 방문하는 탁발 선교사들에게 중요한 지침서가 되었다. 놀랄 만한 점은 카르피니가 동방교회 신자들이 몽골제국에서 생존하고 있으며 자유롭게 예배드리는 광경을 목격했다는 사실이다.[31]

그런데 1247년 프랑스 왕 루이 9세(King Louis IX of France, 1214-1270년)는 몽골 선교를 기대하며 몽골의 칸에 도미니코회 수도사 앙드레 드 롱주모(André de Longjumeau, 1270년 사망)를 사절 겸 설교자로 파송했다. 칸은 여전히 복음에 별 흥미를 느끼지 못했다.

다만 롱주모는 더 많은 동방교회 그리스도인을 만나 이들을 향한 교황의 관심을 전하고 몽골에서 사역하고자 했다. 그 결과 1253년 프란치스코회 수도사 윌리엄 루브룩(William of Rubruck, 1220-1293년)이 몽골 선교를 전담하기 위해 파송되었다.

루브룩은 디아스포라 그리스도인과 노예를 위해 사역하며 결실이 없더라도 칸에게 복음을 전하기 위해 노력했다. 루브룩은 카르피니처럼 민족학과 언어학에 매진하며 몽골 문화를 깊이 이해하려고 했다.

31　다음의 책을 참고할 것. Peter Jackson, "Franciscans as Papal and Royal Envoys to the Tatars (1245-1255)," in Robson, *Cambridge Companion to Saint Francis of Assisi*, 224-26; Smither, *Missionary Monks*, 148-63.

1289년 마침내 교황 니콜라스 4세(Pope Nicolas IV, 1227-1292)는 프란치스코회 소속 몬테코르비노의 요한(John of Montecorvino, 1247-1328년)을 중국에 파송하여 칸과 만나도록 했다. 당시 몽골의 통치자는 사실상 불교로 개종한 상태였다. 그러나 칸은 몬테코르비노에게 몽골인 복음화를 위한 종교적 자유를 한시적으로 허락했다.

몬테코르비노의 보고에 따르면 약 6천 명의 몽골인이 세례를 받고 교회에 다니기 시작했다. 몬테코르비노의 선교는 13세기 아시아인 중에서 가장 결실 있는 업적을 일구어냈다.[32]

13세기 탁발수도사들이 보여 준 용감한 노력에도 불구하고, 몽골은 1300년에 이르러 이슬람을 포용하기 시작했다. 일부 프란치스코회 수도사가 중앙아시아의 대초원 지대를 넘어 몽골로 이주해 갔지만 가시적인 결실은 거의 없었다. 1362년 중국이 몽골을 정복하여 베이징을 탈환했을 때 중국은 그 지역에 남은 마지막 동방교회 주교들을 처형했다.

6. 요약

혹시 어떤 독자는 이상과 같은 중세 기독교 선교 역사를 접해 보고 중세는 실제로 암흑기였다고 결론지을지 모르겠다. 십자군 시기 일부 기독교 왕이 자행한 폭력과 일부 군주가 기독교를 백성들에게 강요하는 억압적인 방식은 중세를 기독교 흑역사라 불러도 전혀 이상하지 않을 것이다. 그러나 선교 사역을 포함하는 기독교 역사 이야기는 상당히 복잡한 성격을 내포하고 있다.

기독교 선교 현상은 정치적, 민족주의적 동기가 성서적, 선교적 동기와 결합하면서 등장한다. 이런 복잡한 동기가 상호 작용하면서 중세 교회는 독특한 흔적을 남기고 있었다.

---

[32] 다음의 책을 참고할 것. Lawrence, *Friars*, 175, 209-17; Jackson, "Franciscans as Papal and Royal Envoys," 228-36; Daniel, "Franciscan Missions," 246, 253-54; Smither, *Missionary Monks*, 163-64.

1) 중세 교회 선교사들은 누구였는가?

이 시기 대다수 선교사는 수도사였다. 사실 탁발수도회(프란치스코회, 도미니코회, 시토회 등)가 형성되는 핵심적 근거는 바로 세계 선교를 촉발하기 위해서였다. 선교 지향적인 주교 특히 바그다드의 티모시와 로마의 많은 주교도 세계 선교에 직접 참여하며 이를 독려했다.

중세 선교 역사에서 등장한 왕과 정치 지도자들은 복음을 수용했고 민족적 집단 개종이 동반되었다. 노르웨이와 핀란드의 지도자들은 기독교를 백성들에게 강요했다. 러시아에서는 블라디미르 왕자가 기독교 수용을 위해 대중을 설득하는 방법을 취했으며 러시아 백성도 이를 따랐다.

아이슬란드인들은 의회의 토론을 거치기도 했으며 존경받는 지식인과 지도자들의 개종 선언 후에 세례를 받았다. 이 밖에 다양한 상황을 염두에 둘 수 있지만, 결국 정치 지도자들에 따른 국가적인 개종이 빈번하게 일어났다.

모라비아의 라티슬라브, 덴마크의 하랄드 클라크, 스웨덴의 비예른을 포함하는 일부 정치 지도자는 다른 국가의 지도자들에게 기독교 선교사들을 파송하여 자신들의 백성을 가르치도록 부탁하기까지 했다. 가령, 경건왕 루이와 미카엘 3세와 같은 기독교 군주와 황제는 이런 요청에 진심으로 응답했고 안스가, 키릴, 메소디우스를 파송하여 교차문화적인 상황 속에서 선교하도록 했다.

하랄드와 라티슬라브 등 일부 군주는 백성을 통치하기 위해 기독교 세력과 정치적 동맹 관계를 맺기도 했다. 그들은 선교사 겸 수도사들이 복음을 선포하고 교회를 운영하도록 문을 개방했다.

2) 중세 교회 선교사들은 무엇을 했나?

(1) 크리스텐덤 배경 속 선교 사역

교회와 국가의 연합 그리고 이런 결과가 가져오는 교회의 권력화는 중세에 매우 두드러졌다. 일부 사례에서 나타나듯이 교황의 막강한 권한으로 선교 사역이 계속 가능해졌다.

가령, 안스가는 함부르크와 브레멘에 있는 자신의 근거지에서 북방 선교를 허락했다. 교황 하드리안 2세의 동유럽 지역에 대한 개입은 키릴과 메소디우스가 세 가지 언어를 쓰길 주장한 독일인을 단념시키고 현지 슬라브 기독교 형성을 위해 노력하도록 이끌었다. 물론, 이런 교황의 관여는 로마의 영향과 지배가 기독교 선교지에도 꾸준히 행사된다는 점을 의미하는 것이었다.

이 시기 크리스텐덤을 묘사하는 가장 치명적인 모습은 바로 교회가 선교를 중단하고 십자군을 조직하여 무슬림과 성전을 벌인 데 있었다. 중세 교회는 레이몬드 룰이 말한 "성지 정복은 사랑과 기도, 퍼붓는 눈물과 피를 통해서 이루어져야 한다"는 단순하면서도 예언자적인 증거를 부인하지 않았다.[33]

(2) 언행일치의 사역

수도사들은 낮은 자의 겸손한 태도로 말씀과 행동을 통해 복음을 전했다. 수도사들의 선포 사역(복음 전도, 교리문답, 교회 개척)은 자연스럽게 인간의 기본적 필요에 관한 관심 즉 교육, 의료, 농업, 가난 사역과 통합되었다. 안스가, 키릴, 메소디우스와 같은 몇몇 수도사는 사역 중 노예 제도에 대항했다. 이 수도사들은 세속 세계와 부딪히면서도 새로운 수도원을 설립하여 기도, 연구, 봉사의 공동체를 일구어 나갔다. 함께 사는 이들의 삶의 방식은 "언덕 위의 도시"가 되었고 지역 주민을 향한 매력적이고 변혁적인 증거로 작용했다.

(3) 세계 종교와의 만남

안스가와 그 외 선교사들은 사역 중인 중세 후기(1000-1500년), 스칸디나비아의 이교 사상과 접촉했다. 앞서 살펴본 것처럼 그들은 계획적으로 다른 세계 종교인들과 만남을 가졌다. 중앙아시아와 동아시아의 동방교회

---

33 Zwemer, *Raymund Lull*, 52-53.

선교사들과 몽골제국의 프란치스코회 선교사들은 불교적 상황 가운데 복음을 전하기도 했다.

이 시기에 많은 기독교 사상가와 신학자가 이슬람에 대해서도 응답해 나갔다. 그 가운데 다마스쿠스의 요한과 도미니코회 신학자 토마스 아퀴나스는 이슬람 사상을 반박하는 중요한 비판서를 남기기도 했다. 레이몬드 룰은 프란치스코수도회와 유럽 대학에 이슬람학과 동양학을 소개하고 그리스도인들이 무슬림을 이해하여 그들을 개종시키도록 가교를 놓았다.

일부는 원거리에서 무슬림과 접촉하고 있었던 반면 많은 선교사가 매우 친밀한 방식으로 무슬림 사역을 이어 갔다. 칼리프와 진솔한 공개 대화에 참여한 바그다드의 티모시가 한 예이다. 프란시스는 평화의 태도를 줄곧 유지하였고 이집트 술탄과의 만남에서 복음을 공격적으로 전하려는 시도를 자제했다. 레이몬드 룰의 선교 방식은 꽤 논쟁적이긴 하지만, 무슬림을 향한 무한한 사랑을 보여 주었다.

(4) 현지 언어와 문화 습득

마지막으로 중세 기독교 선교사들은 현지 언어와 문화를 배우는 데 큰 노력을 기울였다. 레이몬드 룰은 아랍어를 습득하는 데 9년이나 할애했다. 동방교회 수도사들은 티모시의 책임하에 중국어를 습득했다. 키릴과 메소디우스는 이미 동방 유럽 선교 이전에 슬라브어를 구사했지만 글로 표현하는 데는 상당히 고생했다. 요한 데 피아노 디 카르피와 윌리엄 루브룩은 몽골어를 배웠을 뿐만 아니라 몽골 문화에 관한 상세한 기록을 남겼고 초기 형태의 민족지학 연구를 진행했다.

[더 읽을 자료]

Armstrong, Regis J., and Ignatius C. Brady, eds. and trans. *Francis and Clare: The Complete Works*. New York: Paulist, 1982.

Bremen, Adam von. *History of the Archbishops of Hamburg-Bremen*. Translated by Francis Joseph Tschan. New York: Columbia University Press, 1959.

Cusato, Michael F. "Francis and the Franciscan Movement (1181/2-1226)." In Robson, *Cambridge Companion to Saint Francis of Assisi*, 17-33.

Daniel, E. Randolph. "Franciscan Missions." In Robson, *Cambridge Companion to Saint Francis of Assisi*, 240-57.

Duichev, Ivan, ed. *Kiril and Methodius: Founders of Slavonic Writing; A Collection of Sources and Critical Studies*. New York: Columbia University Press, 1985.

Dvornik, Francis. *Byzantine Missions among the Slavs: SS. Constantine-Cyril and Methodius*. New Brunswick, NJ: Rutgers University Press, 1970.

_____. *The Slavs: Their Early History and Civilization*. Boston: American Academy of Arts and Sciences, 1956.

Irvin, Dale T., and Scott Sunquist. *History of the World Christian Movement*, vol. 1, *Earliest Christianity to 1453*. Maryknoll, NY: Orbis, 2001.

Jackson, Peter. "Franciscans as Papal and Royal Envoys to the Tatars (1245-1255)." In Robson, *Cambridge Companion to Saint Francis of Assisi*, 224-39.

Jenkins, Phillip. *The Lost History of Christianity: The Thousand-Year Golden Age of the Church in the Middle East, Africa, and Asia—and How It Died*. New York: HarperOne, 2009.

Lawrence, C. H. *The Friars: The Impact of the Early Mendicant Movement on Western Society*. London: Longman, 1994.

McMichael, Steven J. "Francis and the Encounter with the Sultan (1219)." In Robson, *Cambridge Companion to Saint Francis of Assisi*, 127-42.

Mingana, Alphonse. "The Apology of Timothy the Patriarch before the Caliph Mahdi." In vol. 2 of *Woodbrooke Studies*. Cambridge: Heffer, 1928.

Moffett, Samuel. *A History of Christianity in Asia*, vol. 1, *Beginnings to 1500*. New York: HarperCollins, 1992.

Moorman, John. *A History of the Franciscan Order: From Its Origins to the Year 1517*. Oxford: Clarendon, 1968.

Neill, Stephen. *A History of Christian Missions*. London: Penguin, 1990.

Norris, Frederick W. "Timothy I of Baghdad, Catholicos of the East Syrian Church, 780–823: Still a Valuable Model." *International Bulletin of Missionary Research* 30, no. 3 (2006): 133–36.

Obolensky, Dimitri. *Byzantium and the Slavs*. Crestwood, NY: St. Vladimir's Seminary Press, 1994.

Peers, E. Allison. *Ramon Lull: A Biography*. London: SPCK, 1929.

Peters, Greg. *The Story of Monasticism: Retrieving an Ancient Tradition for Contemporary Spirituality*. Grand Rapids: Baker Academic, 2015.

Riley-Smith, Jonathan. *The Crusades: A History*. 3rd ed. London: Bloomsbury Academic, 2014.

Rimbert. *Life of Askar, the Apostle of the North, 801–865*. Translated by C. H. Robinson. *Medieval Sourcebook*. http://legacy.fordham.edu/halsall/basis/anskar.asp.

Robson, Michael J. P., ed. *The Cambridge Companion to Saint Francis of Assisi*. Cambridge: Cambridge University Press, 2012.

―――. *The Franciscans in the Middle Ages*. Suffolk, UK: Boydell, 2009.

―――. "The Writings of Francis." In Robson, *Cambridge Companion to Saint Francis of Assisi*, 34–49.

Sawyer, Peter H. *Kings and Vikings: Scandinavia and Europe* ad *700–1100*. New York: Barnes & Noble Books, 1994.

―――. ed. *The Oxford Illustrated History of the Vikings*. Oxford: Oxford University Press, 1997.

Shepard, William E. *Introducing Islam*. 2nd ed. London: Routledge, 2014.

Short, William J. "The *Rule* and the Life of the Friars Minor." In Robson, *Cambridge Companion to Saint Francis of Assisi*, 50–67.

Smither, Edward L. *Mission in the Early Church: Themes and Reflections*. Eugene, OR: Cascade Books, 2014.

―――. *Missionary Monks: An Introduction to the History and Theology of Missionary Monasticism*. Eugene, OR: Cascade Books, 2016.

Sørensen, Preben Meulengracht. "Religions Old and New." In Sawyer, *Oxford Illustrated History of the Vikings*, 19–47.

Tachioas, Anthony-Emil N. *Cyril and Methodius of Thessalonica: The Acculturation of the Slavs*. Crestwood, NY: St. Vladimir's Seminary Press, 2001.

Vlasto, A. P. *The Entry of the Slavs into Christendom: An Introduction to the Medieval History of the Slavs*. Cambridge: Cambridge University Press, 1970.

Wilken, Robert L. *The First Thousand Years: A Global History of Christianity*. New Haven, CT: Yale University Press, 2012.

Winroth, Anders. *The Conversion of Scandinavia: Vikings, Merchants, and Missionaries in the Remaking of Northern Europe*. New Haven, CT: Yale University Press, 2012.

Zwemer, Samuel M. *Raymund Lull: First Missionary to the Muslims*. New York: Funk and Wagnalls, 1902.

제3장

초기 근대 교회의 선교, 1500-1800년

제국 시대 기독교 선교가 이루어지는 환경은 늘 곤경 속에 처해 있었다. 여기에 다양한 주체의 이해 관심이 서로 충돌하며 무수히 많은 혼란이 뒤따랐다. 일부 사례에서 볼 수 있듯이 선교사들은 진보하는 제국과 교착했다. 선교사들은 의도했든 그렇지 않든 제국의 신생 개척지에서 탐험가나 정복자와 동행했다.

우리는 이번 장에서 제국과 선교 사이의 긴장 상황을 염두에 두며 아시아, 라틴아메리카, 아프리카의 모든 국가에서 제자를 만들기 위한 선교사들의 집단적 활동에 초점을 맞추고자 한다. 앞서 살펴본 프란치스코회와 도미니코회와 같은 탁발수도회는 자신들의 사역을 꾸준히 이어 갔다.

또한, 16세기 변화의 시대에 주목할 만한 로마가톨릭선교회가 등장했는데 그것은 바로 〈예수회〉(the Society of Jesus)였다. 우리는 이 장 전반부에서 제국주의 팽창이라는 세계적 상황을 스케치하고자 한다. 특별히 16세기 발견의 시대 스페인과 포르투갈제국의 등장과 번영을 조명하고자 한다.

1500년부터 1800년 사이 세계 선교는 대부분 로마가톨릭의 업무로 남겨져 있었다. 루터(Luther), 칼빈(Calvin), 츠빙글리(Zwingli)와 같은 개신교의 권위 있는 개혁가들이 복음을 전하고 글을 쓰고 또 신학적 작업을 정교화해 나갔지만, 16세기 개혁가들의 이런 사역이 생동감 있는 세계 선교 운동으로 표현되지는 못했다. 개신교인의 선교적 노력이 17세기에 들어 북미와 아시아에서 반짝이기는 했으나 1727년 모라비아(Moravians) 교도들이 등장하기까지 그 어떤 가시적인 개신교 선교 운동이 목격되지는 않았다. 우리는 이 장의 후반부에서 초기 개신교 선교사들의 사역을 살펴볼 것이다.

1. 발견의 시대

16세기 전야, 중국이 세계 무대에서 후퇴했을 때 스페인과 포르투갈 군주들이 제국을 전 세계로 팽창시키기 시작했다. 이 제국의 군주들은 선교 역사가 앤드류 월스(Andrew Walls)가 "위대한 유럽 이주"로 일컬었던 팽창 정책을 이끌고 있었으며, 정치, 경제, 종교적 동기가 이런 현상을 정당화했다.[1]

세계적 팽창이라는 제국 정책은 사실 서구 국가들이 중세 십자군을 확장하고 이슬람 세계에 대해 지배권을 얻기 위한 하나의 새로운 방략이었다. 서구 기독교 지도자들은 동방 그리스도인들과 재결합하여 무슬림 세력에 대항하는 동맹을 얻길 희망했다.

포르투갈과 스페인은 탐험가를 보내 항로를 개척하고 아시아로 관통하는 실크로드라는 대안적 무역로를 발견하여 수익성 좋은 시장을 확보하고자 했다. 이에 따라 유럽 국가들은 팽창했고 심지어 새로운 땅에 대해 지배권을 확보하기도 했다. 또한, 세계를 복음화하여 모든 지역을 크리스텐덤 체제하에 두고자 했다.

1454년 교황 니콜라스 5세(Pope Nicolas V)는 이런 이유로 스페인과 포르투갈의 제국주의적 확장을 지지했고 정복과 복음화를 목표로 삼아 두 제국을 통해 전 세계를 분할했다. 교황이 제국주의적 팽창을 인정함과 동시에 1494년 체결된 토르데시야스조약(The Treaty of Tordesillas)은 스페인과 포르투갈이 정복한 땅을 상호 간에 배분하도록 규정했다.[2]

스페인의 이사벨라(Isabella of Spain, 1451-1504년)는 이런 정치적이고 종교적인 동기를 옹호한 대표적인 군주였다. 카스티야 왕국의 이사벨라는 1469년 아라곤 왕국의 페르디난드 2세(Ferdinand II of Aragon, 1452-1516년)

---

1 다음의 책을 참고할 것. Andrew F. Walls, *Crossing Cultural Frontiers: Studies in the History of World Christianity* (Maryknoll, NY: Orbis, 2017), 15-16, 49-51.

2 다음의 책을 참고할 것. Scott Sunquist and Dale T. Irvin, *History of the World Christian Movement,* vol. 2, *Modern Christianity from 1454-1800* (Maryknoll, NY: Orbis, 2012), 1-7.

와 결혼한 후 통일 스페인 왕국을 세우기 위해 카스티야와 아라곤 이 두 왕국을 통합하는 데 성공했다. 이사벨라는 프란치스코회 수도사이자 성서학자인 프란시스코 지메네즈(Francisco Jimenez, 1436-1517년)의 조언을 받으며 스페인의 가톨릭 개혁을 단행하는 데 핵심적 인물이 되었다.

일부 주교의 호화스러운 삶, 성직자들의 성서에 대한 무지, 스페인 수도회 내부의 도덕적 방종에 근심하던 이사벨라는 교회 지도자를 임명하고 수도회를 개혁할 권한을 확보했다. 그는 성서, 성서 주석, 신학 저술 출판을 지원함으로써 성서적이고 신학적인 성찰을 새롭게 하는 데 기여했다.

이사벨라와 페르디난드는 이교도, 유대인, 무슬림을 로마가톨릭교로 강제 개종하도록 이끈 소위 '스페인의 종교재판'(The Spanish Inquisition)을 감독하기도 했다. 1492년 군주들은 이 종교재판의 하나로 개종하지 않은 모든 유대인과 무슬림을 그 왕국에서 추방했다.

요약하면, 이사벨라의 스페인 교회 개혁은 도덕적이고, 신학적이고, 정치적인 의도로 단행된 것이다.

이런 대격변의 배경 속에서 이탈리아의 저명한 탐험가 크리스토퍼 콜럼버스(Christopher Columbus, 1450-1506년)는 스페인 군주들에게 접근해 인도를 목적지로 하는 동방 항로 개척을 위한 후원을 확보하게 되었다. 히스파니올라섬(Hispaniola, 현재 도미니카공화국)에 예상치 않게 상륙한 콜럼버스는 스페인을 위해 그 땅의 권리를 주장했으며 현지 토착인을 난폭하게 다루었다.

그리고 타이노족(Taino)을 노예로 삼아 스페인으로 돌아갔다. 프란치스코회와 도미니코회 선교사들이 현지인들을 복음화하기 위해 뒤따랐고 1512년에는 주교도 파견되었다. 정리하면, 콜럼버스의 재발견과 정복이라는 사명은 종교 신념, 정치권력, 잔인한 폭력이 서로 뒤얽히며 이사벨라의 스페인 개혁과 함께 발생했다.

15세기 후반 콜럼버스의 유명한 항해뿐만 아니라, 많은 탐험가가 정복과 복음화라는 거대한 사명을 가지고 바다를 가르기 시작했다. 1487년 포르투갈의 탐험가 바르톨로뮤 디아즈(Bartholomew Diaz, 1450-1500년)는 남아프리카에 있는 희망봉을 발견하기 전 서부 아프리카 해안을 따라 대서양을 항해했다. 1497년에 포르투갈의 항해사 바스코 다 가마(Vasco da Gama, 1469-1524년)는 디아즈의 항해에 이어 인도에 도착하기 전 희망봉 주변을 순회했다.

콜럼버스가 아메리카를 '재발견'했지만 1500년 남아메리카 해안을 탐험하고 아메리카 최초의 지도를 발전시킨 사람은 다름 아닌 이탈리아 탐험가 아메리고 베스푸치(Amerigo Vespucci, 1454-1512년)였다. 아메리카 대륙은 이 아메리고의 이름을 따라 붙여진 것이다.

1500년 포르투갈의 탐험가 페드로 카브랄(Pedro Cabral, 1467-1520년)은 대서양으로 항해를 하던 중 우연히 브라질을 발견했는데 그는 즉시 이 땅을 포르투갈 소유라 주장했다. 1519년부터 1522년 사이 포르투갈의 탐험가 페르디난드 마젤란(Ferdinand Magellan, 1480-1521년)은 그 어떤 탐험가보다도 더 많은 거리를 항해했고 최초로 배를 타고 세계 일주에 성공했다.

2. 로마가톨릭 선교의 구조

16-17세기 기독교 선교는 제국주의 팽창과 깊이 결속되어 있었다. 달리 말해 선교사들의 사역은 대부분 당시 세계로 팽창하고 있었던 스페인, 포르투갈, 이외 유럽 국가의 뒤를 바짝 쫓고 있었다. 그러나 선교사를 파송하는 체계적인 구조 역시 등장했는데 이런 선교 형태는 크리스텐덤 패러다임과는 약간의 거리가 있었다.

1) 예수회

로욜라의 이그나티우스(Ignatius of Loyola, 1491-1556년)는 1540년경 예수회를 설립했다. 바스크(Basque) 사람인 이그나티우스는 15세의 나이에 스페인 왕궁에 들어갔다. 1521년 한 전쟁 중 이그나티우스는 포탄에 맞아 다리를 크게 다쳐 오랫동안 회복기를 가졌는데 이때 수많은 기독교 작품을 읽게 된다. 기독교 작품과 만나면서 그는 기독교로 회심했고 아시시의 프란시스와 도미니코와 같은 탁발수도사들의 삶의 양식을 간절히 본받고자 했다.

이그나티우스는 1528년 파리대학에 입학해 약 7년간 신학을 공부했다. 파리에서 프란시스 자비에르(Francis of Xavier, 1506-1552년)를 비롯한 여섯 명의 친구가 이그나티우스를 어느 공동체에 가입하게 했다.

이 공동체는 이그나티우스가 마련한 『영신 수련』(*Spiritual Exercises*)에 따라 기독교적 삶을 살아가는 것을 지향하고 있었다. 1534년 엄숙한 예배 가운데 이들은 공동체 구성원으로서 함께 살아가길 서약했고 교황에게 이런 사안을 보고했다. 1540년 교황은 예수회를 하나의 공식 수도회로 인정하는 칙령을 발표하게 된다.[3]

예수회는 자발적 가난과 구걸과 같은 탁발수도회의 전통을 잇고 있었다. 또한, 그리스도를 본받고 순종하며 신자와 비신자를 위한 영적 돌봄을 예수회 사역의 주요 특징으로 하고 있었다. 교황을 향한 충성은 예수회의 성격을 더욱 분명하게 했다.[4]

이그나티우스는 예수회의 『회헌』(*Constitutions*)에서 다음과 같이 기록했다.

> 본회는 교황을 우리 주 그리스도의 현재와 미래의 대리자로서 분명하게 맹세한다. 교황이 명령하는 그 어디에서든, 신자나 비신자나 그 누구든, 이런 서약이 유효하다.[5]

---

3 다음의 책을 참고할 것. George E. Ganss, ed., *Ignatius of Loyola: Spiritual Exercises and Selected Works* (New York: Paulist, 1991), 14-26; Christopher Hollis, *The History of the Jesuits* (London: Weidenfeld and Nicolson, 1968), 9, 14.
4 다음의 책을 참고할 것. Ganss, *Ignatius of Loyola*, 36-37, 217-18; Hollis, *History of the Jesuits*, 14-17; Luke Clossey, *Salvation and Globalization in Early Jesuit Missions* (Cambridge: Cambridge University Press, 2008), 21-22, 29.
5 Ignatius, *Constitutions* I.1.5 (trans. Ganss, *Ignatius of Loyola*, 284).

예수회는 하나의 수도회 그 이상으로 영적이며 심지어 군사적인 조직체의 형식을 닮아 있었다. 예수회 회원들은 교황이 파송하는 어느 지역이든 심지어 땅끝까지 선교사로 나갈 준비가 되었으며 무슬림과 같은 저항자들을 향해서도 섬길 의지를 갖고 있었다.

이그나티우스는 예수회 선교 선언문을 다음과 같이 간결하게 정교화했다.

> 예수회의 목적은 모든 회원의 영혼 구원과 온전함을 향한 하나님의 은혜에 헌신할 뿐만 아니라 이웃의 영혼 구원과 온전함을 향해 동일한 하나님의 은혜가 미칠 수 있도록 전심으로 헌신하는 데 있다.[6]

이그나티우스가 1556년 죽을 때까지 예수회에는 약 1천여 명 이상의 회원이 있었고 브라질과 인도는 물론 포르투갈, 스페인, 이탈리아, 시칠리아, 프랑스, 독일에 이르기까지 새로운 예수회공동체가 등장했다. 1615년에는 전 세계적으로 약 1만 3천이 넘는 회원이 예수회에 속해 있었다.[7]

이그나티우스에게 있어서 예수님은 선교의 근원적 모델이었다.

> 예수님은 세상을 정복하기 위한 임무를 부여받고 하나님에 의해 파송되신, 영감을 주시는 왕으로 모든 인류에게 신앙과 구원을 부여해 주시고 이런 구원 사역을 위한 협력자들을 부르시는 분이다.[8]

세월이 흐르면서 이그나티우스의 사도적 비전은 점차 세계적으로 확장해 나갔다. 선교나 선교 사역이라는 용어가 15세기 초 교회 내에서 광범위하게 사용되지 않았지만, 예수회는 모든 국가에 복음을 전파하는 사역

---

6 Ignatius, *Constitutions* I.1.1 (trans. Ganss, *Ignatius of Loyola*, 283-84).

7 다음의 책을 참고할 것. Ganss, *Ignatius of Loyola*, 46; John W. O'Malley, *The Jesuits: A History from Ignatius to the Present* (Lanham, MD: Rowman & Littlefield, 2014), 33-42.

8 Ganss, *Ignatius of Loyola*, 32-33.

을 가리키기 위해서 이 선교라는 용어를 처음으로 채택했다.[9]

2) 포교성성

교황 그레고리 15세(Pope Gregory XV, 1554-1623년)는 스페인과 포르투갈의 제국주의 확장을 발판 삼아 세계 선교를 단행하고자 계획했다. 교황은 이를 체계화하기 위해 1622년 〈포교성성〉(布敎聖省, *Propaganda fidei*)을 설치했다. 그레고리 15세는 13명의 추기경(교황직 바로 아래 위치한 주교)을 위촉하여 기독교 신앙을 확장하려는 의도를 내비쳤다.

포교성성이 인준한 다음과 같은 선언문은 이 계획의 비전이 무엇인지 잘 드러내 준다.

> 그것을 당신의 사역으로 간주하지 마십시오. 현지인에게 어떤 부담을 지우지 마십시오. 만일 현지인의 삶이 종교와 건전한 도덕에 명백히 위배가 되지 않는다면 그들의 예절, 관습, 습관을 억지로 바꾸려 하지 마십시오. 프랑스, 스페인, 이탈리아 혹은 다른 유럽 국가가 중국에 자신들의 것을 이식하려는 것보다 더 어리석은 일은 없을 것입니다.
>
> 그들에게 유럽의 것이 아닌 오직 신앙을 소개하십시오. 어느 현지인이든, 그들의 예절과 관습을 경멸하거나 파괴하지 않도록 하고 항상 그들이 악하다는 추측을 버리십시오.
>
> 오히려 해롭지 않은 현지 문화는 그들이 간직하도록 하십시오. 자기 나라의 모든 것과 그 공동체에 소속되어 있다는 것을 소중히 하고 귀히 여기는 것은 인간의 도리입니다. 그렇기에 지역 관습들 특히 그것이 유서 깊은 전통으로 간주될 때 이를 공격하는 것보다 더 심각한 소외와 증오는 없을 것입니다. 완전히

---

9 Ibid., 32-33; Clossey, *Salvation and Globalization*, 14; 또한 다음의 논문을 참고할 것. Paul Kollman, "At the Origins of Mission and Missiology: A Study in the Dynamics of Religious Language," *Journal of the American Academy of Religion* 79, no. 2 (2011): 425-58.

파멸된 삶 가운데 있는 사람에게 다른 민족의 관습을 주입하려고 할 때가 바로 그런 경우일 것입니다. 현지인의 관습과 유럽인의 관습, 이 둘 사이에 차별의 선을 긋지 마십시오. 할 수 있는 최선을 다해 여러분 자신을 현지인에게 적응하도록 노력하십시오.[10]

포교성성은 교회를 더욱 확장하여 주교와 성직자를 현지에 파송하는 것을 목표로 삼았다. 포교성성은 현지 문화가 유럽의 관습에 의해서 변색되지 않고 그 정체성을 잘 유지할 수 있는 상태에서 복음을 표현하도록 했다.

또한, 포교성성은 현지 성직자를 임명하는 것을 매우 중요하게 간주했으며 로마와 계속 관계할 수 있는 새로운 국교를 요구하기도 했다. 이런 목적을 실현하는 한 가지 방법은 바로 1663년 파리에서 시작된 〈파리외방전교회〉(The Society of Foreign Missions of Paris)와 같은 초기 선교 조직을 창설하는 일이었다.[11]

3. 아시아

16-17세기 아시아 지역에서는 서구 제국에 의한 정치적 환경이 급격히 변했다. 이런 상황 속에서 선교사 파송과 사역에 대한 새로운 방식이 등장하기 시작했고 그중 로마가톨릭은 매우 혁신적이고 논쟁적인 선교 사역을 단행하고 있었다.

---

10   *Instructions from the Propaganda fidei* (1659) (trans. Stephen Neill, *A History of Christian Missions* [London: Penguin, 1990], 153).

11   다음의 책을 참고할 것. Neill, *History of Christian Missions*, 152-56.

1) 인도

프란시스 자비에르는 로마가톨릭 선교 역사에 있어서 가장 논쟁적인 인물로 알려져 있다. 바스크 출신인 자비에르는 파리에서 이그나티우스와 함께 예수회를 진두지휘했던 초기 회원이었다. 자비에르는 1542년 포르투갈 왕의 대표이자 교황의 특사로 인도 고아(Goa)에 도착했다. 그의 임무는 인도에 있는 포르투갈 이주자와 현지 인도인에게 목회적 돌봄을 제공하는 일이었다.[12]

자비에르의 인도 사역은 그가 파라바르인(Paravar)과 만나면서 시작했다. 파라바르는 타밀어를 말하는 공동체로 프란치스코회 선교사에게 여러 해 전 세례를 받기도 했으며 당시에는 진주 채취업에 종사하던 사람들이었다. 분명 파라바르인은 무슬림 세력에 대항하기도 했던 포르투갈의 군사적 보호를 구실 삼아 기독교로 개종했다. 자비에르는 개종 후 거의 교육을 받지 못한 현지인들을 제자화하는 데 사역을 집중했다.

자비에르의 타밀어 실력은 초보 수준에 머물렀지만, 현지어로 예전 초안을 번역하는 데 관여할 수 있었다. 그는 교회를 세우고 16곳의 마을에서 파라바르 신앙인 집단을 조직하기도 했다. 이 신앙공동체는 마을의 엄격한 영적 토대를 형성했다. 자비에르는 아이들을 위한 사역도 간과하지 않았다. 불과 한 달 내에 약 만 명의 파라바르인에 세례를 주기도 했다.

선교 사역이 이렇게 성공적인 결실을 거두면서 포르투갈 왕은 12명의 예수회 선교사를 자비에르에게 추가적으로 파송했다. 그러나 점차 많은 서구 선교사가 파라바르인을 대상으로 사역하게 되면서 자비에르는 현지 교회 지도자들을 육성하는 데 실패하고 말았다.[13]

이탈리아 출신의 예수회 선교사 로베르토 드 노빌리(Roberto de Nobili, 1577-1656년)는 자비에르의 선교 업적을 발판 삼아 사역을 이어 갔다. 그

---

12 다음의 책을 참고할 것. Hollis, *History of the Jesuits*, 36-37.
13 다음의 책을 참고할 것. Ganss, *Ignatius of Loyola*, 47; Neill, *History of Christian Missions*, 127-31; Hollis, *History of the Jesuits*, 35-37.

는 타밀어를 말하는 마두라이족(Madurai)을 대상으로 42년간 사역했다. 드 노빌리가 1605년 인도에 도착했을 때는 이미 페르난데스(Fernandez)라는 예수회 출신 성직자가 사역을 담당하고 있었다. 페르난데스는 마두라이족에 세례를 베푼 후 그들을 문화적으로 포르투갈 그리스도인이 되도록 훈련시켰다.

그러나 드 노빌리는 인도인에게 복음을 전파하기 위해서는 선교사가 반드시 인도인처럼 되어야 한다고 믿었다. 드 노빌리는 가능한 한 마두라이족을 불쾌하게 할 만한 모든 행위를 자제하면서 인도의 성자처럼 옷을 차려입고 브라만 지식 계층의 문학작품뿐 아니라 고전 타밀어, 텔루구어, 산스크리트어를 섭렵했다.

드 노빌리는 포르투갈식 가톨릭 기독교와 거리를 두며 기존 교회로부터 의도적으로 단절한 채 소박한 거처에서 살아갔다. 그는 하나님의 본성과 창조 질서에 대한 공개 토론을 개최하며 힌두 지식인과 관계를 맺었다. 드 노빌리는 인도 문화 중에서 우상 숭배적인 요소들은 반드시 제거되어야 한다고 믿었지만, 나머지 인도 전통문화의 선한 영역은 그대로 존속시켰다. 카스트 제도도 마찬가지였다.

다른 카스트 출신의 새신자가 세례를 받으면 드 노빌리는 이들을 위해 교회를 따로 설립했다. 그는 이런 방식으로 1623년까지 약 백여 명의 인도인에게 세례를 베풀었다.

드 노빌리의 선교 방법이 뚜렷한 성과를 거두었음에도 모두가 이를 반긴 것은 아니었다. 일부 가톨릭 지도자는 드 노빌리가 힌두교를 용인하고 복음을 진실하게 가르치지 않으며 교회를 분열시켰다고 고발했다. 페르난데스 역시 드 노빌리에게 불평을 토로했고 다른 교회 지도자들도 그를 질책했다.

그러나 1623년 교황 그레고리 15세는 드 노빌리의 무고함을 선언했다. 아이러니하게 드 노빌리는 자신을 포르투갈 제도권교회로부터 거리를 두었지만, 일부 인도인은 그를 "파랑기"(Parangi, 포르투갈 가톨릭교도)였다고 주장했다.[14]

---

14 다음의 책을 참고할 것. Neill, *History of Christian Missions*, 156-60; Hollis, *Histo-*

드 노빌리는 이런 현지 고발자들을 향해 다음과 같이 스스로 변호했다.

> 나는 "파랑기"가 아닙니다. … 나는 로마에서 왔습니다. 그곳에 살고 있는 내 가족은 이 나라에서 존경받는 "라자"(Rajas, 왕자)와 같은 지위를 누리고 있습니다. … 내가 지금 설파하는 법칙은 참되신 하나님의 법칙으로 고대로부터 "싼냐시스"(sannyyasis, 거룩한 사람)와 성인을 통해서 이 나라에 이미 선포된 명령입니다. "파랑기"의 법칙이 오직 하층 카스트 계층에만 적합하다고 말하는 자는 누구든지 큰 죄를 범하는 일입니다. 참되신 하나님은 어느 한 계층과 인종의 하나님이 아니라 모두의 하나님이시기 때문입니다.[15]

드 노빌리의 이런 응답은 인도 문화와 기독교 사이의 공통된 근거를 제시하는 것으로 매우 흥미로운 영적 차원의 관점을 제시한 것으로 볼 수 있다.

2) 일본

프란시스 자비에르는 1549년 두 명의 예수회 동료와 인도에서 만난 일본인 야지로(Yajiro)라는 사람과 함께 선교 사역을 시작하기 위해 일본으로 건너갔다. 자비에르는 기존 수도사 출신 선교사들의 방식을 따라 다이묘(daimyos)라는 지방 영주와 처음으로 접촉했다. 자비에르는 다이묘의 호의를 얻으며 통역관을 지원받고 일본 지역에서 복음을 전파할 자유를 획득했다.

자비에르는 언어를 습득하는 데 어려움이 있었는데, 특히 일본어로 성서의 핵심 개념을 설명하는 데 곤란해했다. 이 때문에 그는 성서적 개념을 포르투갈어에서 직접 옮기는 방식을 택했다. 자비에르는 일본어로 소통하는 것이 부자연스러웠지만 그런데도 일본 지역 문화에 내포된 덕과 윤리

---

ry of the Jesuits, 54–58.
15 다음의 책에서 인용. Neill, *History of Christian Missions*, 158.

에 크게 감탄했다. 그는 이런 일본적 가치가 복음과 적절하게 만날 수 있는 가교가 되리라 판단했다.

스티븐 니일(Stephen Neill)은 예수회와 로마가톨릭 선교학에 영향을 준 자비에르의 이런 사고의 전환을 다음과 같이 평가한다.

> 자비에르는 초기 백지 상태의 교리를 비판 없이 수용하려는 경향이 있었다. 이것은 비기독교적 삶과 제도 내에는 선교사가 영향을 줄 수 있는 것이 아무것도 없다는 의미이기도 하다. 또한, 모든 것은 어떤 기독교적 개념이 형성되기 이전의 상태여야 한다는 관점이다. 그는 수많은 고귀한 문명과 조우하고 있었기에 복음이 그런 문화적 요소들을 변화시키고 다듬고 재창조해야 한다고 본 것이다. 이는 기존 문화의 모든 것을 애써 무가치한 것으로 거부할 필요가 없다는 입장이다.[16]

자비에르는 2년간 사역을 하면서 약 백여 명의 일본인이 세례를 받았다고 보고했다. 그는 건강 상태가 악화되어 1552년 죽음을 맞이했는데, 이 시기는 또 다른 선교지 중국에서 사역을 시작했을 때였다.

자비에르가 죽고 한 세대가 지난 후 많은 일본인이 복음을 받아들였다. 예수회와 다른 일본 선교사들은 대략 30만 명의 새신자에게 세례를 주었다. 초기 신자들은 하류 계층 출신이었지만, 차후에는 지방 영주들도 자신들이 이끌던 공동체 구성원과 함께 개종했다.

자비에르의 사역을 이어 간 알레산드로 발리냐노(Alessandro Valignano, 1539-1606년)는 예수회 고위직을 담당하면서 교황의 공식 특사로 일본에 방문했다. 그리고 선교사들에게 현지 의상을 입고 현지어를 배우는 등 지역 관습에 적응할 것을 권고했다. 발리냐노는 일본인 교회 지도자들에게 성직을 허락했으며 이를 위해 일본 신학교를 설립했다.

17세기 초 일본인들 가운데 복음이 놀랄 만하게 확산해 갔지만 반세기가 지나지도 않아 일본 정부는 교회를 대대적으로 박해했다. 결국, 1630년

---

16   Neill, *History of Christian Missions*, 133.

일본 내에서 기독교의 흔적은 거의 찾아볼 수 없게 되었다.[17]

3) 중국

자비에르는 끝내 중국에 발을 딛지 못했다. 그러나 이탈리아 출신 예수회 선교사 마테오 리치(Matteo Ricci, 1552-1610년)가 중국에 도착해 혁신적인 사역을 개시해 나갔다.

발리냐노가 1579년 중국 본토 아래에 있는 포르투갈의 식민지 마카오(Macao)에 도착했을 때 이미 서구 선교사들이 거주하며 사역을 전개하고 있었다. 당시 수많은 교회 지도자가 중국에서 마카오로 건너가 사역할 수 있을 정도로 매우 근접해 있다고 믿었다.

그러나 발리냐노는 이런 생각을 단호하게 거절했다. 대신 그는 리치와 동료 예수회 선교사를 임명하여 마카오에 가서 중국어를 공부하고 중국으로 건너가기 위한 기회를 기다리도록 했다. 이들은 시계를 제작하고 지도를 그리는 훈련도 받았다. 이런 전문적인 기술은 중국인들이 매우 흥미로워 할 것이 분명했다.

1583년 리치는 지방 대도시인 자오칭(肇慶, Zhaoqing)에 들어가 사역할 수 있는 자격을 허락받았다. 1600년 그는 베이징(Peking)으로 옮겨 10년간 머물며 그곳에서 죽음을 맞이했다.

리치는 중국의 통치자들에게 그가 준비한 시계와 그림 그리고 서구 건축 모델과 지도를 선물로 바쳤다. 이는 중국 지도부의 큰 호의를 불러일으켰다. 리치는 또한 중국식 복장을 하고 지식인과 상류 계층을 대상으로 사역했다. 후에 독일 출신의 요한 아담 샬 폰 벨(Johann Adam Schall von Bell, 1592-1666년)과 스위스 출신의 테렌츠 슈렉(Terrenz Schreck, 1576-1630년) 등

---

17 다음의 책을 참고할 것. Hollis, *History of the Jesuits*, 37-39, 42; Neill, *History of Christian Missions*, 131-38; Liam Matthew Brockey, *Journey to the East: The Jesuit Mission to China, 1579-1724* (Cambridge, MA: Harvard University Press, 2007), 246.

예수회 선교사들은 천문학자로서 훈련받기도 했다. 이들이 중국에 들어갈 때 중국인들을 위해 약 7천 권의 과학 기술 서적을 선물로 준비해 갔다.

리치는 기독교 메시지를 중국에서 어떻게 상황화할 것인지를 두고 굉장히 혁신적이고 논쟁적인 방법을 고안했다. 가령, 그는 티엔주(Tianzhu, 천주)라는 중국어를 차용했고, 이를 성서의 하나님과 기능적으로 동등한 것으로 간주했다. 리치는 유교의 핵심 용어와 개념을 사용했고 특히 윤리적 가르침을 수용했다. 그는 이런 방식이 중국 내 기독교 신앙과 성서를 교육하기 위한 하나의 발판이 될 것으로 여겼다.

리치는 조상 제사를 지내는 중국 문화의 예법을 기독교 신앙에서 수용하고 양립할 수 있는 것으로 간주했다. 1610년 리치가 죽었을 때 중국 교회는 약 2천 명의 신자를 확보하고 있었고 이 중에는 황제 일가와 고위 지식인층을 포함하고 있었다.

1616년과 1622년 중국 황실의 정치적 변화와 기독교 박해로 인해 교회는 큰 도전에 직면했다. 그러나 리치의 위대한 유산이 현지 중국 성직자들에게 전수되었고 이들을 통해 중국 교회가 발전했다.

리치의 선교 방법은 중국 내에서 예수회 선교 실천을 위한 하나의 기준을 마련했다. 그러나 이 방법들은 도미니코회와 프란치스코회 소속 선교사들의 반대에 부딪혔다. 1704년 리치가 죽은 지 거의 한 세기가 흐른 후 교황 클레멘트 11세(Pope Clement XI, 1649-1721년)는 중국 내에서 예수회 선교사들이 적용한 상황화 전략을 공격했고 자기 뜻을 전하고자 샤를 토마스 마이야르 드 투르농(Charles Thomas Maillard de Tournon, 1668-1710년)을 중국과 일부 아시아 지역에 특사로 파송했다.

그리고 선교사들에게 예수회와 같은 적응주의 방법을 완전히 중단할 것을 명했다. 선교 현장에서 활동하던 일부 선교사는 이런 결정을 무효로 돌리기에 역부족이었고 교황의 결정에 비관적 태도를 내비쳤다. 중국 황제도 보다 강력하게 반대하여 오직 리치의 적응주의 선교 철학을 공유하는 선교사들만 중국에서 활동할 수 있도록 선포했다. 그러나 로마가톨릭교회는 기존 결정을 굽히지 않았다. 그리고 20세기까지 중국 내 선교 사역은

고전을 면치 못했다.[18]

4) 베트남

프랑스의 예수회 선교사 알렉산드르 드 로드(Alexandre de Rhodes, 1591-1660년)가 1623년 베트남에 도착했다. 그 역시 남아시아 국가에서 혁신적인 선교 전략을 개발했다.

첫째, 그는 현지 언어를 익히는 데 탁월했고 성서를 번역하기 위해 베트남어를 위한 라틴어 기반의 알파벳을 발전시켰다. 그는 이 시기 번역에 참여한 몇 안 되는 가톨릭 선교사 중 하나였다.

둘째, 드 로드는 선교사수도공동체를 시작했다. 그는 이를 〈교리문답교사협의체〉라고 칭했다. 선교사들은 이곳에서 성서 교육과 의학을 훈련받았다. 초기 선교사들이 운영하는 수도원공동체와 비슷하게 이런 모임은 영적, 육체적 필요를 채우는 사역을 담당했다.

1627년경 드 로드는 거의 7천 명의 신자들에게 세례를 주었고 1658년에 이르러 베트남 교회는 대략 30만 명의 신자들로 성장하게 되었다.

이런 결실에도 불구하고 드 로드는 네 차례나 베트남에서 추방당하는 등 사역에 있어서 큰 곤경을 겪었다. 결국, 그는 1645년 사형 선고를 언도받았으나 차후에 강제 추방으로 감형되었다. 프랑스로 돌아온 드 로드는 〈프랑스외방전교회〉(French Society for Foreign Mission)를 설립하는 데 중요한 역할을 담당했다. 그는 베트남에서 추방당했지만 이후 페르시아에서 사역을 계속 이어 나갔다. 그리고 얼마간의 사역 후 페르시아 이스파한(Isfahan)에서 생을 마감했다.[19]

---

18 다음의 책을 참고할 것. Neill, *History of Christian Missions*, 139-41, 164-65; Hollis, *History of the Jesuits*, 60-68; O'Malley, *Jesuits*, 51, 64-68.

19 다음의 책을 참고할 것. Neill, *History of Christian Missions*, 165-67.

4. 라틴아메리카

16세기 라틴아메리카 선교는 보통 유럽 제국이 정복과 팽창을 통해 기회를 마련한 후, 성직자와 수도사의 선교 사역이 뒤따르는 경향을 보였다.

콜럼버스는 1492년 히스파니올라섬(Hispaniola)에 도착했고 1515년까지 스페인은 이 섬에 대한 완전한 통제권을 확보했다. 동시에 스페인은 교회를 세웠고 1512년 산토도밍고(Santo Domingo)에 주교를 파견했다. 이후 1522년경, 근접한 지역의 앤틸리스 제도(Antilles)에도 교회가 뿌리내리기 시작했다.

스페인의 정복자 에르난도 코르테스(Hernando Cortes, 1485-1547년)는 1519년 멕시코에 도착했다. 불과 2년 이내에 아즈텍족(Aztecs)을 정복하여 그 땅을 소유했다. 1526년에는 멕시코 시티와 틀락스칼라(Tlaxcala) 지역에서 교회가 출현하기 시작했다.

프란치스코회 수도사들은 1529년에만 약 20만 명의 멕시코인들이 세례를 받았다고 보고했다. 이와 유사한 방식으로 스페인 정복자이자 페루 총독인 프란시스코 피사로(Francisco Pizarro)가 1536년 페루의 잉카(Incas)에 도착해 정복한 지 불과 5년 만에 그 지역의 통제권을 확보했다. 이후 1541년 리마(Lima)에서도 교회가 등장했다.

1500년 포르투갈의 탐험가 카브랄이 우연히 브라질을 발견한 데 이어 포르투갈제국은 16세기 중반까지 브라질 해안을 따라 마을을 설립했다. 무엇보다 브라질 사탕수수의 발견은 대서양에서 남아메리카로의 아프리카 노예 밀거래를 더욱 촉발했다. 1500년부터 1850년까지 약 1천만에서 1천5백만 명의 아프리카인들이 유럽의 경제적 번영을 위해 아메리카 노예로 잡혀가거나 불법적으로 거래되었다. 이런 상황 속에서 최초의 브라질 교회가 1551년 등장했다.

가톨릭 성직자들과 선교사들은 15세기 비교적 짧은 시기 동안 남아메리카 대륙 전역에 신생교회를 세웠다. 페루와 브라질만 아니라 1540년에는 카라카스(Caracas)에, 1547년에는 아순시온(Asuncion)에, 1582년에는 부에노스 아리에스(Buenos Aires)에도 교회가 세워졌다. 이런 신생교회를 이끌던 성직자와 주교 이외에도 프란치스코회와 도미니코회 수도사들이 남아메리카에서 선교 사역을 주도했다.

후에 예수회가 도착하여 '레두시온'(*reducciones*, 포교를 위한 교회와 학교가 있는 원주민 정착촌 - 역자 주)을 설립하여 기독교와 서구 유럽 문화를 현지인에게 가르쳤다.

1) 바르톨로메 데 라스카사스

16세기 라틴아메리카에서 제국과 선교회 간 혼란이 짙어지는 와중에 스페인 성직자 바르톨로메 데 라스카사스(Bartolomé de las Casas, 1484-1566년)가 등장하여 정의를 위한 선교를 담당한 선구자가 되었다. 원래 그는 부를 쫓으며 신세계를 탐험하고 있었다. 그러다가 1510년 그는 아메리카에서 안수받은 최초의 사제가 되었다.

라스카사스는 사역을 시작한 지 몇 년간 스페인 식민지에서 다소 안락하고 여유로운 삶을 보내고 있었다. 그러나 1514년 스페인이 아메리카 원주민을 향해 가혹한 탄압을 시작하자 라스카사스는 이런 행태를 과감하게 비판하고 인권 캠페인을 전개해 나갔다.

라스카사스가 직면한 주요 사안은 '엔코미엔다 제도'(*encomienda*)였다. 엔코미엔다 제도를 통해 스페인 정착자들이 토지소유권을 얻었을 때 이들은 원주민들이 살고 일할 공간을 재배치할 수 있었다. 일부 식민주의자에게 있어서 엔코미엔다 제도는 복음화의 수단으로 간주되었지만 사실 노예제의 한 형식이기도 했다.

라스카사스는 아메리카 원주민들의 권리를 옹호한 것을 빌미로 유럽 최고 권력자들 앞에 소환되기도 했다. 1542년 라스카사스의 이런 일부 행동과 관련하여 스페인의 국왕이자 신성로마제국 황제인 카를 5세(Emperor Charles V)는 새로운 법안을 공표하고 엔코미엔다를 불법으로 금지했다.

그러나 유럽에서 제정된 이 법안이 대서양 저편에서 실행되기란 사실 어려웠다. 이에 라스카사스는 이 법안을 위반한 스페인 식민주의자들에게 성만찬을 거부하며 항거해 나갔다. 이후 라스카사스는 유럽으로 돌아와 아메리카 원주민들의 부당한 인권을 개선하기 위해 강연했고 저술 활동과 옹호 운동을 펼치며 여생을 보냈다.

5. 아프리카

16세기 로마가톨릭교회의 아프리카 선교는 제한적이었고 대개 중앙과 남부 아프리카에 집중해 있었다. 당시 선교의 성패는 전적으로 아프리카 정치 지도자들과의 관계에 달려 있다고 해도 과언이 아니었다. 포르투갈의 탐험가 디아즈가 15세기 후반 아프리카 해안 지대를 탐사한 것에 이어 초기 기독교 선교도 시작되었는데 그 지역은 바로 콩고로 현지 콩고 주교에 의해서 교회가 설립되는 결실을 얻었다.

1612년에 이르러 예수회, 도미니코회, 성어거스틴수도회 수도사들이 현재 모잠비크(Mozambique) 지역을 복음화하려고 애썼다. 그러나 1628년 무타파의 카프라진왕(King Kaprazine of Mutapa, 무타파는 오늘의 짐바브웨)이 포르투갈과 그리스도인들을 향해 전쟁을 선포했고, 곧 아프리카인과 유럽인 사이에 전쟁이 일어났다.

한편, 1652년 포르투갈의 왕 펠리페(King Felipe)가 세례를 받았고 그 결과 포르투갈에 기독교가 명목상으로 받아들여졌다. 이와 유사하게 1656년 앙골라의 진가 공주(Princess Jinga of Angola)도 세례를 받고 교황에게 앙골라 백성을 위해 선교사를 추가적으로 파송할 것을 요청했다.

1700년까지 콩고와 앙골라에서 세례받은 신자들은 약 60만에 이르렀다. 다만 계획적인 선교 전략은 부재했다. 토착어와 현지 문화를 익히고 제자 교육을 우선시하는 선교사를 파송하는 데 실패했다. 복음은 변덕스러운 왕과 군주들의 태도에 휩쓸리며 중앙아프리카와 남아프리카로 전파해 들어갔다.

6. 종교개혁

1517년 10월 31일 독일의 〈성어거스틴수도회〉 수도사이자 신학자인 마틴 루터(Martin Luther, 1483-1546년)는 속죄에 대한 교회의 가르침과 관련한 토론을 공식적으로 요청했다. 루터는 교회를 근본적으로 변혁시킬 하나의 개혁에 착수한 것이다.

루터는 구원 문제와 관련하여 칭의는 오직 믿음으로만 이루어진다고 확언했다. 아울러 그는 모든 그리스도인은 성서를 읽고 해석할 능력을 갖추고 있다는 만인 사제직을 내세웠다. 루터는 영적 권위에 대해서도 성서만이 신앙과 실천을 뒷받침하는 최종 권위를 갖는다고 언급했다.

루터는 1521년부터 1522년까지 은둔하고 있을 때 신약성서를 독일어로 번역하면서 자신의 이런 확신을 매우 실천적으로 증명해 냈다. 인쇄 기술이 급진적으로 발전한 덕분에 독일어판 성서가 초기에만 3천여 권이 팔려나갔고 이 루터 성서가 16세기 독일에서 가장 많이 팔린 책으로 유명세를 날렸다.

루터는 구약성서 번역을 완수하기 위해 성서번역위원회를 꾸리면서 독일어판 신약성서를 꾸준히 개정해 나갔다. 그리고 1534년 최초의 독일어판 완역 성서가 출판된다. 루터의 성서 번역에 관한 업적은 16세기와 17세기 독일 이외 지역의 성서 번역 작업을 촉발했다.

루터와 주요 종교개혁가들이 주장한 성서적 권위는 토착어 성서 번역을 위한 신학적 토대와 개혁적 통찰을 제공해 주면서 향후 선교 사역을 고무시켰다. 많은 종교개혁가가 유럽 내에서 교차문화적 사역에 관여하고, 존 칼빈(John Calvin, 1509-1564년) 역시 프랑스와 브라질에 설교자를 파송했지만, 초기 개신교인들은 전 세계를 대상으로 하는 선교에 관여하지는 않았다.[20] 16세기 개신교 종교개혁은 가톨릭 종교개혁에서 출현한 예수회의

---

20 다음의 책을 참고할 것. Michael A. G. Haykin and C. Jeffrey Robinson, *To the Ends of the Earth: Calvin's Missional Vision and Legacy* (Wheaton, IL: Crossway, 2014).

선교 사역에 비할 만큼 역동적인 세계 선교 운동을 창출하지는 못했다.

그렇다면 우리는 16세기 개신교인들이 세계 선교 운동에 관여하지 않은 역사적 사실을 어떻게 이해해야 할까?

가톨릭 진영과 달리 개신교 진영에서 세계 선교 운동에 동참하지 못한 이유는 무엇인가?

첫째, 당시 스페인이나 포르투갈 등 가톨릭 국가는 탐험가나 선교사를 이송하기 위한 선박을 갖추고 있었던 반면, 유럽 내 개신교 국가들은 잉글랜드를 제외하고 국제적인 교통수단을 갖추지 못했다.

둘째, 16세기 유럽 전역에서 불고 있었던 종교전쟁과 갈등은 육지 이동을 심각하게 제한하고 있었다. 잉글랜드와 같은 국가는 가톨릭에서 개신교 통치로 반복적으로 옮겨 갔는데, 이런 정치적 격변은 개신교인들이 세계 선교를 위한 동력과 관심을 충분히 발휘하지 못하도록 영향을 미쳤을 것이다.

셋째, 개신교인들은 선교사를 파송하는 구조를 갖추지 못했다. 앞서 살펴본 것처럼 가톨릭의 수도회 제도(켈틱 수도회, 프란치스코수도회, 도미니코 수도회 등)는 중세 교회에서 선교사 파송이라는 중대한 역할을 담당하도록 이끌었다.

그러나 개혁가들은 종교개혁의 하나로 가톨릭수도원공동체와 관련을 맺고 있는 제도를 제거하고자 했고 이런 수도회 자체도 함께 폐쇄하는 선택을 내렸다. 즉, 개혁가들은 수도회를 선교 사역을 위한 수단으로 간파하지 못한 것이다. 이런 상황으로 인해 개신교 측에서는 선교사를 파송하기 위한 다른 대안적인 구조가 거의 없었던 것으로 여겨진다. 확실히 칼빈과 같은 개혁가들 다수는 유럽에 설교자를 파송했다. 그러나 이런 방식의 파송 구조는 향후 개신교 단체가 세계 선교 조직을 발전시킨 것과 비교하면 매우 미약했다.[21]

---

21 다음의 책을 참고할 것. Scott Sunquist, *The Unexpected Christian Century: The Re-*

당시 개신교의 관심이 유럽에 집중해 있었다는 사실은 주요 개혁가들의 선교에 대한 이해를 더욱 분명하게 설명해 준다. 루터는 마태복음 28장 18-20절을 읽어 가면서 예수님의 대위임령을 세례와 교리문답을 통해 제자화하는 것으로 해석했다. 개혁가들은 성서를 온전하게 설교하고 가르치는 것을 통해 교회를 갱신하고자 분투했다.

이런 사역은 가정을 복음화하고 사회를 개혁하는 것으로 확장해 나갔다. 개혁가들의 사명은 우선 가톨릭과 같은 제도권교회를 복음화하고 그 신자를 가르치는 데 있었다는 역사적 정황을 이해할 필요가 있다. 하나님의 선교 영역은 전 세계이고 그리스도인은 "그의 영광을 만민 가운데에 선포"(시 96:3)하는 것이다. 초기 개신교 개혁가들은 우리에게 현대의 예루살렘은 어디에 있고 그런 선교가 왜 필요한지를 줄곧 일러주고 있다.

7. 초기 개신교 세계 선교

1) 북아메리카

지금까지 우리는 16세기 유럽 중심의 선교에 대해서 살펴보았는데, 17-18세기에 들어오면 개신교 선교가 세계 선교 현장에 본격적으로 등장하게 된다. 16세기 유럽의 가톨릭 군주들이 개입한 기독교 선교 형태와 유사하게 이제는 영국 개신교 세력이 버지니아, 코네티컷, 펜실베이니아, 매사추세츠 지역에 정착하면서 현지 미국인을 복음화하는 데 앞장섰다.

1622년 버지니아회사(Virginia Company)에서 전한 영국성공회 사제 존 던(John Donne, 1572-1631년)의 사도행전 1장 8절 설교는 다음과 같은 선교적

---

versal and Transformation of Global Christianity, 1900–2000 (Grand Rapids: Baker Academic, 2015), 11–13; Glenn Sunshine, "Protestant Missions in the Sixteenth Century," in *The Great Commission: Evangelicals and the History of World Missions*, ed. Martin I. Klauber and Scott M. Manetsch (Nashville: B&H Academic, 2008), 14-15.

비전을 증거하고 있었다.

> 사도행전은 예수 그리스도의 이름을 널리 알리고 전 세계에 복음을 전파하기 위해 기록되었습니다. 사랑하는 여러분, 당신들도 바로 사도와 같은 사역자입니다. 이 세상이 끝날 날에 여러분이 볼 것입니다. 사도들의 행적을 따라 행하십시오. 어둠 속에 있는 이방인에게 빛이 되십시오. 그리스도를 알지 못하는 백성을 위해 홍해 저편으로 건너가 기꺼이 예수님을 전하시기 바랍니다. 예수님은 이방인과 우리를 위해 자신의 피를 홍해처럼 부어 주실 것입니다.[22]

영국 정착민과 미국 원주민 사이에는 여전히 갈등이 존재했지만 영국 성공회는 1701년 첫 개신교 선교회인 〈해외복음선교협의회〉(the Society for the Propagation of the Gospel in Foreign Parts)를 설립하여 미국 식민지에 거주하는 원주민과 아프리카 노예를 복음화하기 시작했다.

청교도 전임 목사로 활동하고 있던 존 엘리엇(John Eliot, 1604-1690년)은 17세기 중반 알곤킨족(Algonkian)에게 복음을 전했다. 그는 알곤킨족 언어를 습득하고 1663년에 성서를 알곤킨족 방언으로 번역했다. 이는 종교개혁 이후 가장 먼저 진행된 성서 번역 작업 가운데 하나였다. 1671년 약 3,600명의 알곤킨족이 복음을 받아들였다.

그러나 새 개종자들은 현지 상황 속에서 영적으로 잘 성장할 수 없었다. 이 점을 간파한 엘리엇은 개종자들을 부족에서 빼내 독립된 "기도 마을"을 설립했다. 이 기도 마을은 새로운 기독교공동체로 교육, 친교, 기독교 책무를 완수하려는 목적으로 설립되었다.

데이비드 브레이너드(David Brainerd, 1718-1747년)는 18세기 미국 원주민 선교에 있어서 가장 널리 알려진 사람일 것이다. 조지 휘트필드(George

---

22   다음의 책에서 인용. Esther Chung-Kim and Todd R. Hains, eds., *Acts*, Reformation Commentary on Scripture, New Testament 6 (Downers Grove, IL: IVP Academic, 2014), xliii.

Whitefield, 1714-1770년)의 부흥회 설교에 감명받은 브레이너드는 예일대학을 떠나 매사추세츠, 펜실베이니아, 뉴욕, 뉴저지의 원주민을 위한 순회 설교자가 되었다. 그가 소그룹 설교를 통해 이룬 가장 위대한 결실은 뉴저지에서 살아가는 델라웨어 인디언들(Delaware Indians)과의 만남을 통해 이루어졌다.

그러나 브레이너드의 남다른 열정에도 불구하고 결핵에 걸려 29세라는 젊은 나이에 세상을 떠났다. 브레이너드는 친구이자 장인인 조나단 에드워즈(Jonathan Edwards, 1703-1758년)가 없었더라면 아마 선교 역사 속에서 잊혔을지도 모른다. 에드워즈는 브레이너드를 기리기 위해 1749년 『고(故) 데이비드 브레이너드 목사의 일대기』(*An Account of the Life of the Late Reverend Mr. David Brainerd*)를 출판했다.

에드워즈는 미국 기독교 역사에서 제1차 대각성 운동 시기(1730년대부터 1740년대까지)에 활동한 철학적 신학자이자 설교가로 기억된다. 특히, 에드워즈는 "노한 하나님의 손바닥에 있는 죄인"이라는 유명한 설교를 통해 교회의 선교에 큰 영향을 미쳤다. 에드워즈는 브레이너드의 선교 사역을 지지하고 격려할 뿐 아니라 1750년 노스햄프턴(Northampton)교회 목회직을 사임한 후 매사추세츠에 있는 원주민들을 위해 사역하며 더 보람찬 세월을 보냈다.

에드워즈가 세계 선교에 남긴 가장 중요한 업적은 브레이너드의 저널을 출판했을 때였다. 영어권 그리스도인들이 윌리엄 캐리(William Carey, 1761-1834년)나 헨리 마틴(Henry Martyn, 1781-1812년)과 관련한 글을 읽기 시작했고, 이런 글은 다음 세대가 세계 선교에 참여하도록 영감과 동력을 불어넣어 주었다.[23]

---

23   다음의 책을 참고할 것. Timothy George, "Evangelical Revival and the Missionary Awakening," in Klauber and Manetsch, *Great Commission*, 46-50.

2) 인도네시아

개신교 선교 사역은 17세기 동남아시아 지역으로 팽창했던 네덜란드동인도회사(Dutch East India Company)를 통해 상업적이고 정치적인 경로를 따라갔다.

1627년 네덜란드의 정치가이자 기독교학자인 휴고 그로티우스(Hugo Grotius, 1583-1645년)는 『기독교의 진리에 관하여』(On the Truth of the Christian Religion)를 집필함으로써 선교 사역을 추동했다. 이 책은 곧 네덜란드 선원들을 통해 스리랑카와 인도네시아로 유포되었다.

후에 그로티우스는 인도네시아에서 신학교를 설립하고 이 섬나라에 12명의 목사를 파송했다. 시간이 흘러 많은 네덜란드인 목사가 현지 인도네시아어를 유창하게 구사할 수 있었고 1668년에 이르러 신약성서를 말레이어(Malay)로 번역했다. 1800년 네덜란드 선교사들은 자바(Java)섬의 10만여 명의 신자들과 암본(Ambon)의 4만여 명의 신자들에게 세례를 베풀었다.[24]

3) 인도

1705년 덴마크의 왕 프레데릭 4세(King Frederick IV of Denmark, 재위 기간 1699-1730년)는 당시 남인도의 덴마크 관할지인 트랑케바르(Tranquebar)에 개신교 선교사를 파송했다. 프레데릭과 선교사들은 경건주의(Pietism) 운동을 고수하고 있었는데, 이 운동은 건전한 교리를 주장하는 것만큼 진실한 기독교적 삶과 실천을 강조하는 루터교 내의 한 집단 운동이었다.

대표적인 경건주의자로는 필립 야콥 스페너(Philip Jakob Spener, 1635-1705년)와 아우구스트 헤르만 프랑케(August Herman Franke, 1663-1727년) 등의 신학자가 있다. 이들은 기도를 포함하는 영적 훈련을 실천하고 성서 연구를 중요하게 여겼다. 이런 영적 갱생의 배경은 세계 선교 참여를 위한 촉

---

[24] 다음의 책을 참고할 것. Neill, *History of Christian Missions*, 190-91.

매 역할을 하게 된다.

프레데릭 4세는 세계 선교에 참여할 뜻이 있는 덴마크 선교지원자를 찾을 수 없어서 두 명의 독일 경건주의자 바르톨로마우스 지겐발크(Bartholomäus Ziegenbalg, 1682-1719년)와 하인리히 플뤼차우(Heinrich Plütschau, 1677-1752년)를 트란케바르로 파송했다.

초기에 이들은 덴마크 상인과 제도권교회의 덴마크 목사로부터 반대에 부딪혔다. 그러나 지겐발크는 타밀어를 습득하여 1714년 타밀어 신약성서 번역을 완료하고 구약성서 번역에도 착수했다. 언어 습득과 함께 이 두 독일 선교사는 루터파 기독교를 인도의 토양 가운데 상황화하기 위해 지역 문화와 사상을 이해하는 데 집중했다.

지겐발크와 플뤼차우는 공동 집단에서 사역했지만, 복음 전파와 개인적 회심을 강조했다. 이들은 인도 현지인에게 일반 교육을 제공하기 위해 학교를 설립했고 인도 교회 지도자들을 훈련하고 파송하기 위해 신학교도 세웠다.[25]

1750년 영국성공회는 두 번째 개신교 선교회인 〈기독교지식증진협회〉(the Society for the Propagation of Christian Knowledge)를 설립하여 선교 관련 전문 인쇄물을 보급했다. 남인도 지역 사역에 집중하고 있었던 성공회선교회는 덴마크에서 파송된 독일 루터파 선교사들과 원활한 협력관계를 구축했다. 이들의 초기 프로젝트 가운데 하나는 『성공회 공동기도서』(*Anglican Book of Common Prayer*)를 타밀어로 번역하는 일이었다.

마지막으로 또 다른 독일 출신 루터교 선교사로 크리스티안 프리드리히 슈바르츠(Christian Friedrich Schwartz, 1726-1798년)가 있었다. 그는 인도에서 거의 반세기 동안 사역을 이어 가고 있었다. 슈바르츠는 독일 경건주의 요람인 할레 대학에서 신학을 공부하고 덴마크 왕의 권고에 따라 인도로 파송받았다. 그는

25　다음의 책을 참고할 것. Hans-Werner Gensichen, "Ziegenbalg, Bartholomäus," in *Biographical Dictionary of Christian Missions*, ed. Gerald H. Anderson (New York: Macmillan Reference USA, 1998), 761; Gensichen, "Plütschau, Heinrich," in Anderson, *Biographical Dictionary of Christian Missions*, 540-41.

지겐발크와 플뤼차우의 유산을 이어서 인도의 다양한 현지어(타밀어, 우르두어, 페르시아어)를 섭렵하고 지겐발크가 착수한 구약성서 번역을 마무리 지었다.

슈바르츠는 또한 인도 상황 속에서 복음을 상황화하고자 부단히 애썼다. 그는 단순함을 추구했는데 죽기 전 약 2천 명의 신자들로 성장한 타조르(Tanjore)의 한 교회를 세웠다. 그의 사역은 여러 관점에서 19세기 윌리엄 캐리가 선교 사역을 시작하기 위한 무대를 예비해 주었다고 볼 수 있다.[26]

8. 모라비안

18세기 개신교인들이 세계 선교에 관여하기 시작할 즈음 중대한 선교 운동의 한 징후가 포착되었다. 그것은 바로 19세기 선교회의 선구자로 기억되는 〈모라비안〉(Moravians)의 등장으로 이들은 〈형제연합〉(*Unitas Fratrum*)으로도 알려져 있었다. 이 단체는 니콜라우스 루트비히 폰 진젠도르프 백작(Nikolaus Ludwig von Zinzendorf, 1700-1760년)이 창설했다. 이 독일 귀족은 경건주의자들로부터 지대한 영향을 받았다.

또 할레에서 아우구스트 헤르만 프랑케에 지도받은 후 공직생활을 중단했다. 대학 시절 진젠도르프는 전 세계에 복음을 전파하기 위해 결성된 학생 모임인 〈겨자씨선교회〉(The Order of the Grain of the Mustard Seed)에 참가했다.

1722년 진젠도르프는 베르텔스도르프(Berthelsdorf)에 있는 자신의 사유지를 개신교 피난민들에게 개방했다. 이 지역은 나중에 '주님의 보호'라는 의미를 지닌 '헤른후트'(Hernhutt)라는 이름으로 불리게 된다. 헤른후트는 기독교주거공동체로 그 공간 안에는 주택과 가게가 놓여 있었다. 모라비안들은 5년간에 걸친 실험적인 공동체적 삶을 살아가며 분명한 영적 부

---

26 다음의 책을 참고할 것. Hans-Werner Gensichen, "Schwartz, Christian Friedrich," in Anderson, *Biographical Dictionary of Christian Missions*, 606-7; Neill, *History of Christian Missions*, 198-200.

흥을 경험했고 거의 백 년간 지속된 연속 기도 모임을 시작할 수 있었다.[27]

이런 부흥의 환경 속에서 헤른후트공동체는 영적 필요를 공급하고자 세계로 눈을 돌리기 시작했다. 1732년 모라비아교회가 전 세계로 첫 선교사들을 파송하기 시작했다. 이들은 모두 경건주의 전통에 뿌리를 내리고 있었기 때문에 "사랑의 복음"을 전파하는 것이 선교 목표의 핵심이었다.

또한, 많은 모라비안이 이미 목수나 기술공으로 일하고 있었기에 이런 기술은 선교 현장에서 스스로 자립하며 살아갈 기회를 제공했다. 이 시기 모라비아 신자 가운데 60명 중 한 명꼴로 해외 선교사로 파송받았다.

18세기 모라비안 선교사들은 동인도, 서인도, 그린란드, 북아메리카, 수리남, 남아프리카 지역으로 확장해 나갔다. 그들 중 상당수가 사역 중 큰 어려움을 겪기도 했다. 모라비안 선교사 존 도버(John Dober, 1706-1766년)와 데이비드 니치만(David Nitschmann, 1695-1772년)은 버진 제도(Virgin Islands)의 세인트 토마스(St. Thomas) 사탕수수 농장에서 노동하는 아프리카 노예들을 접촉하고자 스스로 계약 노예가 되었다.

또한, 크리스천 데이비드(Christian David, 1690-1751년)는 그린란드 에스키모인에게 복음을 전하기 위해 그 지역의 열악한 기후 조건을 견뎌야만 했다. 그는 모라비안 선교사들이 어떤 도덕적 변화도 요구하지 않는 감상주의적 복음을 전한다고 비난했던 루터교 선교사와도 대립해야만 했다.

이외에도 데이비드 자이스버거(David Zeisberger, 1721-1808년)는 허드슨강 계곡에 거주하는 미국 원주민들을 섬기고 펜실베이니아에 훈련공동체를 설립 운영하던 중, 미국독립전쟁 시기 자신의 제자들 상당수가 군대에 의해 학살당하는 아픔을 겪기도 했다.[28]

---

27 다음의 책을 참고할 것. J. E. Hutton, *History of the Moravian Church* (London: Moravian Publication Office, 1909), 217-20.

28 다음의 책을 참고할 것. Ruth A. Tucker, *From Jerusalem to Irian Jaya: A Biographical History of Christian Mission* (Grand Rapids: Zondervan, 2004), 100-113.

9. 요약

16-17세기 기독교 선교는 제국주의적 팽창이라는 환경 속에서 제국주의적 동기와 떼려야 뗄 수 없는 관계에 놓이게 되었다. 스페인과 포르투갈과 같은 가톨릭 국가들은 제국과 선교를 융합시키는 듯 보였지만 많은 개신교 국가(가령, 잉글랜드, 네덜란드, 덴마크 등)는 상황에 따라 관계를 달리했다.

탐험가와 식민주의자들을 운송하던 선박은 프란치스코회와 도미니코회 수도사들도 선교지로 실어 날랐다. 영국과 네덜란드의 동인도회사는 목회자를 고용해 유럽의 선원들과 아시아 사람들을 대상으로 사역하도록 했다.

당시 이런 현실이 기독교 선교에 미친 영향은 무엇일까?

첫째, 서구 교회와 선교회는 제국 팽창과 발견의 시대 정치권력과 긴밀한 관계를 형성함으로써 기독교라는 종교가 공식적으로 서구 종교로서 간주되었다는 것이다. 많은 서구 선교사가 정치권력을 선교 사업과 양립할 수 있는 것으로 믿었다. 더욱이 그들은 서구 문화가 더욱 우월하다는 가정을 견지하고 있었다. 이 때문에 비서구인들을 복음화하는 것은 부분적으로 그들을 문명화하는 것이고 서구화하는 것을 의미했다.

둘째, 일부 선교사는 이런 제국주의적 경향에 반발하고 선교 사업이 국가가 아니라 교회를 통해 관리되는 포교성성과 같은 새로운 선교사 파송 구조를 형성했다.

셋째, 신실한 많은 로마가톨릭교도와 개신교 선교사는 이 시기 돈을 벌고 원주민을 착취하는 같은 모국 출신의 사람들과 갈등을 겪기도 했다. 복음을 전한다는 것은 만나는 현지인들에게 하나님의 형상을 확인시키고 그들에게 인간 존엄성을 보여 주는 것을 의미했다.

그러나 이는 라틴아메리카의 엔코미엔다 제도와 같은 제국주의 기획과 충돌하는 부분이었다. 마지막으로 바르톨로메 데 라스카사스와 같은 저명한 인물의 선교는 원주민들의 권익을 지지하고 유럽 제국주의자들의 착취에 대항하여 인권을 옹호하는 행위를 포함하고 있었다.

1) 초기 근대 선교사들은 누구였는가?

라스카사스와 같은 평범한 성직자들은 선교지에서 교회를 시작하고 선교 사업에 관여하지만, 수도사들은 로마가톨릭 선교의 방식을 계속 이어 나갔다. 프란치스코회, 도미니코회, 성어거스틴수도회의 수도사들이 적극적으로 복음화에 앞장섰다.

예수회는 가장 주목할 만한 선교 업적을 달성했다. 그러나 예수회가 직면한 논쟁과 이들의 오만함 때문에 교황은 1773년 예수회를 해산시켰다. 1814년 예수회가 복권되지만 이후 예수회의 세계 선교 사업은 결코 완전하게 회복되지 못했다.

초기 개신교 선교사들 대부분은 목사와 기관 목사로 사역을 이행하면서 교차문화적 선교에 참여했다. 지겐발크와 플뤼차우는 덴마크 경건주의 왕의 권고로 인도의 공식 선교사로 파송받았다. 모라비아인은 바울의 선교 방식을 따라 복음 사역에 관여하는 한편 목수나 기술공으로 일하며 자립 사역을 이어 갔다.

2) 초기 근대 선교사들은 무엇을 했나?

(1) 지도자와 소통

근대 초기에도 기독교 복음 전도자들은 초대 교회와 중세 시대 선교사들의 선교 방침을 계승하며 현지 정치 지도자들과의 접촉을 통해 사역을 개시했다. 일본의 자비에르 선교사는 지방 지도자 다이묘의 호의를 얻어 일반 대중과 만날 수 있는 통로를 열고자 했다.

중국의 마테오 리치 역시 기술 문명이라는 '선물'을 바치며 정치 지도자들과 호의적 관계를 갖고자 노력했다. 남아프리카에서 16세기 가톨릭 선교의 방법은 백성들이 세례받을 수 있는 권한을 지닌 군주에게 전적으로 의존했다. 다만 한 국가의 백성들이 이런 집단 개종을 통해 새로운 신앙을 받아들여도 그 지역 그리스도인들은 대부분 명목상의 신자로 남게 된다.

(2) 문화 적응과 복음의 상황화

예수회의 프란시스 자비에르는 일본 선교를 진행하며 기존의 사고를 급진적으로 전환했다. 그는 현지 일본인들이 여전히 하나님의 형상을 품고 있으며 일본 문화 역시 복음을 전하기 위한 중요한 토대라고 믿었다.

자비에르는 인도와 일본에서 현지어를 배우는 데 어려움이 있었지만, 리치와 드 노빌리와 같은 예수회 선교사들은 아시아 언어를 완벽하게 섭렵했다. 선교사들의 언어 습득은 현지인의 세계관을 파악하는 데 중요한 통찰을 제공해 주었다. 아울러 이런 문화적 통찰은 상황적 선교 전략을 이끌었다.

가령, 하나님을 중국어로 번역하고 유교 사상을 중국 기독교 형성에 접목하려는 리치의 선택과 인도의 성인을 영적 대화의 자리에 연결하려 한 드 노빌리의 태도를 대표 사례로 떠올려 볼 수 있다. 초기 인도 개신교 선교사들, 가령 지겐발크, 플뤼차우, 슈바르츠 등도 탁월하게 언어를 익혀 현지 문화를 이해하고 루터교회를 남인도 교회의 형식으로 상황화하는 데 노력했다.

(3) 복음화와 제자화

16-17세기 선교사들은 복음화와 제자화를 강조했다. 일부는 이를 이행하는 데 다소 서투른 감이 없지 않았지만, 대부분의 선교사가 이런 영역의 선교를 능숙하게 수행했다.

스페인과 포르투갈은 선교라는 종교적 관심보다 제국주의라는 경제적이고 정치적인 측면을 우선시했기에 아메리카인들을 담당하던 선교사들은 기독교적 가르침을 강조하지 않고 집단 세례를 베풀기도 했다. 이와 유사하게 남아프리카에서는 정치적 회심으로 인해 현지 그리스도인들은 제자도에 대해 거의 관심이 없었다. 새로운 개종자는 피상적 수준에서 복음을 이해할 뿐이었다.

남인도 지역의 자비에르 선교사로부터 출발한 예수회의 선교는 제자공동체 마을을 통해 기독교 신앙을 전수하고 교회를 시작하여 더욱 순조로운 사역을 이어 갔다.

라틴아메리카에서 예수회의 원주민 정착촌 레두시온은 비록 선교사들이 서구 기독교의 틀 속에서 제자 교육을 진행하도록 분위기를 유도했지만 이런 공간이 원주민의 영적 성장, 공동체 강화, 핵심 사역 시행, 제국으로부터의 보호라는 환경도 제공했다. 이외에도 존 엘리엇의 "기도 마을" 전략은 알곤킨족의 삶의 터전에서 새신자들을 분리하는 결과를 가져왔지만, 이 역시 제자화를 위한 환경을 잘 조성해 주었다.

은총으로 구원을 얻는다는 개신교 종교개혁의 가치는 개신교 선교사들이 어떻게 복음을 표현하고, 비신자들을 신앙과 회개로 요청할지에 큰 영향을 미쳤다. 저명한 종교개혁가들은 이들이 개혁하고자 하는 도시에서 복음 전도와 교리문답을 통해 이런 가치를 증명하고자 했다.

가령, 칼빈은 복음 안에서 아이들을 가르치기 위해 제네바에 교육 프로그램을 만들었다.[29] 이런 사례는 북미의 조지 휘트필드의 대중 설교와 영국 제도에서의 존 웨슬리(John Wesley, 1703-1791년)의 사역에서도 분명하게 나타난다.

미국 원주민들을 대상으로 사역한 데이비드 브레이너드의 소그룹 복음 전도 및 설교 역시 유사한 사례로 볼 수 있다. 교리 자체에 대한 이해보다는 진정성 있는 개인적 체험을 중요시하는 경건주의 운동은 개신교 선교사들이 그리스도 사랑의 복음을 나누고 개인적이고 인격적인 회심을 강조하도록 영향을 미쳤다.

인도에서 활약한 지겐발크와 플뤼차우는 비록 이들이 종교적 신앙과 같은 개인적 결정이 집단적 차원에서 이루어지는 문화 속에서 사역했음에도 개개인의 회심을 무시하거나 간과하지는 않았다.

---

29 다음의 책을 참고할 것. Dolf Britz, "Politics and Social Life," in *The Calvin Handbook*, ed. Herman J. Selderhuis (Grand Rapids: Eerdmans, 2009), 437.

(4) 현지 지도자 파송

근대 초 세계 선교에 있어서 식민주의적 힘이 강력하게 만연해 있었지만 많은 선교 단체가 현지 기독교 지도자들을 훈련하고 파송하는 것을 중요시했다. 알레산드로 발리냐노는 현지 지도자를 육성하기 위해 일본에 신학교 설립을 추진했다. 마테오 리치는 중국 교회의 지도자를 세우기 위해 중국인들을 훈련시켰다.

또한, 포교성성은 유럽적 색채와는 구분되는 현지 토착교회를 세우려는 의도를 내비치며 현지교회 지도자에게도 안수 예식을 진행할 권한을 부여했다. 물론, 현지교회 지도자들이 로마 바티칸과 긴밀한 관계를 맺도록 하는 의도도 배제하지는 않았다. 마지막으로 지겐발크와 플뤼차우 역시 루터교를 인도적 형태로 상황화하면서 인도인 성직자를 파송하고자 힘썼다.

(5) 성서 번역

성서 번역은 초기 기독교 선교에 있어서 핵심을 이루고 있었지만, 중세 시대 번역 작업은 거의 이루어지지 못했다. 서구 로마가톨릭교도들은 성서를 현지어로 번역하는 일을 그리 필수적인 것으로 고려하지 않았고 라틴어 불가타 성서 역본을 더 중요한 것으로 간주했다. 이런 경향 속에서 알렉산드르 드 로드의 베트남어 성서 번역은 17세기 가톨릭 선교 사역 가운데 선구적 역작이 되었다.

종교개혁은 성서의 권위를 매우 가치 있게 여겼다. 종교개혁의 과정에서 이루어진 성서 번역은 세계 선교에 있어서 귀중한 유산으로 남아 있다. 루터는 신약성서를 독일어로 번역했고 이런 추세는 다른 지역의 개신교인이 성서를 지역어로 번역하도록 장려했다. 16세기만 해도 성서는 이탈리아어, 프랑스어, 네덜란드어, 체코어, 덴마크어, 스웨덴어, 아이슬란드어, 영어로 번역되어 모습을 드러냈다.[30]

---

30 다음의 책을 참고할 것. S. L. Greenslade, ed., *Cambridge History of the Bible,* vol. 3, *The West from the Fathers to the Reformation* (Cambridge: Cambridge University Press, 1963), 94-174.

1515년 발간된 덴마크어 성서 서문에서 크리스티언 페데르센(Christiern Pedersen)은 이런 글을 남겼다.

> 복음서가 다양한 언어가 아니라 오직 하나의 언어로 남을 때 더 성스럽다는 생각은 버려야 한다. 라틴어 복음서만큼 덴마크어나 독일어 복음서 역시 훌륭하다.[31]

프랑스어, 스페인어, 영어 성서는 정부와 교회의 반대로 유럽 밖에서 번역이 진행되었다. 최초의 프랑스어 번역본은 익명으로 출판되었다. 윌리엄 틴데일(William Tyndale, 1494-1536년)은 성서를 영어로 번역했다는 이유로 헨리 8세(Henry VIII)의 군대에 잡혀 1536년 처형당했다.[32]

1663년 존 엘리엇이 시도한 알곤킨어 성서 번역을 기점으로 17세기 이후 성서 번역 작업은 가장 보편적인 선교 사업으로 간주했다. 네덜란드 선교사들은 대만어(1661년)와 말레이어(1668년) 성서를 유통했고 지겐발크, 플뤼차우, 슈바르츠는 타밀어 성서 번역 작업을 진행했으며, 덴마크 출신의 루터교 선교사 폴 에게데(Paul Egede, 1708-1789년)는 그린란드의 에스키모족이 읽을 수 있는 신약성서를 1766년 출판했다.

(6) 영적 각성의 출현

초기 근대 시기 복음주의 세계 선교에서 나타나는 지속적인 흐름 가운데 하나는 부흥과 영적 각성이 종종 특정한 선교 운동보다 앞서서 일어났다는 점이다. 가령, 모라비안 선교에서 주목해 볼 수 있는 특징은 기도에 대한 그들의 헌신이었다. 헤른후트에서 영적 체험을 경험한 후 모라비안 교도들은 연속 기도 모임을 주관했는데 이는 가시적으로 더 많은 선교사

---

[31] Bent Noak, "Scandinavian Versions," in Greenslade, *Cambridge History of the Bible*, 3:137.

[32] 다음의 책을 참고할 것. Matthew Barrett, *God's Word Alone-The Authority of the Bible* (Grand Rapids: Zondervan, 2016), 58-61; S. L. Greenslade, "English Versions of the Bible," in Greenslade, *Cambridge History of the Bible*, 3:141-47.

를 세계로 파송하는 계기를 마련했다. 이런 모라비안 영성은 존 웨슬리가 회심하고 선교 사역에 헌신하는 데 결정적 영향을 미쳤다.

한편, 제1차 대각성 운동 이후 북미 교회가 즉각적으로 세계 선교 파송국이 된 것은 아니었다. 그러나 북미에서 활동한 조지 휘트필드의 설교는 데이비드 브레이너드로 하여금 미국 원주민들을 향해 선교하도록 영감을 불어넣어 주었다. 조나단 에드워즈는 영적 부흥을 목적으로 기도회를 조직하기도 했다.

기독교 문서를 발간하는 새로운 사역 역시 영적 부흥과 함께 일어났다. 에드워즈가 브레이너드의 저널을 출판하게 되면서 이런 현실이 재현되었다. 이런 문서 출판 작업은 읽는 독자가 선교와 봉사에 자발적으로 참여하도록 이끌었다.

[더 읽을 자료]

Britz, Dolf. "Politics and Social Life." In *The Calvin Handbook*, edited by Herman J. Selderhuis, 437-48. Grand Rapids: Eerdmans, 2009.

Brockey, Liam Matthew. *Journey to the East: The Jesuit Mission to China, 1579-1724*. Cambridge, MA: Harvard University Press, 2007.

Chung-Kim, Esther, and Todd R. Hains, eds. *Acts*. Reformation Commentary on Scripture, New Testament 6. Downers Grove, IL: IVP Academic, 2014.

Clossey, Luke. *Salvation and Globalization in Early Jesuit Missions*. Cambridge: Cambridge University Press, 2008.

Ganss, George E., ed. *Ignatius of Loyola: Spiritual Exercises and Selected Works*. New York: Paulist, 1991.

Gensichen, Hans-Werner. "Plütschau, Heinrich." In *Biographical Dictionary of Christian Missions*, edited by Gerald H. Anderson, 540-41. New York: Macmillan Reference USA, 1998.

―――. "Schwartz, Christian Friedrich." In *Biographical Dictionary of Christian Missions*, edited by Gerald H. Anderson, 606-7. New York: Macmillan Reference USA, 1998.

_____. "Ziegenbalg, Bartholomäus." In *Biographical Dictionary of Christian Missions*, edited by Gerald H. Anderson, 761. New York: Macmillan Reference USA, 1998.

George, Timothy. "Evangelical Revival and the Missionary Awakening." In *The Great Commission: Evangelicals and the History of World Missions*, edited by Martin I. Klauber and Scott M. Manetsch, 45–63. Nashville: B&H Academic, 2008.

Greenslade, S. L., ed. *Cambridge History of the Bible, vol. 3, The West from the Fathers to the Reformation*. Cambridge: Cambridge University Press, 1963.

Haykin, Michael A. G., and C. Jeffrey Robinson. *To the Ends of the Earth: Calvin's Missional Vision and Legacy*. Wheaton, IL: Crossway, 2014.

Hollis, Christopher. *The History of the Jesuits*. London: Weidenfeld and Nicolson, 1968.

Hutton, J. E. *History of the Moravian Church*. London: Moravian Publication Office, 1909.

Kollman, Paul. "At the Origins of Mission and Missiology: A Study in the Dynamics of Religious Language." *Journal of the American Academy of Religion* 79, no. 2 (2011): 425–58.

Neill, Stephen. *A History of Christian Missions*. London: Penguin, 1990.

Noak, Bent. "Scandinavian Versions." In Greenslade, *Cambridge History of the Bible*, 3:135–40.

O'Malley, John W. *The Jesuits: A History from Ignatius to the Present*. Lanham, MD: Rowman & Littlefield, 2014.

Sunquist, Scott. *The Unexpected Christian Century: The Reversal and Transformation of Global Christianity, 1900–2000*. Grand Rapids: Baker Academic, 2015.

Sunquist, Scott, and Dale T. Irvin. *History of the World Christian Movement*, vol. 2, *Modern Christianity from 1454–1800*. Maryknoll, NY: Orbis, 2012.

Sunshine, Glenn. "Protestant Missions in the Sixteenth Century." In *The Great Commission: Evangelicals and the History of World Missions*, edited by Martin I. Klauber and Scott M. Manetsch, 12–22. Nashville: B&H Academic, 2008.

Tucker, Ruth A. *From Jerusalem to Irian Jaya: A Biographical History of Christian Mission*. Grand Rapids: Zondervan, 2004.

Walls, Andrew F. *Crossing Cultural Frontiers: Studies in the History of World Christianity*. Maryknoll, NY: Orbis, 2017.

제4장

기독교 선교의 위대한 세기, 1800-1900년

개신교 선교는 서구 제국의 팽창과 복음주의 부흥 운동이라는 환경에서 태동하여 19세기에 이르러 괄목할 만한 세계적 운동으로 변모해 갔다. 역사가 케네스 스코트 라투렛(Kenneth Scott Latourette)은 이 시기를 기독교 선교의 "위대한 세기"로 명명한 바 있다. 서구 그리스도인들은 잉글랜드의 선구적 선교사 윌리엄 캐리(William Carey, 1761-1834년)의 사상과 활동을 기념하며 선교를 교회의 가장 핵심적 목적으로 간주하기 시작했다.

캐리와 그의 동료는 세계 복음화를 위한 비전을 품고 자발적 파송기구인 선교회를 발전시키며 선교사들을 아시아, 아프리카, 아메리카로 파송하고 또 지원했다. 우리는 이 장에서 19세기에 활동한 선교사와 선교회의 사역 및 전략을 탐구하기에 앞서 그 시대의 상황과 배경을 먼저 살펴보고자 한다.

그다음에 19세기 선교 현장에서 등장한 핵심 전략과 원칙 그리고 의미를 정리하고자 한다. 이 시기 선교 이야기는 상당히 방대하므로 개신교 선교에 대한 논의를 중심으로 다루고자 한다. 그렇다고 로마가톨릭, 정교회, 혹은 다른 선교 운동의 사역을 의도적으로 배제한다는 의미는 결코 아니다.[1]

---

1   19세기 로마가톨릭과 정교회 선교에 관해서는 다음의 책을 참고할 것. Stephen Neill, *A History of Christian Missions* (London: Penguin, 1990), 335-79; Robert L. Gallagher and John Mark Terry, *Encountering the History of Missions: From the Early Church to Today* (Grand Rapids: Baker Academic, 2017), 74-88.

1. 19세기 세계의 배경

1) 식민주의

유럽에서 거대한 이주 현상이 19세기 세계 정치 무대에 등장했다. 18세기 후반부터 19세기까지 이런 대 이주를 통해 미국(1776년), 뉴질랜드(1840년), 캐나다(1867년), 호주(1901년) 등 새로운 국가가 건설되었다. 물론, 유럽 국가들은 계속 세계의 다른 지역, 특히 아프리카와 아시아로 식민지 확장을 일구어 나갔다.

대영제국은 인도, 버마, 스리랑카, 이집트, 동아프리카 지역에서 통제권을 갖고 있었다. 프랑스인들은 북서부 아프리카(오늘날 프랑스어권 아프리카)와 동남아시아 일부 그리고 태평양 제도 일부를 식민화했다.

독일과 벨기에는 남부 아프리카에서 식민주의적 이해 관심사를 내비쳤고, 네덜란드도 남부 아프리카와 인도네시아로 팽창해 나갔다. 개신교 선교는 유럽의 제국주의적, 상업적 팽창을 뒤따랐기 때문에, 선교와 제국은 많은 피식민지인의 눈에 동일한 것으로 비추어졌다.

2) 산업화

각 유럽 국가가 상업적 이익과 자원 획득을 목적으로 식민지를 착취하고 있었을 때, 19세기 초 유럽 내에서는 산업혁명이라는 거대한 변화를 겪고 있었다. 산업화는 기계로 운영되는 공장의 탄생을 가져왔다. 이런 현상은 노동 장소와 흐름에 영향을 주었을 뿐 아니라 가정과 사회 구조를 재형성하도록 했다. 마을 노동자들은 더 높은 봉급과 더 나은 삶을 꿈꾸며 도시로 유입되었고 산업화는 도시화를 가져왔다.

산업화된 경제 구조는 칼 마르크스(Karl Marx, 1818-1883년)와 프리드리히 엥겔스(Friedrich Engels, 1820-1895년)의 『공산당 선언』(*Communist Manifesto*, 1848년)을 위한 토대를 마련했다. 『공산당 선언』은 사회정치 철학으로

19세기와 20세기에 걸쳐 지대한 영향을 미쳤다.

3) 사상의 흐름

19세기는 계몽주의 시대(1685-1815년)로 거대한 사상적 변혁을 이루어 냈다. 계몽주의는 하나의 지식 운동으로 전통에 의문을 제기하고 지식의 핵심 수단으로서 이성과 과학을 중시하며 개인주의를 장려한다. 계몽주의 세계관은 기적, 초자연 세계, 악마의 세계, 인간사에 대한 하나님의 개입과 같은 성서적 개념에 도전했다.

독일 튀빙겐 학파 출신의 성서학자들, 가령 신약학자 프리드리히 슐라이에르마허(Friedrich Schleiermacher, 1768-1834년)는 이런 계몽주의 원칙에 근거하여 성서의 역사성과 저작권에 대한 비판적 의심을 제기했다.

성서 개념 특히 전통적 창조 해석(창 1-2장)에 대한 회의주의는 찰스 다윈이 1858년 『종의 기원』(Origin of Species)을 출판하면서 더욱 확고한 관심을 받았다. 많은 세속적 과학자가 다윈의 진화론을 수용한 것은 그리 놀랄 만한 일이 아니다. 심지어 일부 성서학자와 신학자도 이런 진화론적 사고에 설득당하고 말았다.

4) 세계 종교

이런 사상의 전환과 함께 종교에 대한 태도도 변화하기 시작했다. 이 시기 이슬람, 힌두교, 불교와 같은 위대한 세계 종교는 쇠락의 길을 걸어갔다. 로마가톨릭교회도 예외는 아니었다.

가톨릭은 이전에 누리던 권력과 영향력 모두를 상실했다. 1870년 이탈리아가 주권국이 되었을 때 교황령(Pápal Státes)이 폐지되었고 로마가톨릭교회의 영토는 바티칸으로 제한되었다. 프랑스는 1789년 프랑스혁명에 이어 세속화의 한 과정으로 정교분리(laïcité)로 선회했고 1905년에 이르러 가톨릭교회의 영향권에서 자유로운 세속 공화국을 건설하는 법안을 마련했다.

유럽 저편 미국의 식민지에서도 공식적 국교의 지위에 대해서 기존과 다른 견해가 표명되었다. 교회와 국가의 분리를 채택하며 종교의 자유를 옹호하는 미국 헌법의 첫 번째 수정안이 나왔다. 유럽과 미국에서 이런 변화들은 크리스텐덤이라는 개념의 종말을 알리는 현상이었다.

5) 복음주의 부흥

종교에 대한 이런 변화하는 태도에도 불구하고 19세기에 수많은 복음주의 부흥이 일어났다. 1800년부터 1830년까지 북미는 제2차 대각성 운동을 경험했다. 켄터키, 오하이오, 웨스트버지니아, 노스캐롤라이나에서의 신앙 모임은 뉴잉글랜드에서 갱생을 강조하는 복음주의 설교와 함께 부흥을 촉발했다.

새로운 교회 개척 열풍이 특히 자유파 장로교, 감리회, 침례교 신도들 사이에서 퍼져 나갔다. 이 시기 미국 역사에 있어서 정기적인 교회 참석자는 전체 인구의 10퍼센트에서 40퍼센트로 급증했다. 북미 이외의 지역인 노르웨이, 독일, 스위스, 프랑스, 영국에서도 19세기 복음주의 운동이 전개되고 있었다. 이런 식의 복음주의 부흥은 세계 선교 파송이라는 새로운 비전과 헌신으로 변모해 나갔다.[2]

〈건초더미기도회〉는 아주 흥미로운 사례로 꼽힌다. 매사추세츠 윌리엄스칼리지(Williams College)의 학생들이 형제단(Society of the Brethren)을 조직하여 일주일에 한두 번 기도회를 열었다.

1806년 여름 어느 모임에서 사무엘 밀즈(Samuel Mills, 1783-1818년)와 그의 네 친구가 천둥을 동반한 거대한 폭풍우를 만났다. 이들은 근처의 건초더미 안으로 몸을 피했고 그 자리에서 기도회를 이어 갔다. 이들은 그날 세계가 영적 궁핍 속에 있다는 기도를 드리게 되었고 이후 한 명을 제

---

[2] Edward L. Smither, "The Impact of Evangelical Revivals on Global Mission: The Case of North American Evangelicals in Brazil in the Nineteenth and Twentieth Centuries," *Verbum et Ecclesia* 31, no. 1 (2010).

외하고 모두가 세계 복음화를 위한 선교사가 되겠다고 서원했다. 이 건초더미기도회는 단순한 감정을 넘어서 구체적인 선교사 서약으로 이어졌다. 밀즈는 〈미국성서공회〉(American Bible Society)와 〈연합해외선교회〉(United Foreign Mission Society)만 아니라 1810년 최초의 북미 선교회인 〈미국해외선교위원회〉(American Board of Commissioners for Foreign Missions) 설립에도 영향을 주었다.[3]

2. 윌리엄 캐리

잉글랜드 노스햄프턴에서 성장한 윌리엄 캐리는 자신이 언젠가 근대 선교의 아버지가 되리라고는 조금도 상상하지 못했을 것이다.

캐리는 직공의 아들로 태어나 수련생활을 거쳐 28세까지 구두 수선공으로서 일했다. 초기 평신도 설교가였던 캐리는 후에 구두를 만들면서 작은 두 침례교 교회에서 목회를 담당하기도 했다. 그러다가 그는 잉글랜드의 탐험가 제임스 쿡(James Cook, 1728-1779년) 선장의 『항해기』(*Voyages*)를 읽은 후 이 세계는 영적 돌봄이 필요하다는 확신이 불꽃처럼 타올랐다. 캐리는 선교사들의 자료와 이야기 그리고 지도에 매료되었고 자신의 가게에 세계 지도를 걸어 놓으며 기도와 연구에 매진했다.

캐리는 세계 선교가 교회의 핵심이 되어야 한다고 확신했다. 그러나 그의 확신은 일부 침례교 지도부로부터 저항에 부딪혔다. 이들은 전 세계가 마지막 날, 성령의 움직임을 통해 하나님 나라로 인도되어야 한다고 믿고 있었다.[4] 캐리는 이런 반대에 동요하지 않고 마태복음의 대위임령, 즉 "모든 민족을 제자로 삼아라"(마 28:18-20)라는 구절을 자신의 선교적 근거로 삼았다.

---

3   Alan Neely, "Mills, Samuel John, Jr.," in *Biographical Dictionary of Christian Missions*, ed. Gerald H. Anderson (New York: Macmillan Reference USA, 1998), 460.

4   다음의 책을 참고할 것. Thomas J. Nettles, "Baptists and the Great Commission," in *The Great Commission: Evangelicals and the History of World Missions*, ed. Martin I. Klauber and Scott M. Manetsch (Nashville: B&H Academic, 2008), 89-92.

1792년 『이교도 개종을 위해 방법을 모색하는 그리스도인의 책임에 관한 연구』(*An Enquiry into the Obligations of Christians to Use Means for the Conversion of the Heathens*)라는 소책자를 출판하며 일부 세계 종교와 문화를 분석하고 선교 역사도 조사했다. 이 책자의 제목이 암시하는 것처럼 캐리는 교회가 모든 세대에 걸쳐 하나님의 선교적 도구가 되어야 함을 주장했다.

캐리는 구원에 대한 하나님의 주권을 믿는 신실한 칼빈주의자로서 교회가 적극적으로 선교에 참여해야 함을 옹호했다. 캐리는 1792년 노팅엄(Nottingham)의 한 침례교 목회자 모임에서 그의 동료들에게 "하나님으로부터 모든 것을 기대하고, 하나님을 위해 위대한 일을 하라"는 말로 도전을 주었다.

같은 해 캐리는 〈침례교선교회〉(Baptist Missionary Society, BMS)를 설립하는 데 크게 기여했다. 저명한 침례교 신학자 앤드류 풀러(Andrew Fuller, 1754-1815년)는 침례교선교회의 첫 총무가 되었고 의사 존 토마스(John Thomas, 1757-1801년)는 최초의 선교사 지원자로 임명받았다. 캐리 역시 선교사로 섬기길 자원했다.

윌리엄 캐리와 아내 도로시 캐리는 선교 사역을 위해 하나님으로부터 동일한 소명을 받지는 않았다. 도로시는 교육을 제대로 받지 못했고 글조차 읽을 수 없었기에 자기 고향 밖에서 살아간다는 것은 거의 모험과도 같은 것이었다. 특히, 인도라는 나라는 도로시의 이런 처지와 소명을 전혀 고려하지 않았다. 도로시는 처음에 자기 남편 윌리엄을 따라 인도로 떠나길 거부했지만, 곧 생각을 바꾸고 1793년 그와 함께 선교지로 떠났다.

인도에서 영국의 식민 통치는 1858년부터 본격적으로 시작되었지만, 그 이전에 이미 동인도회사가 인도를 관할하고 있었다. 이 동인도회사는 기독교 선교사들의 활동을 반대했다. 캐리 부부는 이런 방해로 인해 인도 내륙으로 이동하여 서벵골(Wést Bengál)에 도착한 후 그 지역 인디고 공장에서 일을 시작했다.

이런 경험을 통해 윌리엄은 토착어를 배우고 문화에도 적응할 수 있었다. 그러나 도로시는 남편과는 달리 매우 고통스러운 삶을 살아갔다. 도로시는 지역 문화와 고립된 채 주로 자신의 아이들을 돌보는 일에 몰두했다.

캐리 부부의 비극은 다섯 살배기 아들 피터가 죽게 되었을 때 발생했다. 아들의 죽음으로 인해 도로시는 정신 질환을 겪을 수밖에 없었다. 윌리엄은 자기 아내와 가정을 극진히 사랑했지만, 문화가 전혀 다른 타지에서 이런 비극과 곤경을 극복해야 했다. 윌리엄은 하루에 몇 시간씩 할애했던 언어 공부와 성서 번역 일을 잠시 중단했다.[5]

1800년 캐리 가족은 캘커타(Calcutta) 부근 세람포(Serampore)의 덴마크 식민지로 이사했다. 이들은 동역자 조슈아 마쉬맨(Joshua Marshman), 윌리엄 워드(William Ward), 그리고 이들의 가족과 함께 〈세람포선교회〉(Serampore mission)를 설립했다. 이 가정들은 모두 공동생활을 했기에 캐리 부부는 적지 않은 도움을 받을 수 있었다. 특히, 도로시는 당시 자신의 아이들을 온전하게 돌볼 수 없는 상태였는데, 이런 공동체생활은 그의 양육 부담을 훨씬 덜어 주었다. 세람포선교회는 협력하는 전략을 구현했던 선교 사역 팀의 초기 사례를 잘 보여 준다.

세람포선교회는 아래와 같이 다섯 가지 핵심 가치를 가장 우선시했다.

첫째, 인도 전역에 설교를 통한 복음 전도
둘째, 인도의 모든 언어로 번역된 성서
셋째, 신속한 현지교회 개척
넷째, 현지교회 지도자 훈련과 파송
다섯째, 인도인을 대상으로 하는 철저한 상황 연구

초기 인도에 파송된 선교사들은 이런 선교적 상황을 고려하면서 인도 문화를 있는 그대로 보존하도록 노력했다. 다만 성서의 가르침에 모순되는 관습은 철저하게 자제하도록 했다. 가령, 세람포선교회는 영아 살해와 사티 풍습(Sati, 사별한 남편의 장례 때 그 아내도 함께 화장하던 힌두 전통)은 철저하게 반대했다.

---

5 다음의 책을 참고할 것. Andrew D. McFarland, "William Carey's Vision for Missionary Families," in *The Missionary Family: Witness, Concerns, Care*, ed. Dwight P. Baker and Robert J. Priest (Pasadena, CA: William Carey Library, 2014), 98-115.

세람포선교회는 이런 원칙을 지키기 위해 몇 가지 전략을 수립했다.

첫째, 선교회는 세람포칼리지(Serampore College, 1818년)와 같은 학교를 설립하여 운영했다. 선교사들은 현지 그리스도인들에게 신학을 교육했고 비그리스도인들에게는 다양한 주제의 학문을 가르쳐 기독교적 세계관을 학교 교육과 통합했다.

둘째, 선교사들은 인쇄소와 출판사를 운영해 성서와 기독교 문학작품을 보급했다.

셋째, 선교사들은 세람포에 교회를 설립해 1818년까지 약 6백 명의 인도인들에게 세례를 주었다.

넷째, 캐리는 전문 언어학자도 아니고 또 그의 초기 성서 번역은 현지인들이 알아들을 수 없었지만, 그는 성서를 36개 인도 언어로 번역하는 작업을 꾸준히 이어 갔다. 캐리는 벵골어, 산스크리트어, 마라티어 성서를 완역했고 신약성서는 23개의 다른 언어로, 그 외 성서 일부는 10개 언어로 번역했다.

교회 개척가와 성서 번역가로서의 사역 외에도, 캐리가 근대 개신교 선교 운동에 남긴 가장 위대한 유산은 "하나님으로부터 모든 것을 기대하고, 하나님을 위해 위대한 일을 하라"는 가치를 현장에서 설계한 데 있을 것이다. 캐리는 자기 가족의 삶에 드리운 고통과 고난을 견뎌내면서도 선교 현장에서 닥치는 곤경 역시 과감하게 인내했다. 캐리는 역사에 등장한 최초의 개신교 선교사도 아니었고, 또 인도에 파송된 최초의 개신교 선교사도 아니었다.

그러나 윌리엄 캐리가 근대 선교의 아버지로 후대에 기억되고 있는 이유는 그가 보여 준 혁신적인 선교 방법과 영어권 세계 출신으로 선교 최전선에서 사역했기 때문이다. 1792년부터 그리고 침례교선교회를 창립한 후 1960년까지, 전 세계로 뻗어 나간 개신교 선교사의 80퍼센트가 영어권 국가 출신이라는 사실은 선교 역사에 있어서 매우 중요한 의미를 지닌다.[6]

---

6   다음의 책을 참고할 것. Neill, *History of Christian Missions*, 222-26.

3. 선교회

19세기에 들어서 개신교가 세계 선교 사업에 본격적으로 착수할 수 있었던 주된 이유는 당시 개신교 계열의 수많은 선교회가 탄생했기 때문이다. 로마가톨릭교회는 이미 수도회와 포교성성과 같은 선교 네트워크가 갖춰져 있었지만, 개신교는 이전 세기만 해도 모라비안공동체를 제외하고 전 세계로 복음 사역자를 파송할 수단이 없었다. 그러나 18세기에 개신교계 선교사 파송 조직이 서서히 설립되기 시작했다.

1792년 캐리와 그의 동역자들에 의해 설립된 침례교선교회에 이어 3년 후인 1795년에 〈런던선교회〉(London Missionary Society)도 개시했다. 런던선교회는 신학적으로 개혁파에 속했으나 초교파적 성향을 띄고 있었고 장로교, 감리교, 침례교, 다른 개신교 출신의 사역자들을 모집했다. 런던선교회는 초기에 오세아니아(태평양 제도)와 아프리카에 선교사를 파송했다.

영국성공회는 18세기 초 이미 〈해외복음선교협의회〉를 창립하여 미국 식민지 내에 있는 원주민과 아프리카 노예를 선교했고 또 기독교지식증진협회를 창립해서 선교 사역을 위한 인쇄물을 제공했다. 1799년에는 〈성공회교회선교회〉(Anglican Church Missionary Society)가 영국동인도회사와 클래펌파(Clapham group)에 속한 두 명의 인물을 통해서 탄생했다.

클래펌파는 복음주의 활동 그룹으로 영국 정치인이자 노예해방론자인 윌리엄 윌버포스(William Wilberforce, 1759-1833년)가 속해 있었다. 성공회교회선교회는 원래 〈아프리카와 동방 선교회〉로 불렸는데, 이들의 사역지는 아프리카, 인도, 중국, 중동을 포함하고 있었다.

대륙의 유럽인들 역시 이 시기에 선교 조직을 만들어 나갔다. 1815년 독일 경건주의자들은 남아프리카를 복음화하려는 비전을 품으며 〈베를린선교회〉(Berlin Missionary Society)를 창설했다. 이후 19세기에 베를린선교회는 중국과 동아프리카까지 선교사들을 파송했다.

같은 해 스위스의 초교파 선교 단체인 〈바젤선교회〉(Basel Mission)가 사역을 개시했다. 바젤선교회는 사역 초기에 아프리카의 황금해안(가나)으로 알려진 지역에 선교사를 파송하며 두 가지 차원에서 매우 혁신적인 사역을 전개했다. 하나는 선교사 지원자를 위한 훈련학교를 세웠고, 다른 하나는 인쇄, 타일 제조, 직조와 같은 기술을 사역 현장에서 가르치며 공동체 개발을 강조했다는 점이다. 이외에도 이 시기에 프랑스, 덴마크, 스웨덴, 노르웨이 등지에서 개신교 선교회가 설립되었다.

미국의 그리스도인들 역시 복음주의 부흥의 물결 속에서 선교회를 조직하기 시작했다. 건초더미기도회가 있은 지 4년이 지난 1810년, 사무엘 밀즈는 미국해외선교위원회를 설립했다. 회중교회의 교인들로 구성된 미국해외선교위원회는 미국에서 형성된 최초의 공식적 선교 그룹이었다.

1814년 〈미국침례교선교위원회〉(American Baptist Missionary Board) 역시 중국에 대한 선교적 관심을 보이며 사역을 개시했다. 후에 감리교인과 장로교인도 그들의 교단 조직 내에서 선교부를 설치했다. 1845년 노예제 문제로 인해 북쪽 지역에서 갈라져 나온 침례교인들이 남침례교(Southern Baptist Convention)를 창립하고 〈해외선교위원회〉(Foreign Mission Board)를 교단 안에 설치했다.

자발적 원칙에 따라서 선교사 지망생들은 공공 업무, 비즈니스 혹은 제도권 선교 사역을 통해 경력을 이어 가길 원했고 선교지 국가에 복음을 전하는 데 그들의 삶을 헌신했다.[7] 선교사들은 항상 자원하는 방식으로 모집되었고 이에 따른 희생을 감수해야 했다. 한편, 19세기 동안 선교사라는 직책은 유럽과 북미 개신교인들이 인정하는 하나의 직업과도 같았다.

19세기 말 스코틀랜드 출신의 데이비드 리빙스턴(David Livingstone, 1813-1873년)이라는 저명한 선교사는 웨스트민스터성당에서 국장(國葬)으로 장례를 치르는 영예를 얻었다. 20세기와 21세기에 들어서 리빙스턴과 메리 슬레서(Mary Slessor, 1848-1915년)는 스코틀랜드 화폐 속 인물로 등장하는 영예를 누리기도 했다.

---

7   다음의 책을 참고할 것. David J. Bosch, *Transforming Mission: Paradigm Shifts in Theology of Mission* (Maryknoll, NY: Orbis, 1991), 253.

4. 아시아

1) 인도

윌리엄 캐리와 세람포 선교팀 이외에도 다른 많은 선교회가 영국의 식민 통치 이전인 19세기 초반 인도에 복음을 전하기 시작했다. 영국성공회는 수년간 영국동인도회사에 사목을 파견했다. 성공회 사제들은 사명을 갖고 영국 이주민들의 영혼을 돌보며 동시에 인도인을 위한 사역도 감당하기 시작했다.

1820년 캘커타의 주교인 토마스 미들턴(Thomas Middleton, 1769-1822년)은 비숍스칼리지(Bishop's College)를 세우고 인도인에게 교양을 가르치고 성직자와 종교 교육 교사를 양성했다.

1823년 레지널드 허버(Reginald Heber, 1783-1826년)는 캘커타의 주교가 되었고 윌리엄 캐리와 함께 초교파 선교에 협력했다. 허버는 죽기 전 〈거룩, 거룩, 거룩 전능하신 주님〉(Holy, Holy, Holy, 1826년)이라는 유명한 찬송가를 작사했는데 이는 신에 대한 힌두교적 이해를 반박하고 삼위일체 하나님의 거룩함을 전하기 위함이었다.

다니엘 윌슨(Daniel Wilson, 1778-1858년)은 복음주의 활동 그룹인 클래펌파의 회원으로 1832년 캘커타의 주교로 임명받았다. 윌슨은 인도의 카스트 제도를 공개적으로 비판한 초기 선교사로 그는 카스트 제도를 교회에 치명적인 암과 같은 것으로 간주했다. 윌슨은 인도에서 교회가 성장하기 위해서 카스트 제도는 반드시 폐지되길 원했다.

16세기 포르투갈 출신의 로마가톨릭교도들이 행한 방식처럼, 영국성공회 교도들 역시 남인도의 도마교회와 연결되어 있었다. 한때 군인으로 근무하기도 했던 성공회 출신 존 먼로(John Munroe)는 1815년 현지 기독교 사제들을 훈련하기 위해 코타얌(Kottayam)에 신학교를 세웠다. 먼로는 교회선교회 출신의 성공회 교사를 초청하여 신학교 교수로 봉사하도록 했다. 도마교회의 일부 그리스도인이 성공회로 개종했지만, 대부분은 영국성공회의 영향과 간섭에 달가워하지 않았다.

이후 1836년까지 교회선교회와 도마교회 사이의 모든 공식적 관계는 단절되었다. 그런데도 교회선교회 출신 선교사 벤자민 베일리(Benjamin Bailey, 1791-1871년)는 말라얄람어(Malayalam)로 성서 번역에 착수했고 그 결과 1829년에는 신약성서가 1841년에는 구약성서가 완역되었다.

아브라함 말판(Abraham Malpan, 1796-1845년)은 코타얌신학교에서 시리아어에 대해 가르치는 인도 교수로 1836년 도마교회 내 성서 개혁 운동을 이끌었다. 인도의 마틴 루터로 일컬어지는 말판은 성서 연구, 성직자의 윤리 개혁, 죽은 자를 위한 기도와 성자 숭배와 같은 비성서적 예식의 철폐를 강조했다. 그는 성서 번역에도 힘쓰며 남인도 현지어 성서를 배포했다.

헨리 마틴(Henry Martyn, 1781-1812년)은 페르시아와 아랍 세계뿐만 아니라 인도의 초기 성공회 선교에 있어서 매우 중요한 역할을 했다. 마틴은 동인도회사의 사목으로 일했기 때문에 그는 한 번도 선교사라는 칭호를 얻지는 못했다. 마틴은 청년 시절 조나단 에드워즈의 『고(故) 데이비드 브레이너드 목사의 일대기』(*An Account of the Life of the Late Reverend Mr. David Brainerd*)를 읽은 후 처음으로 세계 선교를 위한 열정에 사로잡혔다.

마틴의 사역은 무슬림을 대상으로 순회 설교를 하며 관계를 맺었는데, 이는 다소 논란의 여지가 남아 있다. 마틴의 가장 중요한 업적은 성서를 번역한 데 있다. 마틴은 윌리엄 캐리와 달리 케임브리지에서 언어학을 훈련받았고 그가 31세라는 젊은 나이에 죽기 전 이미 신약성서를 힌디어, 페르시아어, 아랍어로 성공적으로 번역했다. 이런 점에서 "이제 나는 하나님을 위해 삶을 불태우리라"라는 그의 좌우명은 현실이 되었다.

성공회 선교사들 이외에도 많은 다른 선교사가 식민지 이전에 이미 인도에서 사역을 진행하고 있었다. 대표적으로 스코틀랜드장로교회 파송 선교사 알렉산더 더프(Alexander Duff, 1806-1878년)가 1830년 캘커타에 도착했다. 더프는 인도 선교에 있어서 가장 중요한 수단은 바로 교육이라고 믿었고 특별히 영어로 다양한 주제를 상위계층에 교육하고자 했다. 사실 더프는 인도 교육 모델을 제대로 파악하지 못했고 서구 문화가 더 우월한 것이라 믿었다.

그러나 1848년 고위 카스트 계급에 속한 약 30명 이상의 벵골인들이 세례를 받았다. 한편, 더프는 1857년 캘커타대학을 설립하는 데 중추적 역할을 했다. 이후 선교사들은 19세기 동안 더프의 교육 선교 방법론을 모방하기도 했다.

미국인 존 스커더(John Scudder, 1793-1855년)는 최초의 의료선교사로 그의 이름을 알리게 된다. 원래 미국해외선교위원회에서 파송된 스커더는 스리랑카에 병원을 건립하고 콜레라 및 황열병과 맞서 싸웠다. 후에 그는 인도 마드라스로 사역지를 옮겨 의료 선교를 계속 이어 갔다. 스커더의 선교 방법은 복음 전도 문서를 인쇄하고 보급하는 일만 아니라 학교와 교회를 설립하는 것도 포함했다.

그의 유산은 매우 주목할 만하다. 스커더의 여섯 자녀 모두가 남인도에서 의료선교사로서 소명을 받았고 이후 3대에 걸쳐 총 42명의 자손이 선교 사역에 참여했다.

1858년 인도는 공식적으로 영국의 지배를 받고 있었지만, 영국과 다른 서구 국가 출신 선교사의 활동이 지속되었다. 사실 적지 않은 신실한 그리스도인들이 영국의 식민정부와 인도인들의 복지를 위해 봉사했다. 현지 인도인들도 학교, 대학, 병원을 설립한 기독교 선교 사역에 호감을 표현했다. 그러나 반서구주의를 표방하는 힌두인들의 부활과 이들의 민족주의 운동이 1875년 부상하기 시작했고 이는 서구 선교사들이 기존의 선교 정책을 재고하도록 유도했다.

스코틀랜드자유교회 출신의 선교사 윌리엄 밀러(William Miller, 1838-1923년)는 교육이 서구 기독교 가치를 가르치는 하나의 수단이라는 더프와 동료 선교사들의 관점을 수용했다. 마드라스 크리스천칼리지의 교장이자 후에는 마드라스대학교의 부총장을 역임한 밀러는 기독교 대학이 힌두 학생과 기독교 교수 사이에 세계관 대화를 위한 유의미한 환경을 조성할 것으로 여겼다.

힌두교도들을 기독교 사상으로 안내하려는 사역 이외에도 헨리 마틴과 윌리엄 뮤어(William Muir, 1819-1905년)는 인도의 무슬림에도 관심을 두었다. 뮤어는 인도에서 평신도로 살아가면서 1887년 『이슬람의 흥망성쇠』

(*The Rise and Decline of Islam*)라는 소책자를 출판했다.

뮤어는 토마스 아퀴나스의 일부 개념을 차용하여 이슬람의 예언자 무함마드의 부도덕적 인격, 이슬람의 거짓 교리, 폭력을 통한 포교, 성적 방종의 경향을 비판했다. 뮤어가 취한 방법은 신앙을 신실하게 이해하지 못하는 경향에 대한 반박이었다. 그는 이 시기 이슬람에 관심한 몇 안 되는 사람 중 하나였다.

북동부 인도 사람들은 19세기 후반 복음에 가장 수용적이었다. 1845년 독일 출신의 루터교 선교사들은 콜라리안인(Kolarian, 비하르[Bihar])을 대상으로 사역을 시작했다. 1857년까지 선교사들은 약 9백 명의 신자들에게 세례를 주었고 20세기 중반에 이르면 약 20만 명에 이르는 콜라리안 신자들이 교회를 채우고 있었다.

1841년 웨일스 출신의 감리교인들이 카시인(Khasi, 아쌈[Assam])과 함께 사역을 시작했다. 이들은 50년 안에 성서를 현지어로 번역했고 약 만 명의 현지 새신자가 교회에 몰려들었다.

1863년 노르웨이의 선교사 라스 스크레프러드(Lars Skrefrud)는 산탈인(Santals)을 대상으로 사역을 개시했다. 1910년까지 약 1만 5천 명의 개종자들이 교회에서 신앙생활을 했다. 마지막으로 웨일스 출신의 감리교 선교사들과 영국과 미국 출신의 침례교 사역자들은 19세기 후반까지 가로(Garo), 아보(Abor), 미니(Mini), 나가(Naga)인들을 복음화하는 데 성공했다.

윌리엄 캐리와 세람포 선교팀의 사역을 통해 인도는 19세기에 걸쳐 개신교 선교 사역을 위한 지속적인 요충지가 되었다. 선교사들은 힌두인과 무슬림에게 복음을 전할 때 여러 도전에 직면했고, 식민주의 상황 속에서 선교사로 살아가는 것에도 숱한 어려움이 있었다. 그러나 선교사들의 헌신으로 인도 교회는 1900년까지 약 백만 명의 신자에 이르는 큰 성장을 이루었다.[8]

---

8   다음의 책을 참고할 것. Neill, *History of Christian Missions*, 226-37.

2) 중국

17세기와 18세기 초, 예수회 선교사들은 본격적으로 중국 선교 사역에 착수했다. 그러나 1773년 수도회가 해산되면서 선교 사역에도 변화가 나타났다. 중국은 19세기 초반 외국인들의 진입이 거의 막혀 있었지만, 런던선교회는 로버트 모리슨(Robert Morrison, 1782-1834년)을 임명하여 중국에서 활동하도록 했다. 모리슨은 의학, 천문학, 중국어를 공부한 후 1807년 항로를 거쳐 중국에 도착했다.

1809년 그는 영국동인도회사에 통역관으로 합류했다. 통역과 번역하는 일에 많은 시간을 보냈고 1813년에는 중국어 신약성서를 출판했다. 그러나 안타깝게도 중국 당국과 동인도회사는 모리슨의 행동에 제동을 걸었다. 모리슨은 이에 굴하지 않고 1819년에 구약성서를 완역하고 1823년 중국어-영어사전도 출간했다. 특별히 중국어-영어사전은 향후 수년간 중국에 파송될 선교사들에게 아주 유용한 자료가 되었다.

모리슨은 중국 사역에서의 몇 가지 도전 때문에 1818년 말레이시아의 말라카(Malacca)로 자리를 옮겼다.

말라카에서 말레이와 중국 아이들을 위한 학교인 '영화서원'(英華書院, The Anglo-Chinese College)을 설립했다. 이 학교의 설립 목적은 동양 사상과 서양 사상의 대화를 도모하고 모국 밖에 거주하는 중국 학생들에게 복음을 증거하기 위해서였다. 모리슨은 자신의 선교 사역 기간 불과 열 명의 중국인 신자에게 세례를 주었지만, 그는 영국 내에서 중국어와 중국 문화 연구의 개척자가 되었고 더 많은 선교사가 극동지역에서 활동하도록 이끌었다.

한편, 칼 구츨라프(Karl Gutzlaff, 1803-1851년)의 선교 사역은 혁신적이었지만 동시에 많은 논쟁을 낳기도 했다. 독일 루터교회 교인인 그는 1831년 마카오로 사역지를 옮기기 전에 태국, 한국, 싱가포르에서 선교 활동을 전개했다. 탁월한 언어학자이자 성서 번역가이기도 했던 그는 태국어, 캄보디아어, 라오어로 성서를 번역하는 사역을 했고 1840년에는 중국어 성서를 개정하는 번역팀에서 일하기도 했다.

구츨라프는 중국 정부가 선교사 입국 금지 조치를 내리자 중국 현지인 복음 전도자를 양성하기 위해 1844년 학교를 세웠다. 그리고 이들을 중국 전역에 파송하여 설교하고 성서를 보급하도록 했다. 초기 선교 보고서에 따르면 이런 사역은 매우 고무적이었다. 수많은 중국인이 성서를 읽고 복음을 믿었다. 구츨라프는 이런 결과를 보고하기 위해 유럽을 방문했고 많은 선교 후원금을 모금했다.'

그러나 이 여정에 한 가지 중대한 문제가 발생했다. 구츨라프의 중국 학생들(이들 중 많은 수가 아편 중독자였다)이 선교 보고서를 허위로 작성하고 상습적으로 마약을 복용하기 위해 성서를 팔았다는 소문이 돈 것이다. 구츨라프가 이런 사실을 알았을 때 그의 심정은 무너져 내렸다. 그는 자신의 유럽 방문 보고회를 중단하지 않았다. 그러나 결국 진실이 탄로 났고 구츨라프는 자신의 사역에 오점을 남긴 채 1851년 죽고 말았다.

비록 구츨라프의 선교 사역이 스캔들로 마감되었지만, 그가 창립한 〈중국복음화선교회〉(Chinese Evangelization Society)는 존속하여 사역을 이어 갔다. 1854년 이 선교회는 제임스 허드슨 테일러(James Hudson Taylor, 1832-1905년)라는 영국 청년을 중국으로 파송하기도 했다.

허드슨 테일러는 17세의 나이에 회심한 후, 얼마 되지 않아 중국 선교사로 부름을 받았다. 그는 해외 선교 사역을 위한 준비의 하나로 신학을 공부했고 의료 수련 과정도 이수했다. 테일러는 선교사 직분에 소명이 없었던 한 여성과의 약혼도 취소했다. 1854년 중국에 도착한 테일러는 중국어를 배우며 첫 7년을 보냈다.

1842년 난징조약을 기점으로 중국은 국제 무역과 기독교 선교 사업에 개방된 태도를 보이기 시작했다. 외국인들이 몇몇 개항 도시에 거주하도록 허락되었다. 그 결과 대부분의 서구 선교사들이 중국인들과 분리된 선교 구내에서 살아갈 수 있었다. 테일러는 당시 선교사들의 나태함과 그들의 사치스러운 삶에 좌절했고 이를 비판했다. 그는 선교 구내에서 거주하길 거부했고 이미 중국 내지로 선교 여행을 다니던 스코틀랜드 장로교 선교사 윌리엄 번즈(William Burns, 1815-1868년)와 동행했다.

테일러는 중국식 복장을 차려입었다. 심지어 중국 현지인 틈에 섞여 살기 위해서 자기 머리카락을 검게 염색하기도 했다. 테일러는 17세기 예수회 선교사들의 선교 전략을 순순히 따랐지만, 그의 선교 방법은 다른 개신교 선교사들 사이에서 꽤 논쟁적이었다. 특히, 테일러의 태도와 접근법 때문에 일부 여성 선교사는 그의 구혼조차도 거부할 정도였다. 그러나 결국 그는 메리 다이어(Mary Dyer)와 결혼하게 된다.

1860년 테일러 부부는 잉글랜드로 돌아오고 말았다. 남편 테일러의 병세가 악화했기 때문이다. 테일러는 고국에서 의학을 더 공부하며 자신의 미흡한 숙제를 수행했는데 그의 가장 주목할 만한 선교적 유산은 1865년 창립된 〈중국내지선교회〉(China Inland Mission)였다. 중국내지선교회 창립 비전은 여섯 가지 중요한 의미를 담고 있었다.

첫째, 이 선교회는 초교파적이며 역사적인 기독교 교리를 전하는 것을 목적으로 했다. 분명 당시 시대적 논쟁인, 찰스 다윈의 『종의 기원』(*Origin of Species*) 출판, 고등비평학의 발전, 자유주의 신학의 등장은 중국내지선교회가 역사적 기독교 교리에 더욱 고수하도록 동기를 부여했을 것이다.

둘째, 중국내지선교회의 창립자들이 보수 신학을 지지하고 있었지만, 정규 신학 교육 과정을 요구하지는 않았다. 당시 수년간의 정규 신학 과정은 시간이 너무 많이 걸렸기 때문에 중국내지선교회 선교사들은 테일러처럼 좀 더 비공식적인 방식으로 신학을 공부했다. 그리고 이는 훨씬 일찍 선교 사역에 헌신할 수 있도록 기회를 제공해 주었다.

셋째, 중국내지선교회는 현장 중심적이었다. 선교 전략에 있어서 중대한 결정은 유럽이나 미국의 선교 본부가 아니라 현장의 상황 속에서 이루어졌다.

넷째, 중국내지선교회는 믿음 선교를 지향했다. 가령, 선교 후원금은 교파와 같은 중앙집권적 기구를 통해 제공되지 않았다. 대신 선교사들은 기도나 재정 후원을 개인적으로 제공할 수 있는 파트너를 찾고자 노력했다.

다섯째, 중국내지선교회 사역자들은 테일러의 모범을 따라 중국식 복장을 차려입고 중국 문화에 동화하도록 노력했다.

여섯째, 중국내지선교회가 최우선으로 간주한 사역은 중국 전체를 복음화하는 일이었다. 1882년까지 중국내지선교회 사역자들은 중국 내의 모든 성(省)을 방문했다. 향후 YMCA와 같은 단체도 이런 선교 방법을 채택했다.

1895년 중국내지선교회는 641명의 선교사를 갖춘 단체로 성장했다. 1934년까지 그 숫자는 1,368명에 이르며 두 배 이상으로 증가했고 당시 세계에서 가장 큰 선교 단체가 되었다. 전반적으로 중국내지선교회는 노동자 계층으로 구성된 선교 조직이었고 대부분 소박한 배경의 사람들을 모집하고 있었다.

그러나 두드러진 예외도 있었다. 1885년 테일러(Taylor)가 쓴 『중국의 영적 필요와 요구들』(China's Spiritual Needs and Claims)이라는 책을 읽은 7명의 교육받은 학생들(이중 여섯이 케임브리지대학교 출신이었다)이 전도유망한 장래를 제쳐두고 중국내지선교회에 가입하게 된 것이다.

중국 선교사들은 자신들의 선교적 노력을 상황화하려는 노력에도 불구하고 여전히 큰 반대에 직면해 있었다. 지난 반세기 이상 외국인과 국제 무역을 용인했던 중국인들이 의화단운동(義和團運動, Boxer Uprising, 1899-1901년)으로 알려진 대규모의 외국인 배척 운동을 벌인 것이다. 이 동요의 시기, 수많은 외국인이 폭력의 희생자가 되었고 약 188명의 선교사와 자녀들도 목숨을 잃고 말았다. 이 봉기가 잠잠해질 즈음, 희생자 가족들이 중국 정부를 향해 소송을 제기했고 정부는 그들에게 배상했다.

이 혼란의 때 많은 중국내지선교회 선교사가 죽었지만, 테일러와 선교회는 배상을 사양하고 자신들을 공격한 자들을 공개적으로 용서했다. 이런 평화롭고 비폭력적인 반응은 중국인들에게 강한 인상을 남겼고 중국내지선교회와 이들의 선교 사업에 더 많은 신뢰를 주었다.[9]

샬롯 로티 문(Charlotte Lottie Moon, 1840-1912년)은 남침례교 선교 역사에

---

9   Neill, *History of Christian Missions*, 238-45; Daniel H. Bays, *A New History of Christianity in China* (Chichester, UK: Wiley-Blackwell, 2012), 84-87.

있어서 가장 유명한 인물일 것이다. 그는 19세기 후반 중국 선교에 있어서 매우 혁신적인 선교를 이끌었다. 버지니아에서 태어난 로티 문은 전통적인 성역할을 깬 여성 가문에서 성장했다. 그의 큰 언니 오리아나(Oriana)는 의학 학위를 받고 남북전쟁 시기 남부연맹군(Confederate Army)의 의사로 활동했다.

그리고 팔레스타인에서 잠시 선교를 담당했다. 1872년 로티의 여동생 에드모니아(Edmonia)는 남침례교에 의해 파송된 최초의 독신 여선교사가 되었다. 에드모니아는 중국의 북쪽 지역에서 일했다. 그다음 해 석사 학위를 받고 교사로 일한 로티가 남침례교 해외선교위원회를 통해 파송받아 중국에 있는 동생과 함께 사역했다. 로티 문은 항구도시 덩저우의 한 학교에서 10여 년간 가르친 후 중국 내지로 이동하여 복음 전도와 교회 개척에 집중했다.

1885년경 로티 문은 남침례교에 속한 어느 여성 모임에 편지를 쓰기 시작했다. 자신과 함께 사역하는 선교사들의 재정 지원이 긴급히 필요하다는 소식을 나누게 된다. 1887년 그는 성탄절 시기 선교 특별 헌금을 모아달라 제안했다. 시간이 흘러서 이 후원금은 전 세계의 남침례교 선교 사역을 위한 핵심적 수단이 된 "로티 문 성탄 선교 헌금"으로 알려지게 되었다.

로티 문은 1894년 제1차 중일전쟁, 의화단 사건, 민족주의 봉기와 1911년 청 왕조의 붕괴에 이르기까지, 중국에서의 혹독한 시간을 잘 인내했다. 그는 선교사들에게 10년마다 정기휴가를 부여해야 한다고 주장하며 선교사 돌봄을 옹호한 인물이기도 했다.[10]

기독교 선교는 20세기 초반까지 중국에서 계속 진행되었다. 물론, 테일러, 중국내지선교회 선교사, 로티 문, 그리고 기타 선교사들은 수많은 예상치 못한 사건을 만나기도 했다. 1914년까지 약 5,400명의 선교사가 중국에서 활동했다. 그리고 50만 명의 세례받은 중국인 신자들이 교회에 다녔다.

---

10   다음의 책을 참고할 것. Ruth A. Tucker, *From Jerusalem to Irian Jaya: A Biographical History of Christian Mission* (Grand Rapids: Zondervan, 2004), 294-98.

3) 일본

미국 선교사들 특히 장로교, 침례교, 성공회 출신 선교사들은 1859년경 일본에 입국해 성서를 번역하고 학교 운영을 개시했다. 마지막 쇼군(12세기 이후 일본을 통치했던 군사 독재자)의 통치가 1867년 막을 내렸을 때 일본은 점차 기독교 선교사를 포함하여 외부 세력에 문을 개방하기 시작했다.

1866년 개신교인들은 일본인 신자에게 최초로 세례를 베풀었고 1872년 첫 교회를 세웠다. 1888년 약 2만 5천 명의 일본인 신자가 개신교 선교사들이 세운 교회에서 예배를 드렸다. 이들 중 대부분은 개신교 선교사들이 운영하는 기독교계 학교에서 신앙을 알게 되었다.

해외 선교사들이 19세기 후반 일본 선교 사역을 개시했을 때 일본의 교회 지도자 역시 빠르게 두각을 나타냈다. 그중 한 명이 바로 니지마 시메타(Niishima Shimeta, 1843-1890년)로 그는 초기에 일본 유학생으로 미국을 방문했다. 니지마는 유학생활 10여 년에 걸쳐 과학, 기독교, 신학을 연구하고 또 신학교 학위를 마친 후 미국해외선교위원회 선교사로 파송받아 모국으로 귀국했다. 니지마의 비전은 교육을 통해 일본을 복음화하는 것이었고 결국 1875년 도시샤대학교를 창립하게 된다.

한편, 우치무라 간조(Uchimura Kanzo, 1861-1931년)는 강의를 통해 수천 명의 군중을 감화시킨 위대한 성서학자였다. 일본에서 제도화된 종교와 서구적 교회를 거부했던 그는 무교회 운동을 전개했다. 우치무라는 사실 교회의 개념을 반대하지는 않았다. 다만 그는 일본 신자들에게 강요된 서구적 형식을 비판했다.

마지막으로 주목할 수 있는 당시 일본 기독교 지도자는 우에무라 마사히사(Uemura Masahisa, 1858-1925년)로 그는 1879년 장로교 목사로 안수받는다. 오직 일본인만 일본을 효과적으로 복음화할 수 있다는 확신을 가진 우에무라는 서구 선교사들이 일본을 떠나야 한다고 주장했다. 유능한 신학자이자 교사였던 그는 1904년 동경신학교를 창립했다.

4) 한국

1882년 조미수호통상조약 이후 한국은 서구 열강과의 무역과 외교관계에 있어서 문호를 개방하기 시작했다. 고종 황제는 기독교 의사와 교육가들이 한국에 들어오도록 허락은 했지만, 복음 전도만은 금지했다.

1885년 장로교와 감리교 선교사들이 한국에 도착해 학교와 고아원을 세우고 성서 번역도 함께 진행했다. 1886년 선교사들은 최초의 한국인 신자에게 세례를 주었다. 또한, 1907년에 한국은 영적 대부흥을 경험했다. 1910년 일본이 한국을 병합했을 시기 이미 3만 명 이상의 그리스도인이 장로교회와 감리교회에서 예배를 드릴 수 있었다.

한국 교회의 성장은 중국에서 활동한 장로교 선교사로 1890년 한국을 방문했던 존 네비우스(John Nevius, 1829-1893년)를 통해 정책적으로 이루어졌다. 한국에서 네비우스 정책은 다음과 같은 특징을 갖고 있었다.

첫째, 네비우스는 모든 그리스도인이 자신을 목사로 이해하고 그들이 살아가는 어느 곳에서든 섬길 수 있어야 한다고 강조했다.
둘째, 네비우스는 한국 교회가 한국인 지도자를 육성하고 재정적으로 그들을 지원해야 한다고 주장했다.
셋째, 사역 방법과 구조는 한국인들이 유지할 수 있는 정도로만 발전시켜야 한다는 것이다.
넷째, 교회 건물은 지역의 양식에 맞게 그리고 지역의 자원을 활용하여 건축되어야 한다는 것이다.

네비우스의 이런 선교 방식은 교회가 자치, 자전, 자립해야 한다는 삼자 원리에 부합하는 것이었다. 미국해외선교위원회의 루프스 앤더슨(Rufus Anderson, 1796-1880년)과 영국성공회교회선교회의 헨리 밴(Henry Venn, 1796-1873년)이 이런 삼자 원리를 각각 제안했다. 19세기 선교 지도자들은 점차 서구 선교회나 교파에 종속되지 않는 자유로운 현지교회를 육성하는

것에 관심을 기울였다.[11]

5) 버마

아도니람 저드슨(Adoniram Judson, 1788-1850년)과 앤 저드슨(Ann Judson, 1789-1826년)은 종종 북미에서 버마로 파송된 최초의 선교사로 기억된다. 이들은 선교위원회를 통해 공식 선교사로 파송되었다. 회중교회선교위원회에서 임명받은 저드슨 부부는 원래 인도에 사역지를 배정받아 침례교 선교사들과 함께 협력하도록 임무를 부여받았다. 약 4개월간 보스턴에서 인도로 항해하는 여정 동안에 저드슨 부부는 선교지에서 활동하는 동역자들의 교리를 이해하기 위해 침례교 신학을 공부했다.

이들이 인도에 도착했을 때 이미 침례교 신자들이 있었고 윌리엄 워드가 세례를 베풀고 있었다. 그런데 이들은 미국선교위원회와 의견을 달리하였고 새롭게 조직된 미국침례교선교회에 가입했다. 한편, 1813년 이들은 영국동인도회사에 의해 인도에서 강제 추방당하고 버마로 재배치되어 활동하기 시작했다.

저드슨 부부는 주로 복음 전도와 성서 번역에 집중했다. 아도니람은 전통적인 버마어 짜얏(*zayat*, 종교적 목적과 마을회의를 위해서 사용됨)을 만들고 이를 통해 정기적으로 설교를 했다. 6년이 지난 후, 이들은 10명의 새신자들에게 세례를 주었다. 1824년 아도니람은 버마어 사전을 완성했고 1834년까지 버마어 성서 전체를 번역했다. 아내 앤은 다니엘과 요나를 번역했다. 그리고 버마어 교리문답을 다듬고 마태복음을 타이어로 번역하기도 했다. 또한, 초기 버마 선교 역사를 기록하기도 했다.

그러나 이 부부는 극심한 역경을 만나기도 했다. 1824년 영국-버마전쟁이 발발했을 때 아도니람은 스파이로 고발당했고 거의 2년간 옥에 갇혔다. 앤은 정기적으로 남편을 방문하여 그에게 음식을 가져다주었다. 이와 함께 남편의 석방을 위해 버마 정부에 끊임없이 로비를 펼쳤다.

---

11 다음의 책을 참고할 것. Neill, *History of Christian Missions*, 276-82.

앤이 마침내 자신의 목적을 이루었지만 아도니람이 석방된 지 얼마 되지 않아 과도한 스트레스와 탈진으로 죽었다. 아내를 상실한 아도니람은 오랫동안 슬픔과 낙담에 빠졌다. 저드슨 부부는 서로 고난을 나누고 협력하면서 선교 사역을 성공적으로 실행한 부부 선교사라는 사례를 보여 주었다.[12]

또 다른 미국 침례교 선교사는 조지 보드맨(George Boardman, 1801-1831년)으로 그는 버마의 카렌족을 대상으로 선교 활동을 펼쳤다. 카렌족은 이미 창조주 하나님을 믿고 있었고 인간의 타락에 대한 자신들의 고유한 이야기를 지니고 있었기에 보드맨의 설교에 거부감이 거의 없었다.

1851년 카렌 교회에 약 3만 명의 신자들이 속해 있었다. 그러나 보드맨의 왕성한 설교 활동은 그의 건강에 악영향을 주었고 결국 1831년 30세의 이른 나이에 사망했다. 그의 아내 사라는 1834년 아도니람 저드슨과 결혼했다.[13]

6) 인도네시아

네덜란드가 인도네시아에서 정치 경제적 이윤을 획득하는 외교적 상황 속에서 개신교 선교사들도 사역을 진행해 나갔다. 특별히 〈네덜란드선교회〉(Netherlands Missionary Society)는 인도네시아의 셀레베스(Celebes)섬에 거주하는 사람들 대부분이 1900년까지 복음을 수용했다고 보고하고 있다.

수마트라(Sumatra)섬에서도 독일 선교사 루드비히 잉그베르 노멘센(Ludwig Ingwer Nommensen, 1834-1918년)이 거주하며 바탁족을 대상으로 사역을 담당하고 있었다. 1911년에는 성서가 바탁어로 번역되었고 10만 명 이상의 현지 신앙인이 교회에서 예배를 드렸다. 인도네시아 교회는 외부의 지도력이나 지원으로부터 독립하기 위해 분투했다. 그러나 이 시기에

---

12 다음의 책을 참고할 것. Dana Robert, "Judson, Ann ('Nancy') (Hasseltine)," in Anderson, *Biographical Dictionary of Christian Missions*, 346; William H. Brackney, "Judson, Adoniram," in Anderson, *Biographical Dictionary of Christian Missions*, 345-46.

13 다음의 책을 참고할 것. Neill, *History of Christian Missions*, 248-49.

인도네시아는 기독교 복음보다 무슬림 세력에 더 수용적이었다.[14]

7) 남태평양

선교사들이 선교지에 와서 죽임을 당하고 때로는 잡아먹히기도 했지만, 적지 않은 선교사들이 사역을 위해 비전을 품고 선교지에 왔다. 그 결과 왕들이 기독교를 믿기 시작했고 복음이 전파되었다. 이는 남태평양 섬에서 볼 수 있는 19세기 선교 역사의 모습으로 선교를 아주 극적이면서도 압축적으로 묘사하는 장면이다. 많은 선교사가 선교하는 과정에 목숨을 잃기도 했지만 남태평양 섬은 19세기 기독교 선교가 진행되기에 가장 비옥한 토양을 갖추고 있었다.

부분적으로 남태평양을 선교하기 위해 설립된 런던선교회는 1796년 선교사들을 타히티(Tahiti)섬으로 파송했다. 이들은 1819년 복음을 믿고 공식적으로 세례를 받은 현지의 왕 포마레 2세(King Pomare II, 재위 기간 1782-1821년)의 호의를 받았다. 이후 1838년까지 성서 전체가 타히티어로 번역되었다.

한편, 통가(Tonga) 왕국에 도착한 첫 선교사 그룹 출신 중 세 명이 18세기 후반 살해되었다. 1826년 잉글랜드 감리교 선교사 존 토마스(John Thomas, 1796-1881년)가 통가에 도착하여 타히티어 성서의 도움으로 설교를 시작했다. 30년간 진행된 토마스 선교 사역은 1831년 투포우(King Tupou)왕에게 세례를 베푼 사건에서 절정에 이르렀다. 투포우왕은 새로 발견한 신앙 즉 그리스도 신앙의 원칙에 근거해서 통가의 법을 다시 세웠다.

1817년 런던선교회는 존 윌리엄스(John Williams, 1796-1839년)를 선교회 관할지에서 사역하도록 파송했다. 윌리엄스는 20년간의 선교 사역 기간 중 수많은 혁신적 방법을 고안하고 이를 실천으로 옮겼다. 그는 1834년에 성서를 라로통가어로 번역했으며, 현지 복음 전도자들이 오세아니아에 복음을 전하는 데 가장 적합하다고 믿었다. 선교사들에게 남태평양 섬을 이

---

14 Neill, *History of Christian Missions*, 294-97.

동하는 일이란 끊임없는 도전이었다.

윌리엄스는 설교하고 제자 교육을 진행하기 위해 런던선교회가 배 한 척을 구해 줄 것으로 기대했다. 1834년 현지 선교사들이 타히티섬의 모든 지역 방문을 마쳤다. 1830년경에 윌리엄스는 8명의 타히티 복음 전도자들이 그곳에서 사역하도록 남겨두고 사모아(Samoa)에서 새로운 사역을 시작했다. 후에 유럽 선교사들이 사모아에 다시 들어갔을 때, 2천 명의 새로운 사모아 신자들을 발견할 수 있었다.

1839년 윌리엄스는 3명의 사모아 교사들을 뉴헤브리디스(New Hebrides)에 배치했다. 그러나 윌리엄스가 그 지역을 다시 방문했을 때 현지인의 공격을 받아 산 채로 먹혀 죽임을 당했다.

통가의 복음 전도자들은 1823년 처음으로 피지(Fiji)에 복음을 전했다. 후에 유럽의 감리교도들이 피지에서 사역을 개시했다. 1845년경 피지는 영적 부흥을 경험했고 왕 타콤바우(Thakombau, 1815-1883년)를 포함하여 섬 사람들이 복음을 믿고 세례받았다.

미국해외선교위원회는 1820년 하와이에서도 선교 사역을 시작했다. 하와이의 지방 추장들은 선교사들을 환대했고 이들에게 설교의 자유를 허락했다. 전체 인구의 20퍼센트에 해당하는 약 2만 명 이상의 현지인들이 불과 20년 내 세례를 받게 되었다.

마지막으로 1858년에는 스코틀랜드 장로교 선교사 존 페이튼(John Paton, 1824-1907년)이 뉴헤브리디스의 탄나(Tanna) 지역에서 선교 사역을 시작했다. 페이튼은 식인 풍습으로 인한 위협으로부터 생명을 보호해야 하기도 했지만 안타깝게도 풍토병은 아내와 네 명의 아이의 목숨을 빼앗아 가고 말았다. 그러나 그는 이런 역경을 극복했다. 그리고 아니와(Aniwa)섬으로 이동하여 성서를 번역했고 이 섬 사람들 상당수가 복음을 받아들이는 장면을 목격했다.[15]

---

15 Neill, *History of Christian Missions*, 251-56, 298-300.

8) 중동

이슬람의 사도라는 별칭을 지닌 사무엘 즈웨머(Samuel Zwemer, 1867-1952년)는 아랍과 무슬림 세계에서 선교 사역을 전개한 선구자였다. 즈웨머는 미국 미시간에서 대학과 신학 교육을 마치고 〈학생자원운동〉(SVM)에 참여하며 무슬림을 위해 사역하기로 서원했다.

즈웨머와 그의 두 친구 제임스 캔틴(James Cantine, 1861-1940년)과 존 랜싱(John Lansing, 1906년 사망)은 자신들을 아랍권으로 파송해 줄 선교 기관을 찾지 못해 결국 1889년 〈미국아랍선교회〉(American Arabian Mission)를 창립했다. 즈웨머는 믿음 선교라는 독특한 방법을 적용하며 여행하고 복음을 전했다. 그리고 즈웨머의 방법을 따랐던 캔틴을 위해 후원금도 모금했다. 5년이 지난 후, 즈웨머가 속한 교단 선교회(개혁파 교회)는 미국아랍선교회의 든든한 파트너가 되었다.

1890년 즈웨머는 레바논에서 활동하고 있던 캔틴과 합류했다. 그곳에서 이들은 저명한 아랍 학자 코넬리우스 반 다이크(Cornelius Van Dyke, 1818-1895년)에게 아랍어를 배웠다. 1865년 반 다이크는 개정판 아랍어 성서 번역을 완료했다. 즈웨머는 캔딘 및 랜싱과 함께 이집트에서 얼마간의 시간을 보낸 후 최종적으로 바레인에 정착했다. 그곳에서 그는 성서 책방을 열었다. 성서와 기독교 문서 보급은 즈웨머 사역의 핵심을 차지하게 되었다.

이곳에서 즈웨머는 호주 출신으로 교회선교회에서 사역하던 아미(Amy)라는 이름의 아내를 만나게 되었다. 즈웨머 부부는 네 명의 아이를 낳았고 이 가운데 둘이 이질로 사망해 바레인에 묻혔다.

1900년경 즈웨머는 복음 전도, 문서 선교와 함께 출판 사역도 시작했다. 그는 서구 교회에 무슬림 신앙이 무엇인지 알리고 무슬림 선교 사역자를 동원하려는 목적으로 60권 이상의 영문 서적을 편찬했다. 1905년 후 즈웨머의 사역은 점차 선교사 동원에 집중했다. 그는 1905년부터 1910년까지 미국에 거주하면서 학생자원운동에 참여하며 선교지원자를 모집했다. 1906년에는 무슬림 지역을 섬기기 위해 카이로에 초교파 선교 센터를 조직하고 1910년에는 뉴욕시에서 개최된 학생자원운동대회에서 연설했다. 1912년 그는 카이로로 다시 옮겨 개인 전도에 관여했다.

즈웨머는 카이로에 상주하면서 무슬림 지역 즉, 북아프리카, 인도, 이란, 중국, 인도네시아, 남아프리카를 여행하며 무슬림 선교사들을 격려하고 훈련시키며 무슬림 지도자들과 대화를 나누었다. 1925년 즈웨머는 남아프리카의 어느 복음주의 운동 단체에서도 영어, 네덜란드어, 아랍어로 설교했다.

1929년 즈웨머는 프린스턴신학교의 선교학 교수직을 수락했다. 이는 미국 내에서 선교학 분야 최초의 교수직 가운데 하나였다. 이 시기 그는 「무슬림 월드」(*The Muslim World*)라는 학술지 초대 편집장이 되었다. 그는 뉴욕시에서 살며 자신의 마지막 십 년을 설교하고 가르치고 책을 집필하는 데 보냈다.

비록 즈웨머가 극소수의 무슬림만을 개종시켰지만, 그의 선교 방법은 대단히 획기적이었다. 즈웨머는 처음에 이슬람은 거짓 종교라고 확고하게 믿었지만, 점차 전도 사역을 전개하면서 더 다양한 견해를 수용하게 되었다. 후에 그는 무슬림과 대화를 통해 복음을 나누었다. 그는 무슬림 교리 전문가이기도 했는데 이런 그의 유능한 지식은 무슬림 신학자와 지도자들과도 대화할 수 있는 배경이 되었다.

또한, "기독교 인쇄물이 흩어진 선교사"라 확신했던 그는 문서의 중요성을 매우 가치 있게 여기며 아랍어 성서와 그가 다룬 소책자를 보급했다. 19세기 아랍인들의 상당수가 문맹 상태였기에 그의 문서 보급 사역은 주로 교육받은 엘리트 계층에 국한되었다. 즈웨머는 서구 교회를 이슬람 세계와 마주하게 하고 무슬림 선교 사역자를 동원함으로써 무슬림 선교에 있어서 가장 기억할 만한 인물이 되었다. 그가 남긴 책들은 무슬림을 섬기기 위한 비전, 지식, 방법을 우리에게 전달하고 있다.[16]

---

16   다음의 책을 참고할 것. Alan Neely, "Zwemer, Samuel Marinus (1867-1952)," in Anderson, *Biographical Dictionary of Christian Missions*, 763; J. Christy Wilson, "The Legacy of Samuel Zwemer," *International Bulletin of Mission Research* 10 (July

5. 아프리카

1) 서아프리카

1804년 독일 선교사들은 성공회교회선교회 선교사들과 함께 시에라리온(Sierra Leone)에서 사역했다. 나중에 영국 감리교인들이 이 사역에 동참했다. 선교 사역의 첫 20년간 약 50여 명의 선교사가 병고로 인해 죽었다. 이에 따라 서아프리카는 "백인의 묘지"라 불리기도 했다.

1827년 성공회 선교사들은 포와베이칼리지(Fourah Bay College)를 설립했다. 이 칼리지는 서구식 대학으로 목사와 교사 육성을 목표로 했다. 1851년 서부 인디언 출신이자 아프리카 출신 선교사들은 시에라리온에서 사역을 시작했다. 그러나 이들 가운데 많은 수가 유럽 선교사들만큼이나 질병 속에서 힘겨워했다. 이들도 아프리카 선교지의 삶의 조건에 적응해야만 했다.

1828년 〈바젤선교회〉(Basel Mission)가 가나에서 사역을 개시했다. 아프리카 언어를 섭렵했던 바젤선교회 팀은 학교를 열고 농업과 경제 발전 계획을 자신들의 선교 사역으로 통합시켰다. 이들은 가나의 지역 주민들이 코코아를 수확하고 팔 수 있도록 도왔다. 1838년 감리교 선교사 토마스 버치 프리맨(Thomas Birch Freeman, 1809-1890년)이 가나 선교에 동참했다. 영국과 아프리카 두 민족의 혈통을 이어받은 프리맨은 지역 문화에 잘 적응했고 복음 전도를 위해 평신도 훈련 사역에 집중했다.

1851년 영국에 의해 식민화된 나이지리아는 아프리카에서 가장 넓은 국가가 되었다. 초기 성공회인과 감리교인이 복음 전도에 관여하여 교회가 나이지리아 전역으로 퍼져 나갔다. 나이지리아인들은 시에라리온에서 복음을 받아들이고 본국으로 돌아가 새로운 종교인 기독교를 전파했다.

1864년 영국성공회는 사무엘 아자이 크로더(Samuel Ajayi Crowther, 1809-1891년)에게 처음으로 아프리카 주교직을 허락했다. 포와베이칼리지에서

1986): 117-21.

훈련받은 크로더는 이전에 요루바어(Yoruba) 성서 번역을 맡기도 했다. 삼자 원리 교회 모델을 권장했던 교회선교회의 선교정책가 헨리 밴은 크로더를 나이지리아의 교회 지도자 겸 선교사로 임명하고자 했다. 나이지리아와 니제르에 복음을 전하도록 부름받은 크로더는 아프리카의 종교 문화와 언어를 익히는 데 고전했다. 불행히도 교회선교회는 크로더가 죽자 후임 현지인 지도자를 임명하지 않았다.[17]

메리 슬레서(Mary Slessor, 1848-1915년)는 당시 나이지리아에서 활동하던 선구적인 독신 여성 선교사였다. 스코틀랜드의 가난한 가정에서 태어난 슬레서는 같은 국가 출신의 아프리카 선교사 데이비드 리빙스턴의 겸손한 사역에 영감을 얻었다.

1876년 장로교 선교회와 함께 나이지리아에 도착한 슬레서는 순회 복음 전도자로 사역하며 복음이 전해지지 않은 곳 특별히 오코용족(Okoyong)과 에피크족(Efik)이 거주하는 지역에 갔다. 그녀는 현지어와 문화를 익혔다. 이 아프리카 부족들은 쌍둥이가 악마적 활동으로부터 기인한다는 신념을 숭상하며 쌍둥이 신생아를 죽이는 관습을 행하고 있었다.

이에 대해서 슬레서는 문제를 제기했다. 그녀는 많은 쌍둥이와 유기된 아이를 구조하고 이들 중 일부를 자기 자녀로 입양했다. 나이지리아 남부 지역이 영국의 통치하에 들어갔을 때 슬레서는 오코용 지역 내 영국 정부 기관에서 외교관으로 일하기도 했다.[18]

개신교 선교는 1843년 나이지리아와 인접한 카메룬에서도 시작되었다. 조셉 메릭(Joseph Merrick, 1808-1849년)이라는 자메이카 출신 선교사는 이수부어(Isubu)와 두알라어(Douala)를 익히고 마태복음을 이수부어로 번역했다. 영국 침례교 선교사 알프레드 세이커(Alfred Saker, 1814-1880년)도 두알라어 성서를 번역하여 1872년에 완역했다.

---

17   다음의 책을 참고할 것. Andrew F. Walls, "Crowther, Samuel (or Ajayi)," in Anderson, *Biographical Dictionary of Christian Missions*, 160-61.

18   다음의 책을 참고할 것. Tucker, *From Jerusalem to Irian Jaya*, 170-75.

2) 동아프리카

개신교인들은 19세기 말 우간다를 복음화하기 시작했다. 성공회 선교사들은 1876년 우간다에서 사역을 시작했고 우간다의 왕 무테사 1세(Muteesa I, 재위 기간 1856-1884년)로부터 호의를 받았다. 1882년에 이르러 최초로 우간다인들이 세례를 받았다. 1885년 교회선교회 선교사 알렉산더 맥케이(Alexander Mackay, 1849-1890년)가 마태복음을 현지 루간다어(Luganda)로 번역했다.

19세기 말 즈음 알프레드 터커(Alfred Tucker, 1849-1914년)는 동아프리카 성공회 주교로 섬기며 우간다, 탄자니아, 케냐에 속한 교회를 감독했다. 밴의 삼자 원리에 영향받은 터커는 현지교회 지도자들을 파송하고 토착 사역자들과 서구 선교사들 사이의 동등한 파트너십을 진척시켰다.

일부 유럽 선교사는 터커의 계획을 반대하고 때로는 그의 사역을 거부했지만, 우간다 교회는 터커의 주도 아래서 약 6만 5천 명의 신자로 성장해 나갔다. 우간다의 그리스도인들은 마가복음을 번역하고 동족을 복음화하기 위해 노력했다.[19]

3) 남아프리카

19세기 남아프리카에서 개신교 선교사들의 활동은 오늘날 서구 그리스도인들에게 가장 친숙한 선교 역사로 알려져 있을지 모르겠다. 그러나 로버트 모펫(Robert Moffat, 1795-1883년)이라는 선교사의 이름을 기억하는 이들은 거의 없을 것이다.

모펫은 원래 선교사로 파송받기 위해 런던선교회에 지원했지만 거부당했다. 대신에 그는 스코틀랜드회중선교회의 파송을 받아 1816년 남아프리카에서 활동하던 런던선교회 사업에 동참했다. 다행히 런던선교회로부터의 파송 거부가 그에게 어떤 부정적 영향을 미치지 않은 것으로 보인다.

---

19 다음의 책을 참고할 것. Neill, *History of Christian Missions*, 221.

모펫은 베추아나족(Bechuana)을 위해 사역하는 데 거의 반세기를 보냈다. 모펫은 남아프리카의 네덜란드어(Cape Dutch)를 사용해 소통했고, 이후에는 츠와나어(Tswana)를 터득해 사역을 이어 갔다. 그는 1857년까지 성서 전체를 츠와나어로 번역했다. 다른 선교사들처럼 모펫은 학교를 운영하고 교회도 설립했다.

1829년에 번져 간 영적 각성 운동으로 인해 현지교회는 불과 10년 안에 2백 명 이상의 신자들로 가득 채워지게 되었다. 신생 종교에 두려움이 많았던 아프리카의 왕 음질리카지(Mzilikazi, 1823-1868년)는 모펫에게 대표를 파견해 기독교가 대체 무엇인지 묻기도 했다.

모펫의 아들 중 한 명은 향후 음질리카지왕이 다스리는 마타벨레(Matabele) 왕국에서 선교사로 활동하게 된다. 모펫은 츠와나어를 완벽하게 구사했지만, 아프리카 문화와 종교를 연구할 시간은 거의 없었다. 또한, 모펫은 온정주의적이고 우월주의적인 태도를 견지했기에 현지 신앙인들의 주도권과 지도력을 인정하지 않았다. 아마 모펫의 사역은 동시대 서구 선교사 중에서 서구 문화의 우월성을 전달하는 문명화 선교를 가장 중요시했던 대표적인 인물이 될 것이다.

모펫의 사위이기도 했던 데이비드 리빙스턴은 교회 역사에 있어서 가장 유명한 서구 선교사 겸 탐험가였다. 스코틀랜드의 가난한 가정에서 태어난 리빙스턴은 10살의 나이에 면직공장에서 일을 시작했다. 그는 런던의 한 병원에서 의학을 연구하고 또 신학을 공부한 다음 1841년 남아프리카에서 활동하고 있던 런던선교회의 선교 사역에 동참하게 된다.

그의 사역 첫 10년은 기존 선교사들이 진행하던 사역에 참여하는 것이었고 선교 지역 내에 3개의 새로운 선교 지부를 세웠다. 이 시기 리빙스턴은 모펫의 딸 메리와 결혼한다.

1852년 리빙스턴은 탐사를 시작했다. 먼저 앙골라를 기점으로 해서 아프리카 중심부를 거쳐 동부 해안의 모잠비크까지 탐사했다. 그는 과학적이고 지리학적인 기록을 남기며 아프리카를 외부 세계에 알리기 시작했다. 그는 잠비아와 짐바브웨 사이에 위치한 빅토리아 폭포(Victoria Falls)를 발견한 인물로 널리 알려지게 된다.

1857년 리빙스턴은 『선교 여행기』(Missionary Travels)와 『남아프리카 연구』(Research in South Africa)라는 저작을 출판하며 영국의 국민적 영웅으로 귀환한다.

이때 그는 런던선교회를 떠나 영국 정부에서 관료직을 맡게 된다. 1858년 그는 다시 아프리카로 돌아가 잠베지강(Zambezi River)을 항해했다. 1865년 그는 나일강의 원류를 찾고자 탐사에 착수했다. 리빙스턴이 1873년 죽었을 때 그의 아프리카 동역자는 그의 심장을 아프리카 땅에 묻어 주었다. 그의 신체와 유품은 잉글랜드로 보내지게 된다. 리빙스턴은 웨스트민스터 사원에서 국장으로 장례를 거행하는 영예를 얻었다.

리빙스턴이 1852년 런던선교회와 결별했음에도 그는 여전히 복음 전도에 헌신하고 있었다. 복음을 전혀 듣지 못한 새로운 마을과 공동체를 탐험하려는 그의 열정이 온 사역을 실질적으로 이끌었다.

리빙스턴은 노예 무역 반대 운동에도 참여하며 아프리카 변혁을 위해 애썼다. 아프리카를 기독교와 무역에 개방하려 노력한 리빙스턴은 만일 유럽과 서구가 아프리카와 무역을 지속한다면 아프리카인들이 국제 노예 무역에 있어서 다른 아프리카인들을 불법적으로 거래하지 않을 것이라 확신했다.

리빙스턴은 탐험가로서의 명성을 쌓고 또 영국 내에서 아프리카 탐사에 대한 연설을 진행하면서 수많은 아프리카 선교사를 동원하기도 했다. 〈성공회대학 중앙아프리카선교회〉(Anglican Universities' Mission to Central Africa)가 1857년 창립되었는데, 리빙스턴은 이런 선교회를 통해 아프리카 선교에 헌신할 더 많은 사역자를 모집하도록 다리를 놓았다.

리빙스턴은 선교에 있어서 혁신적인 유산을 남겼지만 그 역시 몇 가지 문제를 피해 가지는 못했다.

첫째, 그는 선견지명이 있고 많은 선교사를 동원했지만, 선교 자원을 이끌고 조직화하는 데는 난관에 봉착했다.

둘째, 리빙스턴은 아프리카를 변혁하길 기대했지만, 그의 탐사는 실질적으로 인신매매를 위한 새로운 시장을 개척하고 노예 무역상들에게 혜택을 가져다주었다.

셋째, 리빙스턴은 가정의 건강과 안녕을 먼저 돌보지 못했다. 리빙스턴은 탐사를 시작한 지 첫 몇 해 동안 아내와 자녀들을 다소 위험 지역에 남겨두었다. 후에 그는 가족들을 영국으로 돌려보냈지만, 영국에서 그들의 삶은 거의 극빈 상태에 처해 있었다.

1857년 대중 연설 여행하는 동안에도 리빙스턴은 불과 삼일 동안 가족과 시간을 보낼 뿐이었다. 세상은 리빙스턴 박사의 유명세를 그의 책과 연설에서 접하고 있지만 그의 자녀들은 자신의 아버지를 인간적으로 결코 알지 못했다.[20]

1820년 웨일스 출신의 런던선교회 선교사 데이비드 존스(David Jones, 1796-1841년)는 남아프리카의 섬 마다가스카르에서 사역을 시작했다. 존스는 현지 왕 라다마 1세(King Radama I, 재위 기간 1810-1828년)로부터 호의적인 대우를 받았다. 존스는 개인적으로 영적 문제에 관심이 없었지만, 라다마는 기독교 윤리가 사람들에게 유익을 미칠 것이라 믿었기 때문에 그는 선교사에게 설교하고 학교를 설립할 자유를 허락했다.

존스와 데이비드 그리피스(David Griffiths, 1792-1863년)는 함께 신약성서, 교리문답, 찬송가, 학교 교과서를 말라가시어(Malagasy)로 번역했다. 1831년 이들은 첫 신자들에게 세례를 베풀었다. 라다마왕이 죽자 말라가시 교회는 수많은 박해를 받게 되었고 해외 선교사들은 추방당했다. 그러나 유럽 선교사들이 1850년경 다시 마다가스카르에 돌아왔을 때 현지교회는 시련 중에도 네 배로 성장했다.[21]

---

20   다음의 책을 참고할 것. Neill, *A History of Christian Missions*, 264-67.
21   다음의 책을 참고할 것. Neill, *A History of Christian Missions*, 269-70.

4) 북아프리카

북아프리카의 유서 깊은 초기 기독교 역사에도 불구하고 19세기에 이르러 이 지역은 대부분 무슬림 지역이 되어 있었다. 개신교 세력도 이슬람의 존재로 인해 종종 흔적이 사라졌다.

그러다가 1876년 잉글랜드 선교사 조지(George)와 제인 피어스(Jane Pearse)가 알제리에 주둔하고 있던 프랑스 군인을 사역하기 위해 이곳에 도착했다. 이들은 알제리 지역이 대부분 무슬림 권역임을 발견하고 프랑스인만 아니라 무슬림을 위해서도 사역하기로 결단했다. 아울러 1882년 수많은 해외 선교 단체가 〈북아프리카선교회〉(North African Mission)로 통합되었고 이 초창기 선교회가 무슬림권 선교를 위해 집중했다.

잉글랜드 출신의 예술가이자 선교사인 릴리아스 트로터(Lilias Trotter, 1853-1928년)는 북아프리카선교회에 속해 사역을 이어 가고자 했다. 그러나 선교회는 그녀의 지병을 이유로 들어 알제리 선교 사역에 동참하는 것을 허용하지 않았다.

이에 트로터는 지역 선교사들과 협력하고 무슬림 상황에서 독신 여성 선교사라는 신선한 개념을 착안해 냈다. 그녀는 복음 전도와 같은 유럽의 전통적인 선교 방식에 도전했다. 대신 그녀는 성서를 시처럼 낭독하는 북아프리카의 문화적 방식을 채택하고 보다 현지에 상황화된 카페 스타일의 사역 방법을 제안했다.

트로터는 예술, 공예, 문학을 통해 아이들이나 어머니들과 소통하려고 부단히 노력했다. 20세기로 접어들면서 북아프리카에는 선교사들이 급증했지만, 이들의 노력에도 불구하고 극소수의 무슬림만 복음을 받아들였다.

6. 라틴아메리카

19세기 말 라틴아메리카에서의 개신교 선교회 사역은 다소 더디게 진행되었다. 대부분의 개신교 선교사들은 라틴아메리카 대륙을 이미 복음화된 지역으로 간주하고 있었다. 로마가톨릭교회가 오랫동안 이 지역을 중점적으로 사역해 왔기 때문이다. 심지어 1910년 '에든버러 세계선교사대회'에 참석한 대다수 대표도 라틴아메리카를 적법한 선교지로 고려하지 않았다.

북아메리카와 유럽은 19세기를 거치면서 복음주의 부흥을 체험했고 로마가톨릭 국가에 대한 그들의 관점도 서서히 변하기 시작했다.

아르헨티나의 신학자 호세 미구에즈 보니노(José Míguez Bonino, 1924-2012년)는 개신교 선교사를 놀라울 정도로 일치된 존재로 묘사했다.

> 개신교 선교사들은 감리교, 장로교, 침례교 등 신앙고백이 다양하고, 또 북미와 영국이라는 국가의 뿌리도 다르지만, 이들 모두는 유사한 신학적 지평을 공유하고 있었는데, 그것은 복음주의라는 공통분모를 갖고 있다는 점이다.[22]

북미의 제2차 대각성 운동에서 태동한 초기 선교회 가운데 하나는 1816년 창립된 〈미국성서공회〉(American Bible Society)였다. 성서가 곧 권위라는 복음주의적 확신을 견지한 미국성서공회는 재빨리 브라질 선교에 뛰어들었고 포르투갈어 성서를 인쇄하여 브라질 전역에 성서를 보급하도록 선교사를 파송했다.

1855년과 1914년 사이 침례교, 감리교, 장로교, 성공회, 영국성서공회 선교사들도 브라질, 콜롬비아, 칠레, 파라과이에서 사역을 개시했다. 1914년까지 무려 50만 명 이상의 라틴아메리카 그리스도인이 개신교 교회에서 예배를 드렸다.

---

[22] José Miguez Bonino, *Faces of Latin American Protestantism* (Grand Rapids: Eerdmans, 1995), 27.

스코틀랜드장로교회 선교사 로버트 레이드 칼리(Robert Reid Kalley, 1809-1888년)는 이 시기 라틴아메리카에서 등장한 복음주의 개신교 선교 사역의 대표 사례를 보여 준다.

칼리는 브라질 황제 페드로 2세(Emperor Pedro II, 재위 기간 1831-1889년)가 개신교인들의 종교 활동을 허용하게 되자 1855년 리우데자네이루 부근에 정착했다. 칼리는 성서를 보급하고 방문 전도를 진행했다. 그는 포르투갈어로 설교한 최초의 개신교 목사였다. 1858년 칼리는 브라질에 첫 개신교 교회를 설립했다. 그는 브라질 사역을 위해 한때 마데이라(Madeira, 포르투갈의 남서부 섬)에서 사역 경험이 있었던 포르투갈어를 말하는 신자들을 고용했다.

칼리는 현지어로 설교했을 뿐 아니라 찬송가를 작곡하기도 했다. 또한, 그는 브라질 교회를 통제했던 해외 교단에 맞서서 브라질 교회의 현지인 지도력을 의도적으로 세우기도 했다. 마지막으로 칼리는 사회적 이슈를 무시하지 않았으며 1888년까지 브라질에서 존속했던 노예 무역에 대해 반대 견해를 유지했다.[23]

7. 북아메리카

미국은 19세기에 이르러 전 세계에 선교사를 파송하기 시작했다. 그러나 복음 전도자들은 북미 내에서도 복음을 전파하기 위해 지리적 경계를 계속해서 넘나들고 있었다.

제2차 대각성 부흥 운동 시기에 활동한 장로교 복음 전도자 제임스 맥그리디(James McGready, 1763-1817년)는 노스캐롤라이나에서 열린 어느 야외 집회에서 설교를 시작했다. 맥그리디는 1800년 테네시 개스퍼강(Gasper River)에서 진행되었던 윌리엄 맥기(William McGee, 1768-1817년)의 설교에

---

23 다음의 책을 참고할 것. Edward L. Smither, *Brazilian Evangelical Missions in the Arab World: History, Culture, Practice, and Theology* (Eugene, OR: Pickwick, 2012), 25-26; Smither, "Impact of Evangelical Revivals on Global Mission."

크게 감동하고 다음과 같이 그 순간을 묘사했다.

> 하나님의 권능이 온 집회를 뒤흔드는 것 같았다. 설교가 끝날 무렵 곤경에 처한 사람들의 울부짖음이 그의 목소리처럼 강력하게 흘러나왔다. 집회가 엄숙한 상황 속에서 마무리된 후에도 군중 대부분이 가장 경건한 태도로 남아 있었다. 그 누구도 집으로 돌아가길 원치 않아 보였다. 그 누구도 굶주림과 피곤함의 기색이 없어 보였다. 영원한 복음만이 그들의 중대한 관심이었다. 모든 사람에게 각성과 회심이 일어났다. 심지어 기이하고 놀라운 새로운 사건이 나에게도 나타났다.[24]

가장 잘 알려진 야외 집회가 켄터키 케인 리지(Cane Ridge)에서 일어났다. 만 명에서 2만 5천 명이나 되는 군중이 장로교 복음 전도자 바톤 스톤(Barton Stone, 1772-1844년)과 같은 이들의 설교를 듣기 위해 이곳에 모였다. 이 시기 켄터키에서 가장 큰 마을이었던 케인 리지는 불과 1,800여 명의 주민만이 살고 있었지만, 이 야외 집회는 매우 의미 깊은 모임이 되었다. 수많은 사람이 회심했고 이런 부흥의 결과 감리교, 침례교, 장로교 교회가 각지에서 새롭게 설립되었다.

성격상 훨씬 덜 감정적이긴 했지만 다른 여러 부흥 운동도 뉴잉글랜드 지역에서 나타났다. 조나단 에드워즈의 손자 티모시 드와이트(Timothy Dwight, 1752-1817년)는 이신론과 유니테리언 신학에 사로잡힌 뉴잉글랜드 지역에서 열정적으로 설교하고 있었다. 이 지역에서의 갱생 운동은 또한 대학에도 영향을 미쳤는데 특히 예일대학교의 학생회 모임에서 부흥이 일어났다.

제2차 대각성 운동 시기 이런 선교 활동과 함께 다른 복음 전도자들이 미국의 북서쪽 지역 원주민들과 접촉했다. 미국해외선교위원회의 선교 동원가 사무엘 파커(Samuel Parker)의 영감 있는 메시지에 감동한 마커스 휘트먼

---

24 다음의 책에서 인용. Charles L. Thompson, *Times of Refreshing: A History of American Revivals from 1740-1877, with Their Philosophy and Methods* (Amazon Digital Services, 2013), 83-84.

(Marcus Whitman, 1802-1847년)과 나르시사 휘트먼(Narcissa Whitman, 1808-1847년)은 파커의 사역에 동참하기로 결심했다. 1836년 마커스와 나르시사가 결혼식을 올린 지 불과 하루가 지난 후 이 부부는 서부의 오리건(Oregon) 지역으로 향했다. 이들은 서부 여행 중 상당한 갈등을 겪기도 했다.

그러나 휘트먼 부부는 목적지에 도착해서 장로교 선교사였던 헨리 스팔딩(Henry Spalding, 1803-1874년)과 엘리자 스팔딩(Eliza Spalding, 1807-1851년) 부부와 한 팀을 이루었다.

이 부부 선교사들은 오리건에서 각각 다른 인디언 부족 사역에 집중했다. 휘트먼 부부는 와일랏푸(Waiilatpu) 지역에 정착해 외부인에게 적대적이었던 카이유스족(Cayuse)을 대상으로 사역을 전개했다. 능숙한 의사였던 마커스는 카이유스족에게 의료적 돌봄을 제공했고 나르시사는 부족 아이들을 위한 학교를 시작했다. 몇몇 다른 가족도 이들의 사역에 동참했다. 이들은 거대한 농장을 갖춘 선교 구내를 만들어 안락하고 번성하는 거주지를 일구어 갔다.

한편, 스팔딩 부부는 라프와이(Lapwai)에 정착해 네즈퍼스족(Nez Perce)을 대상으로 사역했다. 이들은 복음주의 설교, 교회 개척, 토착어 찬송가 번역 등에 집중했고 학교도 세웠다.

그러나 카이유스족은 휘트먼 부부의 풍족한 삶에 점차 불쾌함을 드러내기 시작했다. 또 부족의 절반이 홍역으로 죽게 되었는데 이런 재난을 선교사 탓으로 돌리며 급기야 1847년에는 휘트먼 선교사의 선교 구내를 공격했다. 이에 따라 마커스, 나르시사, 그리고 열두 명의 동역자들이 죽었다. 이들은 한 달 동안 추가로 53명의 여성과 아이들을 포로로 잡게 되는데, 이로써 미국 원주민들과 백인 정착민들 간 긴장이 고조되었다.

1847년 원주민의 학살로 인해 선교사들은 이 지역을 강제적으로 떠날 수밖에 없었다. 그러나 헨리 스팔딩은 나중에 다시 돌아와 네즈퍼스족과 스포캔(Spokane) 인디언들에게 복음을 전했다. 이 부족들은 모두 복음을 받아들였다. 스팔딩은 약 천여 명의 새신자가 세례를 받았다고 보고한다.

휘트먼 부부와 스팔딩 부부의 이야기는 영적 추수만을 의미하지 않는다. 이들의 선교는 원주민들이 더 많은 권력을 갖고 있던 백인들을 향해 저지른 폭력적 저항의 결과를 보여 주고, 동시에 당시 북미 지역 식민지 상황 속에서 사역이 어떻게 전개되었는지를 잘 말해 주고 있다.[25]

8. 요약

19세기 세계 선교는 이전의 세기와 마찬가지로 서구제국주의와 상업적 팽창이라는 상황 속에서 전개되었다. 윌리엄 캐리와 아도니람 저드슨이 영국동인도회사와 충돌하기도 했지만 마커스 휘트먼과 같은 선교사들은 식민 사업이라는 그늘 속에서 선교를 추진해 나갔다.

19세기에는 크리스텐덤(교회와 국가의 공식적 연합 시기)이 차츰 붕괴하여 갔지만 많은 개신교 선교사는 경제적이고 정치적인 권력의 자리를 기반으로 사역을 전개하는 방식을 취했다. 이는 분명 전 세계의 문화 집단이 복음과 교회 그리고 기독교의 형식을 어떻게 이해하는가에 지대한 영향을 미치게 되었다.

한편, 복음주의 부흥과 각성 운동은 개신교 선교 사역에 불을 지폈다. 북미의 제2차 대각성 운동과 같은 19세기 부흥 운동은 직접적으로 전 세계 선교사 파송 운동으로 표현되었다. 이런 흐름 속에서 사무엘 밀즈와 같은 학생들이 1806년 기도 모임에 참여할 수 있었고 몇 년이 지나지 않아 선교회를 설립하는 사역에 참여하게 되었다.

마지막으로 19세기 개신교 선교는 세상을 복음과 연결하기 위한 어떤 의무감과 책임감을 견지하고 있었다. 교회는 하나님의 선교를 위한 수단으로 대위임령을 완수해야 한다는 캐리의 주장은 개신교인들이 세계 복음화 운동에 적극적으로 동참하도록 동기를 불어넣었다.

---

25 다음의 책을 참고할 것. Tucker, *From Jerusalem to Irian Jaya*, 88-96.

1) 19세기 선교사들은 누구였는가?

19세기에 주류 선교회는 정부로부터 지지와 인정을 받았고 이에 따라 개신교 선교사들도 하나의 공식적 사역으로 간주되었다. 비록 해외 시장에 대한 서방 세계의 무역과 군사적 관심이 선교사들의 존재를 항상 가치 있게 평가한 것은 아니지만 윌리엄 윌버포스와 같은 영향력 있는 지도자들은 선교 사역을 높이 평가하고 지지했다.

(1) 남성 중심성

19세기에는 주로 남성 선교사만이 선교사로 간주되었다. 결혼한 경우라면 그들의 배우자는 단순히 선교사 아내로 간주 될 뿐이었다. 비록 윌리엄 캐리는 아내 도로시가 자신을 따라 인도에 갔을 때 마음을 다해 아내를 돌보기도 했으나 도로시는 선교사로서의 소명을 받지는 않았다. 다분히 남편의 선교적 비전에 순종했을 뿐이다. 알렉산더 더프와 데이비드 리빙스턴과 같은 선교사들은 선교 활동을 하는 수년간, 영국에 가족을 두고 사역지로 떠나는 선택을 했다.

(2) 부부 선교사

이시기 남성 중심적인 경향에도 부부 선교사로 사역에 헌신한 몇몇 바람직한 사례를 목격하게 된다. 아도니람과 앤 저드슨 부부는 버마에서 함께 성서를 번역했고, 특히 아내 앤은 초기 선교 역사를 기록하는 등 자신만의 프로젝트를 진행해 나갔다. 물론, 아도니람이 옥중에 있을 때 앤이 남편의 석방을 위해 버마 정부에 로비하는 등 큰 역할을 하기도 했다.

한편, 19세기 말 즈음에는 캐나다 장로교 선교사 조나단(Jonathan, 1859-1936년)과 로살린드 고포스(Rosalind Goforth, 1864-1942년) 부부가 중국에서 소그룹 복음 전도를 함께 진행하기도 했다. 사무엘 즈웨머는 예비 아내가 될 아미를 선교사로 모집한 최초의 인물일 것이다. 이들은 향후 아라비아 선교팀에 합류했고 아내 아미는 간호사로서 전문적 역할을 담당했다. 즈웨머 부부가 결혼하기 전 이들은 공동의 선교적 비전을 품은 독신 팀원이기도 했다.

(3) 독신 여성 선교사

미국해외선교위원회와 같은 일부 선교회는 독신 여성 선교사를 파송하지 않았다. 그러나 예전에는 결코 목격할 수 없었던 독신 여성 선교사들이 19세기 선교 현장에 등장하기 시작했다.

메리 슬레서는 나이지리아에서 버려진 아이들을 양육한 선구적인 독신 여성 선교사로 한때 나이지리아 영국 외교관으로도 지냈다. 로티 문 역시 남침례교에서 임명한 초기 독신 여성 선교사 중 한 명이었다. 슬레서의 경우처럼 문은 중국에서 새로운 선교지를 개척했을 뿐만 아니라 침례교인들에게 여성의 선교적 역할과 책임을 재고하게 이끌었다. 물론, 그녀는 북미의 침례교 여성들에게 편지쓰기 캠페인을 전개하며 남침례교 신도들이 선교 후원금을 제공하도록 혁신적으로 이바지하게 된다.[26]

(4) 민족적 선교사들

19세기 일부 선교사가 현지인들을 향해 온정주의적이고 식민주의적인 태도를 보이기도 했지만, 다른 복음주의자들, 교회 지도자들, 선교사들은 선한 사역에 매진하기도 했다. 가령, 나이지리아와 니제르에서 사역하던 사무엘 크로더, 일본에서 활동한 니지마 시메타, 우치무라 간조, 우에무라 마사히사 등은 이런 사역을 진행한 모범적 증거를 남겼다.

이외에도 수많은 민족적 선교사가 이름도 없이 선교 역사 속에서 등장했다. 태평양 제도에서 사역한 복음 전도자, 복음을 들고 본국으로 돌아와 근접한 시에라리온에서 활동한 나이지리아 그리스도인들을 떠올려 볼 수 있다.

(5) 비서구 선교사들

백인 남성 중심적인 19세기 선교 역사의 이야기 중에서도 북미와 유럽 이외의 비서구 출신 선교사들도 사역에 동참했다. 가령, 자메이카 선교사 조셉 메릭은 카메룬의 이수부어와 두알라어를 습득했고 마태복음을 이수

---

26 다음의 책을 참고할 것. Tucker, *From Jerusalem to Irian Jaya*, 287-98.

부어로 번역했다. 또한, 서구 인디언 출신으로 아프리카 배경의 그리스도인들은 종종 힘겨운 난관에 직면하기도 했지만 시에라리온과 같은 선교지에서 사역을 진행했다. 마지막으로 조지아 사바나 출신으로 노예였다가 목사가 된 조지 릴리는 18세기 후반과 19세기 초반 자메이카섬에서 침례교 선교 사역을 이끈 선구자가 되었다.

2) 19세기 선교사들은 무엇을 했나?

(1) 선교회의 개시

개신교인들이 16-18세기 전 세계로 선교사들을 파송하기 위한 수단이 부족했던 반면, 19세기에는 다양한 선교회 창립을 통해 선교적 발전을 이룩했다. 교파 선교회나 초교파 선교회 모두 파트너십을 형성하여 책임성을 강화해 나갔고 지역교회도 선교에 참여하도록 유도했다. 선교회는 세계 선교 사역을 확장하기 위한 인적, 물적 토대를 마련해 나가기 시작했다.

선교회는 선교사들에게 팀으로 함께 사역할 기회를 제공했는데 이런 전략을 통해 선교사들의 고립감, 탈진, 도덕적 해이를 막을 수 있었다. 물론, 우리가 앞서 살펴본 것처럼 선교사들의 관계가 늘 건강한 것은 아니었다.

허드슨 테일러와 중국내지선교회는 지역의 현지 문화를 이해하고 진취적인 방식으로 복음을 전할 것을 선교회에 권장했다. 중국내지선교회는 선교지 현장 지도력을 강화함으로써 선교사들이 사역 현장과 밀접하게 활동하는 정책을 펼쳤다.

이런 믿음 선교 방법은 사무엘 즈웨머와 같은 창의적인 선교사들이 기도와 재정 후원자 그룹을 모집하는 데도 큰 영향을 미쳤다. 또한, 점차 많은 교회와 그리스도인이 세계 선교에 있어서 더 유기적인 역할을 할 수 있도록 했다.

(2) 선교 지부의 설립

캐리, 리빙스턴, 휘트먼 부부 등 많은 선교사가 사역지에 정착한 후 거주할 집과 부대시설을 세우고 안전하고 독립적인 공동체를 만들었다. 여기서 선교 지부는 선교사들이 설교하고 교회를 세우고 또 번역하고 다른 사역을 진행하는 본거지로 활용되었다. 그러나 동시에 선교사들이 자신의 본국 문화로부터 가져온 전통과 관습을 유지하도록 했다. 어떤 경우 선교 지부는 선교사들이 현지에 적응하고 현지 문화와 긴밀하게 관계 맺는 것을 방해하기도 했다. 선교 지부는 더욱 안락하고 풍요로운 환경을 갖추고 있었기에 현지인들은 이를 식민제도의 한 형태로 간주하기도 했다.

(3) 내지 복음화

허드슨 테일러는 중국 동료 선교사들이 고립된 채 안락하고 나태한 삶을 살도록 부추기는 선교 지부 방식에 못마땅해했다. 이미 19세기 초 세람포선교팀은 인도 전역을 복음화하고 성서를 수많은 현지어로 번역하는 사안에 대해 논의하기 시작했다.

칼 구츨라프와 로버트 번즈는 테일러에게 긍정적인 자극을 주어 외국인들이 여유롭게 생활하고 교회를 세우기에도 수월한 지역을 되도록 피할 것을 권유했다. 즉, 선교사들이 비교적 안락한 선교 지부가 아니라 선교지 전역에서 발로 직접 뛰며 내지 사역을 하도록 한 것이다.

메리 슬레서, 로티 문, 이외 선교사들 역시 이런 정책을 성공적으로 구현한 인물이다. 이들은 새로운 사역지를 개척하는 데 수많은 위험을 감수했다. 이런 과정에서 선교사들의 관계가 종종 불편하기도 했다.

(4) 교회 개척

19세기 대부분 선교사는 교회 개척에 관여했다. 이 사역은 식민지 인도와 아프리카 등지에 성공회회중공동체와 같은 새로운 해외 이주교회의 시작을 의미했다. 어떤 경우 선교사들은 현지어로 예배드릴 수 있는 현지교회를 세우기도 했다. 로버트 레이드 칼리는 스코틀랜드 출신의 장로 교인으로 브라질에서 현지 양식과 문화에 맞는 지역교회를 육성했다.

일본인인 우치무라 간조는 20세기에 한때 인도에서 진행되기도 했던 무교회 운동을 자국에서 전개했다. 우치무라는 일본인에게 서구 교회의 형식을 강요하는 여러 사상과 개념에 반대했다. 이런 이유로 이미 앤더슨,

밴, 네비우스가 주장했던 자전하는 교회에 대한 논의(교회는 현지인들에게 적합한 외형적, 문화적 양식으로 설립되어야 한다는 주장)는 매우 중요한 선교 정책이 되었다.

교회 개척은 19세기 선교사들의 주된 관심이었는데 이 사안은 중국에서 활동했던 허드슨 테일러의 초기 사역에서 드러난 실질적인 과제이기도 했다. 초기 중국내지선교회는 언어 학습, 상황화, 복음 전도를 매우 강조하면서 새로운 신자들이 현지교회로 모일 수 있도록 유도했다.

(5) 성서 번역

개신교인들은 성서의 권위를 근간으로 하는 개혁주의적 가치를 매우 중요하게 여기고 있었다. 이들은 성서 번역을 선교 실천의 본질적 특징으로 간주했다. 복음주의 부흥 운동 역시 성서 번역에 대한 필요를 더욱 추동했다. 성서 번역과 관련하여 에릭 펜(Eric Fenn)은 다음과 같이 언급한 바 있다.

> 새로운 영성은 … 성서의 진리 발견과 매우 긴밀하게 관련을 맺고 있으며, 성서가 신앙과 실천의 핵심이라는 사실을 의미한다.[27]

성서 번역은 적어도 두 가지 차원에서 19세기 세계 선교에 유익을 가져다주었다.

첫째, 성서는 때때로 선교사들이 물리적으로 접근할 수 없는 지역에 복음이 도달할 수 있도록 했다. 가령, 한국어로 기록된 두 복음서가 외부에서 번역되어 한국으로 유입되었다. 최초의 개신교 선교사들이 19세기 말 한국에 도착했을 때 이들은 이미 자국어 성서를 읽고 복음을 믿어 세례받

---

27 Eric Fenn, "The Bible and the Missionary," in *Cambridge History of the Bible*, vol. 3, *The West from the Fathers to the Reformation*, ed. S. L. Greenslade (Cambridge: Cambridge University Press, 1963), 387.

을 준비가 된 한국인을 만나게 되었다. 이와 마찬가지로 중동 지역에서 활동한 사무엘 즈웨머는 성서와 기독교 문학과 같은 복음 전단지를 매우 중요하게 여겼고, 이런 문서 사역을 선교사가 갈 수 없는 곳에 어디든지 갈 수 있는 또 다른 선교사로 간주했다.

둘째, 현지어 성서는 선교사들의 문화적 오류를 바로잡고 토착적이고 지역적인 기독교 형태를 표현했다. 남아프리카의 신자들은 그들의 언어로 성서를 받아들였기 때문에 유럽 선교사들이 전한 문명화 메시지를 그리 중요하게 여기지 않았다. 현지어 성서는 혼합주의적 형식을 비판하고 비기독교의 원시 종교적 영향을 근절시키기도 한다.

즈웨머, 앤 저드슨, 데이비드 존스, 데이비드 그리피스 등, 이들은 기독교 문서를 현지어로 번역했다. 그 문서는 교리문답, 복음전도서 소책자, 찬송가를 포함했다. 이런 책자들은 분명 문서 선교 영역에서 현지 기독교의 발전에 도움을 주었다. 그러나 이런 문서 선교의 영향은 주로 식자층에 제한되었고 주로 선교사들의 도움을 통해 기독교 문서 해석이 가능했다.

(6) 현지 문화 습득과 복음의 상황화

19세기 일부 선교사들은 영어나 유럽 언어로 소통하며 서구적인 교회나 교육 형태를 전달하고자 했지만, 대부분 선교사는 현지어를 습득하고 기독교를 현지 문화 가운데 접목하고자 노력했다.

세람포선교팀은 인도 문화를 이해하는 것이 매우 중요하다고 간주하고 복음을 변화하는 문화 영역에서 표현하고자 했다. 또한, 정규 학위 과정을 받지 못한 잉글랜드 출신의 구두 수선공 윌리엄 캐리는 향후 인도 문화의 전문가가 되었다. 그리고 캘커타대학교에서 동양학 교수로 임명받기도 했다.

허드슨 테일러와 중국내지선교회는 사역의 핵심으로서 지역 문화를 이해하고 동일화하는 것에 관심했다. 북아프리카에서 활동한 릴리아스 트로터는 서구적인 복음 전도 집회가 필요한지 의문을 제기하고 지역 상황에 맞는 카페 스타일의 모임을 주관하기도 했다. 아도니람 저드슨은 복음 전도 집회를 조직하기 위해 버마 문화 중 자야트(가정 모임) 개념을 차용해 선교에 접목했다.

(7) 병원과 학교 설립

19세기 선교회는 많은 경우 병원과 학교를 건축했다. 이는 훗날 "기구주의 선교"로 불리게 된다. 한국과 같은 선교지에서 정부는 복음 전도나 교회 설립을 허용하지 않았다. 다만 기독교 의사나 교사는 한국에서 활동할 수 있도록 허용했다. 다른 선교 활동 구역에서도 선교사들은 구제 사역, 복지 사역, 교육을 통한 개발 등 인간 필요에 관한 사역을 진행했다. 존 스커더는 의사와 복음 전도자로 섬기면서 신행일치의 사역을 위해 애썼다.

대부분의 기독교계 학교가 서구 교육과 문화 심지어는 영어의 우월성을 의식적으로 혹은 무의식적으로 알리고 있었지만 이런 기구주의적 선교 정책은 그리스도적 연민과 통전적인 선교적 증언을 현지인들에게 보여주었다.

(8) 공동체 개발과 비즈니스

19세기 기구주의적 선교 방법과 관련하여 바젤선교회와 같은 조직은 복음 선포와 함께 공동체 및 경제 개발에도 관여했다. 데이비드 리빙스턴은 기독교와 상업 확장을 위해 아프리카를 개방시키고자 했으며 비즈니스와 무역이 아프리카의 경제 성장에 기여하고 전 세계적 노예 무역을 종식시킬 수 있을 것이라 믿었다.

(9) 현지 지도자 파송

밴, 앤더슨, 네비우스의 삼자교회 원리는 19세기에 큰 주목을 받기 시작했다. 세람포 선교팀은 이런 핵심 가치를 추구했으며 일본, 우간다, 브라질의 교회 설립자들은 이런 정책을 구현하고자 했다. 현지 지도자를 육성하고 파송하려는 사역은 포와베이칼리지(시에라리온)와 비숍스칼리지(인도)와 같은 신학대학 설립을 포함했다. 이런 대학은 서구 신학과 서구 교육 체제의 커리큘럼에 기초해 있었지만, 현지 사역자를 준비시키려는 선교사들의 노력을 엿볼 수 있다.

(10) 선교 사역의 고통과 인내

19세기 선교사들 역시 여느 다른 시기와 마찬가지로 분명한 약점과 한계가 있었다. 그러나 선교사들은 고통과 고난 중에서 선교 사역을 끈질기게 이어 갔다는 사실을 기억할 필요가 있다. 일부는 남태평양 현지인들에게 복음을 전하다가 산 채로 잡혀 먹일 법한 위험도 감수해야 했다.

어떤 선교사들은 온갖 질병에 걸려 서아프리카에 있는 "백인의 묘지"에 묻히기도 했으며 또 누군가는 배우자나 자녀들이 선교지에서 죽음을 맞이하는 장면을 목격해야 했다. 그러나 그들은 포기하지 않았고 묵묵하게 자신의 사역을 감당했다.

윌리엄 캐리는 정신적 질병에 괴로워하는 자기 아내를 두고 감정적 고통과 싸워야 했다. 앤 저드슨은 버마 감옥에 억울하게 갇힌 남편을 위해 전력을 다해 변호했다. 앤이 남편의 석방 후 곧 죽게 되자 남편 아도니람 저드슨은 장기간의 심각한 우울증에 괴로워했다.

이 때문에 선교사를 위한 전문적 돌봄이 필요하다고 역설한 로티 문은 선교사들이 활력과 용기를 얻기 위해 정기적으로 고국으로 돌아가 안정을 취해야 한다고 제안했다. 그녀는 10년마다 한 번씩 안식년 제도가 필요함을 제안했다. 이런 제도적 장치는 19세기 해외 선교사들이 자신의 사역에서 회복하고 또 더 깊이 헌신할 기회를 마련했다.

[더 읽을 자료]

Bays, Daniel H. *A New History of Christianity in China*. Chichester, UK: Wiley-Blackwell, 2012.

Bonino, José Míguez. *Faces of Latin American Protestantism*. Grand Rapids: Eerdmans, 1995.

Bosch, David J. *Transforming Mission: Paradigm Shifts in Theology of Mission*. Maryknoll, NY: Orbis, 1991.

Brackney, William H. "Judson, Adoniram." In *Biographical Dictionary of Christian Missions*, edited by Gerald H. Anderson, 345-46. New York: Macmillan Reference USA, 1998.

Fenn, Eric. "The Bible and the Missionary." In *Cambridge History of the Bible*, vol. 3, *The West from the Fathers to the Reformation*, edited by S. L. Greenslade, 383-407. Cambridge: Cambridge University Press, 1963.

McFarland, Andrew D. "William Carey's Vision for Missionary Families." In *The Missionary Family: Witness, Concerns, Care*, edited by Dwight P. Baker and Robert J. Priest, 98-115. Pasadena, CA: William Carey Library, 2014.

Neely, Alan. "Mills, Samuel John, Jr." In *Biographical Dictionary of Christian Missions*, edited by Gerald H. Anderson, 460. New York: Macmillan Reference USA, 1998.

_____. "Zwemer, Samuel Marinus (1867-1952)." In *Biographical Dictionary of Christian Missions*, edited by Gerald H. Anderson, 763. New York: Macmillan Reference USA, 1998.

Neill, Stephen. *A History of Christian Missions*. London: Penguin, 1990.

Nettles, Thomas J. "Baptists and the Great Commission." In *The Great Commission: Evangelicals and the History of World Missions*, edited by Martin I. Klauber and Scott M. Manetsch, 89-107. Nashville: B&H Academic, 2008.

Robert, Dana. "Judson, Ann ('Nancy') (Hasseltine)." In *Biographical Dictionary of Christian Missions*, edited by Gerald H. Anderson, 346. New York: Macmillan Reference USA, 1998.

Smither, Edward L. *Brazilian Evangelical Missions in the Arab World: History, Culture, Practice, and Theology*. Eugene, OR: Pickwick, 2012.

_____. "The Impact of Evangelical Revivals on Global Mission: The Case of North American Evangelicals in Brazil in the Nineteenth and Twentieth Centuries." *Verbum et Ecclesia* 31, no. 1 (2010).

Thompson, Charles L. *Times of Refreshing: A History of American Revivals from 1740–1877, with Their Philosophy and Methods*. Amazon Digital Services, 2013.

Tucker, Ruth A. *From Jerusalem to Irian Jaya: A Biographical History of Christian Mission*. Grand Rapids: Zondervan, 2004.

Walls, Andrew F. "Crowther, Samuel Adjai (or Ajayi)." In *Biographical Dictionary of Christian Missions*, edited by Gerald H. Anderson, 160–61. New York: Macmillan Reference USA, 1998.

Wilson, J. Christy. "The Legacy of Samuel Zwemer." *International Bulletin of Mission Research* 10 (July 1986): 117–21.

제5장

기독교 선교의 지구적 세기, 1900-2000년

20세기 초, 전 세계 그리스도인의 약 95퍼센트가 유럽과 북미 지역에 살고 있었다. 그러나 세기말에 이르러서 상황이 매우 달라졌다. 세계 그리스도인의 다수는 지구 남반구, 즉 아시아, 아프리카, 라틴아메리카에 거주하고 있다.

19세기가 기독교 선교의 "위대한 세기"였다면 20세기는 "지구적 세기"(global century)였다. 탈식민 세계의 고통과 불확실성 그리고 전쟁과 갈등에도 불구하고 복음은 전 세계를 향해 위대한 진보를 이룩하게 되었다.

우리는 이 장에서 선교 실천에 있어서 나타나는 경향과 흐름만 아니라 정치, 사회, 종교적 배경도 함께 탐구할 것이다. 그 후에 복음이 어떻게 아시아, 아프리카, 라틴아메리카로 확장해 갔는지를 주요 선교사들을 주목하면서 간략하게 관찰하고자 한다. 마지막으로 우리는 20세기 복음주의 선교를 특징짓는 새로운 흐름과 전략에 대해 좀 더 집중적으로 살펴볼 것이다.

1. 20세기 세계

1) 전쟁과 갈등

사라예보에서 오스트리아-헝가리제국의 후계자 프란츠 페르디난드 대공(Archduke Franz Ferdinand, 1863-1914년)의 암살은 수많은 나라를 제1차 세계대전(World War I, 1914-1918년)으로 몰아넣었다. 전쟁 상황 중인 1917년 미국과 우드로 윌슨(Woodrow Wilson, 1856-1924년) 대통령은 모든 전쟁을 종식한다는 명목으로 전쟁에 참여했다.

사실 제1차 세계대전은 20세기 일련의 전쟁 첫 장을 장식했다. 제1차 세계대전에서 패배한 독일은 아돌프 히틀러(Adolf Hitler, 1889-1945년) 체제하에서 세계의 권력으로 다시 부상했고 제2차 세계대전(World War II, 1939-1945년)이 발발하는 도화선이 되었다.

두 차례의 세계대전은 다른 지역의 갈등을 촉발했다. 가령, 한국전쟁(Korean War, 1950-1953년)으로 인해 한반도는 3.8선을 기준으로 공산주의 독재국가인 북한과 민주주의 체제의 남한으로 갈라졌다. 베트남전쟁은 1955년부터 1975년까지 약 20년 동안 전개되며 공산주의가 지배하는 북베트남을 탄생시켰다.

이런 긴장 상태는 중동의 이스라엘과 이웃 국가들 사이에도 벌어졌다. 두 무슬림 국가인 이란과 이라크는 1980년대 약 8년간 갈등을 빚었다. 1990년 이라크 지도자 사담 후세인(Saddam Hussein, 1937-2006년)의 쿠웨이트 침공에 이어, 미국과 동맹국은 쿠웨이트를 해방하기 위해 그 지역에 관여했다. 또한, 이들은 제2차 걸프전(이라크전쟁, 2003-2011년)이라는 군사적 충돌에 개입하며 석유 지대를 확보하고자 했다.

20세기는 집단 학살이 만연한 공포의 시대였다. 1915년 오스만 투르크족은 150만 명의 아르메니아인을 학살했다. 1941년부터 1945년까지 히틀러의 나치 정권은 홀로코스트 기간 유럽 내 6백만 명이 넘는 유대인을 죽였다. 1994년에는 압도적으로 그리스도인이 많았던 르완다에 후투족(Hutu)이 인종청소라는 캠페인을 전개하여 불과 100일 만에 100만 명의 투치족(Tutsi)을 죽였다.

인종청소는 발칸전쟁(Balkan War, 1992-1995년)에서도 일어났다. 정교회 세르비아 그리스도인들이 메흐메트 파샤 다리(Mehmet Pacha Bridge)에서 약 2,500명의 보스니아 무슬림을 잔인하게 학살하고 그 시체를 드리나강(Drina River)에 버렸다.

'이슬람 근본주의 운동' 역시 20세기에 발흥했다. 이런 근본주의 운동은 다양한 요인에 의해 촉발되었다. 1923년 현대 튀르키예 국가를 건설하려는 과정에서 무스타파 케말 아타튀르크(Mustafa Kemal Atatürk, 1881-1938년)는 마지막 무슬림 왕조인 오스만제국을 붕괴시켰다.

이런 사건은 7세기 이후 "정교일치"(din-wa-dawla, 딘와다울라)라는 형태로 존재해 왔던 이슬람 세계를 위협하는 정체성의 위기를 초래한 것이다. 이런 권력 공백 상태와 함께 중동에서의 서구 외교 정책과 이스라엘 건국(1948년)은 수많은 이슬람 근본주의 운동을 재촉했다.

가령, 이집트의 정치 지도자 하산 알 반나(Hassan al-Banna, 1906-1949년)는 1928년 무슬림형제단(Muslim Brotherhood)을 만들고 이집트의 경제적 퇴보에 대응해 나갔다.

반나는 이집트에 샤리아법을 제정하려고 노력했다. 그는 이슬람에 혼합주의를 근절하기 위해 꾸란과 하디스(Hadith, 마호메트의 언행록-역자 주)로만 이슬람을 해석하고자 했던 개혁가 무함마드 이븐 압둘 와하브(Muhammad ibn Abd-al Wahab, 1703-1792년)에게서 영감을 받았다. 반나의 노력은 성공하지 못했지만 무슬림형제단은 2011년과 2012년 이집트에서 일시적으로나마 권력을 쟁취했다.

아야톨라 호메이니(Ayatollah Khomeini, 1900-1989년)는 서구의 지원을 받던 모하마드 레자 샤 팔레비(Mohammad Rezā Shāh Pahlavi, 1919-1980년)를 포함한 서구의 영향에 대응했고 1979년에는 이란에서 성공적인 이슬람혁명을 이끌었다. 호메이니는 이슬람 성직자가 이끄는 정부를 조직하고 시아파 국가 내에서 이슬람법을 제정했다. 1992년에는 이란혁명이 알제리로 번져 나갔고 이는 10년간의 내전으로 확대되었다. 그 결과 약 10만에서 20만 명의 알제리인들이 목숨을 잃었다.

20세기 말에 이르러 다른 근본주의 세력이 폭력과 테러를 통해 권력을 획득하려고 했다. 1970년대 헤즈볼라(Hezbollah, 레바논의 시아파 이슬람 과격파 조직-역자 주)가 레바논을 통치하고자 했으며, 하마스(Hamas, 팔레스타인의 반이스라엘 투쟁 이슬람 근본주의 조직-역자 주)는 이스라엘에 대항해서 팔레스타인 지역을 막아 내고자 했다. 파키스탄의 한 이슬람 파에서 출현한 탈레반(Taliban)은 20세기 말 아프가니스탄을 장악하고 있었다.

마지막으로 오사마 빈 라덴(Osama bin Laden, 1957-2011년)이 이끄는 알카에다(Al-Qaeda)는 서구를 포함하는 전 세계를 대상으로 테러를 일으키기 위해 수천 명의 청년을 동원하기도 했다. 이들이 저지른 가장 악명 높은 행위는 2001년 비행기를 납치하여 뉴욕 세계무역센터에 충돌시켰던 9.11 테러였다.

2) 정치 지형의 이동

20세기에는 세계 정치에 있어서 많은 변화가 있었다. 1917년 블라디미르 레닌(Vladimir Lenin, 1870-1924년)과 러시아 공산주의자들이 볼셰비키혁명(Bolshevik Revolution)을 일으켰다. 이로써 차르(tsar, 황제)는 몰락했고 20세기를 휩쓴 공산주의가 탄생했다.

1922년에는 러시아와 이외 14개 국가들을 주축으로 소비에트사회주의 공화국연방(Union of Soviet Socialist Republics, USSR)이 등장했다. USSR과 미국은 정치, 군사적 권력이 증대하고 있었기에 이 두 체제는 20세기 남은 기간 군비경쟁 구도와 냉전체제를 형성시켰다. 1991년 미하일 고르바초프(Mikhail Gorbachev, 1931-2022년)의 지도하에서 소비에트연방(Soviet Union)은 공식적으로 해체되었다.

이 시기 중국도 칼 마르크스와 프리드리히 엥겔스의 정치 이론에 기반한 실험대 위에 놓여 있었다. 1949년 공산주의혁명은 중화인민공화국(People's Republic of China)을 탄생시켰다. 이후 1966년에 중국 정부는 문화혁명을 단행하여 공산주의 운동을 위협할 만한 지식인과 사상을 중국에서 몰아냈다. 그 결과 공식적인 국교는 무신론이 되었다. 중국 정부는 교회를 탄압했고 중국 체류 해외 선교사들을 추방했다.

1948년 유엔은 이스라엘이라는 새로운 근대 국가를 인정했다. 1917년 밸푸어 선언(Balfour Declaration)과 함께 영국과 그 외 국가들은 유대 국가의 탄생에 호의적 태도를 견지하기 시작했다. 우간다에 국가를 만든다는 제안을 거절한 유대인들은 아브라함이 약속한 그 땅을 점령하고자 했다.

북미의 일부 복음주의 그리스도인들은 이런 정치적 현상을 성서적 예언의 성취로 간주했다. 그러나 이스라엘에 거주하는 아랍인들 대부분은 매우 다른 관점을 취했고 이스라엘의 존재 권리를 거부했다. 게다가 유대 국가를 세운다는 것은 곧 팔레스타인 사람들을 추방하거나 그 거주지를 빼앗는 것을 의미했기에 추가적인 분쟁을 자극할 수밖에 없었다.

3) 탈식민주의와 민족주의

19세기에 이어 20세기 전반에도 유럽 제국주의는 끝나지 않았다. 그러나 변화의 움직임이 차츰 나타나기 시작했다. 1947년 인도가 영국으로부터 독립하게 되었고 그 결과 파키스탄과 방글라데시가 형성되었다. 1950년대와 1960년대 아프리카와 아시아 국가들 역시 자신들의 독립을 주장하기 시작했다. 일부 이런 독립 절차는 순조로운 방식으로 진행되었다. 그러나 알제리의 경우 프랑스로부터 독립하기 위해 무력전을 펼쳤고 폭력과 유혈 참사가 빚어졌다.

많은 신생국이 국가적 번영을 위해 고군분투했지만 20세기 후반기 극심한 불안을 겪게 되었다. 아프리카는 부족 제도로 인해서 무수히 많은 내전과 쿠데타가 발발했다. 한국과 베트남과 같은 아시아 국가들도 전쟁을 경험했다. 캄보디아의 공산당 지도자 폴포트(Pol Pot, 1925-1998년)는 1970년대에 자국민 200만 명을 죽였다. 탈식민지 시기 무수히 많은 독재자가 등장하여 자국 시민들의 사회적, 정치적 자유를 억압했다.

마지막으로 이 시기에는 민족주의 운동이 발흥했는데, 이는 종종 반서구적 감정을 불러일으키면서 기독교 선교사들에 대한 반감과 저항을 불러일으켰다.

민족주의 이념은 유럽과 북미에서도 나타났다. 히틀러의 나치 정권은 백인우월주의라는 근본주의 신념에 근거해 있었고 이런 이념적 토대 위에서 수많은 유대인과 비아리아인을 절멸시켰다. 이런 인종 우월주의 감정에 도취된 미국의 쿠클럭스클랜(Ku Klux Klan)과 같은 집단은 백인우월주의를 위해 투쟁하며 흑인, 유색인종, 소수자를 탄압했다. 미국에서는 격리, 흑인차별법(black codes), 짐크로우법(Jim Crow Law)이, 남아프리카에서는 아파르트헤이트(Apartheid)와 같은 제도적 인종차별이 전개되었다.

4) 세계적인 역이주 현상

16세기부터 19세기까지 유럽인들이 비서구 세계로 이주했다. 그러나 20세기에는 유럽과 북미 지역으로 역이주하는 현상이 가속화되었다.

1956년과 1962년 사이 북아프리카 국가들이 독립하기 직전, 프랑스는 경제 성장을 달성하기 위해 북아프리카로부터 이주를 장려했다. 점차 시간이 흐르면서 수백만 명의 북아프리카 무슬림이 프랑스에 거주하게 되었다. 일부는 단기 노동자로 체류했으며 또 다른 이들은 영구 거주를 위해 프랑스 국적을 취득하기도 했다.

비슷한 상황에서 독일은 제2차 세계대전이 끝난 후 경제적 재건을 위해서 한국에서 해외 노동자를 모집했다. 이들은 주로 광산이나 의료 인력 자원으로 배치되었다. 아프리카, 아시아, 라틴아메리카 출신의 유학생들 역시 서구권 대학에서 공부하기 시작했다. 이주 사업가도 서구 지역 특히 미국에서 사업을 개시했다.

많은 이주민이 정치적 폭력, 내전, 동요, 빈곤 문제를 이유로 서구 국가로 도피했다. 1979년 자국에서 자유를 박탈한 이란인들이 영국, 스칸디나비아, 캐나다, 미국으로 망명해 갔다. 수천 명의 베트남 시민도 베트남 공산주의 정권으로부터 도망쳤고 이 가운데 상당수가 미국에 난민 자격으로 들어갔다. 동시에 카스트로 정권으로부터 도피한 셀 수 없는 쿠바인들도 생명의 위험을 무릅쓰며 작은 배에 몸을 싣고 플로리다로 향했다.

아프리카 국가에서 탈출한 수많은 난민은 유럽에서 희망을 꿈꾸며 대륙을 거쳐 "난민 하이웨이"(refugee highway)를 진전시키는 데 기여했다. 20세기 후반 수백만 명의 필리핀 사람도 자국의 빈곤 문제로 더 나은 일자리를 찾아 사우디아라비아, 페르시아만의 인근 국가, 유럽, 캐나다 등지로 떠났다.

5) 신학의 이동

다윈의 진화론이나 성서 고등비평과 같은 19세기 사상적 전환은 많은 서구 그리스도인이 자유주의 신학을 수용하게 하도록 했다. 그들은 성서의 역사적 가르침(가령, 동정녀 탄생, 예수 그리스도의 죽음, 땅에 묻히심, 부활, 문자주의적 지옥 등)과 기독교의 배타적 주장(그리스도만이 하나님께 이르는 유일한 길)을 거부했다.

그 결과 많은 그리스도인이 기독교 선교를 인간의 사회적 필요를 공급해 주는 것이라고 다시 정의하기에 이르렀다. 일부 선교사들도 인류의 선행을 강조하면서 비신자들이 회개하거나 복음을 믿는 것에 관심이 거의 없었다. 그들은 온전한 인간성을 회복하는 것을 선교의 목표로 간주했다.

신학적으로 보수적인 그리스도인들은 '기독교 근본주의 운동'에 응답해 나갔다. 『기독교 신앙의 근본들』(The Fundamentals of the Christian Faith, 1909-1915)이라는 책의 출판과 함께 시작한 근본주의자들은 기독교 신앙의 역사적 유산을 보수하고자 했다.

이들은 무디성서연구소(Moody Bible Institute, 1886년), LA성서연구소(Bible Institute of Los Angeles, 1908년), 필라델피아성서대학(Philadelphia College of the Bible, 1913년), 콜롬비아성서대학(Columbia Bible College, 1923년) 등 다양한 성서대학을 신학 교육을 위한 보수적 센터로 자리매김했다.

이런 신학교들은 수많은 목회자와 선교사를 양성했다. 그러나 근본주의 운동은 폭넓은 기독교 문화와 전통 가운데 교회를 스스로 고립시키는 경향을 내비치기도 했다. 이런 흐름은 미국에서 1950년대까지 지속되었다. 특히, 신학자 칼 헨리(Carl F. H. Henry, 1913-2003년)가 신근본주의의 옹호자였는데, 그는 '근대 복음주의 운동'을 태동시켰다.[1]

---

[1] 다음의 책을 참고할 것. Brian Stanley, *The Global Diffusion of Evangelicalism: The Age of Billy Graham and John Stott* (Downers Grove, IL: InterVarsity, 2013).

6) 현대 오순절 운동

20세기 초 웨일스와 한국을 포함하는 전 세계적인 부흥 운동 가운데 1906년 '아주사 대부흥 운동'(Azusa Street Revival)은 현대 오순절 운동을 탄생시키는 계기를 마련했다. LA에 위치한 '아프리카감리교성공회'(African Methodist Episcopal)와 찰스 파함(Charles Parham, 1873-1929년)의 설교를 통해 촉발한 이 부흥 운동은 재빠르게 미국 전역으로 확산했다. 1915년에는 그 열기가 전 지구적으로 확장되었다.

오순절교회는 방언, 치유, 기적을 강조하며 인종, 문화, 사회경제적 장벽을 넘어 예배를 중심으로 다양한 사람을 끌어들이기 시작했다. 20세기 후반 가장 두드러진 교회 성장이 바로 이 오순절교회 내부에서 일어났다. 오순절 운동은 개신교, 성공회, 심지어 로마가톨릭 진영의 교회에 이르기까지 스며들었고 이로써 세계 기독교 내 교회 전통을 구분하던 경계선도 흐릿해졌다.

7) 선교회

19세기 영국이 세계 선교를 위한 주요 파송국이라면 20세기는 미국이 선교 강국으로 부상했다. 미국의 기업가 정신은 19세기 자발 원리의 가치에 따라 새로운 선교회를 창립하는 데서 발현되었다.

19세기 말에는 〈복음주의연맹선교회〉(Evangelical Alliance Mission, 1890년), 〈중앙아메리카선교회〉(Central America Mission, 1890년), 〈복음선교연합회〉(Gospel Missionary Union, 1894년), 〈아프리카내지선교회〉(African Inland Mission, 1895년), 〈수단내지선교회〉(Sudan Interior Mission, 1898년)와 같은 미국 복음주의 그룹이 형성되었다. 이들의 이름에서 알 수 있듯이 일부 선교회는 세계의 특정 지역을 섬기기 위한 목적에서 창립되었다.

1913년 찰스 스터드(Charles T. Studd, 1860-1931년)는 전형적인 믿음 선교회인 〈세계복음화십자군〉(Worldwide Evangelization Crusade, WEC)을 설립했다. 선교 사역을 위해 기도하고 재정을 모금했던 WEC 회원은 교회나 특정 개인에게 돈을 요청하지 않았다. 이 시기 〈라틴아메리카선교회〉(Latin American Mission, 1921년)와 〈미전도지역선교회〉(Unevangelized Fields Mission, 1931년)도 개시되었다.

20세기에는 선교 혁신과 전략이 진일보했고 수많은 신생 선교회가 이런 전략적 발전을 채택했다. 1942년 윌리엄 캐머론 타운센드(William Cameron Townsend, 1896-1982년)는 〈위클리프성서번역회〉(Wycliffe Bible Translators)를 창립하여 성서를 세계 모든 언어로 읽을 수 있는 작업에 착수했다. 재난 구호와 지역 개발에 초점을 둔 〈월드비전〉(World Vision)은 1950년 사역을 시작했다.

"오늘의 학원 복음화는 내일의 세계 복음화"라는 표어 속에서 빌 브라이트(Bill Bright, 1921-2003년)와 보네트 브라이트(Vonette Bright, 1926-2015년)는 1951년 〈국제대학생선교회〉(Campus Crusade for Christ)를 창립했다.

조지 버워(George Verwer, 1938년 출생)는 1957년 〈오엠국제선교회〉(Operation Mobilization)를 설립했고, 로렌 커닝햄(Loren Cunningham, 1936년 출생)은 1960년 〈예수전도단〉(Youth With A Mission)을 창립했다. 선교 인력을 동원하는 것이 교회의 최우선이 되어야 한다고 믿었던 풀러신학교의 랄프 윈터(Ralph Winter, 1924-2009년) 교수는 1976년 〈미국세계선교센터〉(U.S. Center for World Mission)를 창립했다.

마지막으로 〈파이어니어스〉(Pioneers, 1976년)와 〈프론티어스〉(Frontiers, 1982년)와 같은 선교 단체도 미전도 종족을 위한 선교적 비전 속에서 태동했다. 파이어니어스는 선교사들을 세계 전역으로 파송하지만, 프론티어스는 무슬림 지역을 중점적으로 섬겼다.

8) 학생자원운동

미국의 복음 전도자 드와이트 무디(Dwight L. Moody, 1837-1899년)가 인도한 4주간의 YMCA 대학 집회가 막을 내린 후 1886년 학생자원운동(Student Volunteer Movement)이 매사추세츠 헬몬산 수련회를 통해서 탄생했다. 무디의 관심은 북미 지역이었기에 이런 청년 집회는 세계 선교에 집중적인 관심을 두지 않았지만, 미국에서 일던 부흥의 물결이 세계 선교를 위한 비전을 촉발했다.

헬몬산 집회 기간 프린스턴신학교 교수 로버트 윌더(Robert Wilder, 1863-1938년)는 "하나님께서 원하시면 저는 어느 곳이든 선교사로 가겠습니다"라는 프린스턴서약(Princeton Pledge)을 통해 학생들에게 큰 도전을 주었다.

1886년 약 백여 명의 학생들이 이런 부름에 응답했다. 1888년에는 학생자원운동이 공식적으로 출범하였고 "이 세대 안에 세계를 복음화하자"라는 표어를 채택했다. 1886년과 1920년 사이 8,700명이 넘는 그리스도인(이들 중 많은 경우 대학교를 졸업했고 유복한 가정 출신이었다)이 선교 서약에 응답했고 선교를 위해 해외로 떠났다.[2]

당시 학생자원운동을 이끌던 카리스마적 지도자는 찰스 스터드였다. 케임브리지대학교에서 최고의 크리켓 선수이기도 했던 스터드는 선교사가 되기 위해 자신의 유산을 포기하기도 했다. 그는 중국에서 10년간의 사역을 마친 후 건강 악화로 인해 잉글랜드로 복귀했다.

1894년부터 1900년까지 스터드는 영국과 미국 내에서 학생자원운동을 알리기 위한 여정에 착수했고 세계 선교 사역에 헌신할 학생들을 동원하는 데 큰 노력을 기울였다. 후에 스터드는 인도(1900-1906년)와 콩고(1913-1931년)에서 자신의 선교 사역을 계속 이어 갔다.

19세기와 20세기 초를 대표했던 선교회 중 하나인 세계 YMCA 조직의 총무를 역임했던 존 모트(John R. Mott, 1865-1955년)는 30년 동안 학생자원운동을 이끌었다. 모트는 청년들을 기독교 선교에 헌신하도록 동기를 불어넣기 위해 세계 곳곳을 누볐고 1946년에는 이를 인정받아 노벨평화상을 받았다. 로버트 스피어(Robert Speer, 1867-1947년)는 미국 북장로교의 세계 선교 행정가로 그 역시 학생자원운동을 지원하는 총무이자 동원가로 사역했다.

---

2 다음의 책을 참고할 것. Michael Parker, *The Kingdom of Character: The Student Volunteer Movement for Foreign Missions, 1886-1926* (Lanham, MD: University Press of America, 1998), 2-21; 다음의 논문도 참고할 것. Dana L. Robert, "The Origin of the Student Volunteer Watchword: 'The Evangelization of the World in this Generation,'" *International Bulletin of Missionary Research* 10, no. 4 (October 1986): 146.

학생자원운동은 수많은 자원자를 세계에 파송하도록 이끌었지만 1920년대 자유주의 신학으로 인해 점차 힘을 잃기 시작했다. 1928년 예루살렘에서 개최된 국제선교협의회에서는 복음 선포나 회심보다 사회적이고 인도주의적인 사업이 강조되었다.

1932년에는 하버드대학교 교수인 윌리엄 어니스트 호킹(William Ernest Hocking)과 개신교 평신도 그룹이 『기독교 선교의 재고』(Re-thinking Missions)라는 저서를 통해 복음 전도를 "인간의 세속적 필요를 채워 주는 사역"으로 재정의하기에 이르렀다. 이들은 다음과 같이 확언했다.

> 어떤 의식적이고 직접적인 복음 전도 사역에 대한 조직적인 책임성으로부터 해방하여 선교 사역의 교육적이고 박애주의적 차원을 정립할 시기가 왔다.[3]

기독교 사역의 인간적 측면과 영적 측면 사이의 이런 이분법에 대해 모트는 이렇게 논박했다.

> 하나는 사회적이고 다른 하나는 개인적인, 이런 두 가지 종류의 복음이란 존재하지 않는다. 이 땅에서 사시고 돌아가시고 부활하신, 그리고 자신을 인간의 삶과 연결하신 그리스도만이 오직 존재할 뿐이다. 그리스도는 개인의 구원자이시고 자신의 환경과 관계를 변혁시키는 충만한 권능자이시다.[4]

학생자원운동은 모트와 스피어의 노력에도 불구하고 이런 자유주의적 궤도를 공전하였고 이 운동은 결국 '세계교회협의회'(World Council of Churches)로 흡수되고 말았다.[5]

3　William Ernest Hocking, *Re-thinking Missions: A Laymen's Inquiry after 100 Years* (New York: Harper and Brothers, 1932), 326.
4　다음의 책에서 인용. Ruth A. Tucker, *From Jerusalem to Irian Jaya: A Biographical History of Christian Mission* (Grand Rapids: Zondervan, 2004), 324.
5　다음의 책을 참고할 것. Tucker, *From Jerusalem to Irian Jaya*, 312-34.

9) 에든버러 세계선교사대회

1910년 6월 약 1,200여 명의 개신교 대표가 역사적인 세계선교사대회를 기념하기 위해 스코틀랜드의 수도 에든버러에 모였다.

존 모트는 이 대회의 의장직을 담당했고 학생자원운동 출신의 많은 대표가 이 모임에 참여했다. 학생자원운동의 표어, "이 세대 안에 세계를 복음화하자"가 이 대회에서 다시 등장했다. 대회가 개최되기 이전 여덟 개의 연구 그룹이 "비서구 세계에 복음 전파", "선교사 준비", "선교와 정부"와 같은 주제를 다루었다.[6]

세계교회협의회와 20세기 에큐메니컬 운동의 탄생에 기여한 에든버러 세계선교사대회에는 개신교 선교 지도자들만 참여했다. 이 대회는 로마가톨릭 국가들을 배제했다. 왜냐하면, 그 지역은 이미 기독교 지역으로 간주되었기 때문이다.

이 대회는 또한 압도적으로 서구적 관심사가 반영되었다. 1,200여 명의 대표들 가운데 대다수가 유럽과 북미 지역 출신이었다. 다만 훗날 남인도 지역의 성공회 주교가 된 사무엘 아자리아(Samuel Azariah, 1874-1945년)가 몇 명 안 되는 비서구 지역 대표로 대회에 참가하여 가장 예언자적인 연설을 진행했다.

아자리아는 선교 미래를 향한 전망 속에서 19세기 개신교 선교 사역을 회고하였고 다음과 같이 선언했다.

> 인도 교회는 앞으로 도래할 모든 세대에 걸쳐 서구 선교사들이 보여 준 섬김과 자기 부인이라는 희생에 감사하며 성장할 것입니다. 여러분은 가난한 자를 먹이기 위해 여러분의 양식을 나누어 주었습니다. 또한, 여러분은 자신의 몸을 불사르며 희생해 왔습니다. 이제 우리는 사랑을 요구합니다.

---

6 "Edinburgh 1910 Conference," Centenary of the 1910 World Missionary Conference, http://www.edinburgh2010.org/en/resources/1910-conference.html (accessed June 25, 2018).

우리에게 친구가 되어 주십시오.[7]

아자리아는 서구 그리스도인과 토착 그리스도인들 사이에 동등한 파트너십을 호소했다. 실제로 20세기가 진보할수록 현지 그리스도인들이 세계 복음화를 위해 앞장서게 되었다.

2. 아시아

1) 중국

중국내지선교회를 비롯한 선교회는 20세기 전반 대격변의 시기에도 선교 사역을 계속 이어 갔다. 중국은 다양한 군부 지도자가 집권하면서 1911년과 1927년 사이 지속적인 정치적 변화를 경험했다. 1927년 대다수 해외 선교사는 중국을 떠났다. 스스로 그리스도인이라 고백했던 장제스(Chiang Kai Chek, 1887-1975년)의 지도하에서 1930년대 교회는 어느 정도의 자유를 누리고 있었다.

그러나 중일전쟁(1937-1945년)을 거치며 일본은 수많은 중국 그리스도인과 해외 선교사를 박해했다. 이 시기 스코틀랜드의 선교사이자 1924년 올림픽 금메달리스트인 에릭 리델(Eric Liddell, 1902-1945년)이 일본이 관할하던 감옥에 투옥되었고 결국 거기서 생을 마감했다.

1949년 중국 공산주의혁명 당시 약 4천여 명의 개신교 선교사들이 중국에서 사역하고 있었는데, 이때 중국 교회는 약 백만 명의 신자들로 성장했다. 그러나 불과 몇 년 이내에 중국 정부는 거의 모든 선교사를 추방하고 기독교계 병원과 학교를 강탈했다. 중국 정부는 악의적인 선전 활동을 통해 기독교를 서구 세력의 악으로 선언했다.

---

[7] 다음의 책에서 인용. Brian Stanley, *The World Missionary Conference: Edinburgh 1910* (Grand Rapids: Eerdmans, 2009), 119.

1967년 문화혁명 시기 정부는 지식인들을 모두 제거하는 것은 물론 교회 역시 파괴했고 그리스도인들을 박해했다. 이런 대박해에도 불구하고 중국 교회는 1980년 이후 특히 가정교회 운동을 통해 괄목할 만한 성장을 경험하기 시작했다. 20세기 말 중국 내 기독교 신자는 1억 명으로 추산될 정도로 급성장했다. 이런 현상은 현지 중국인 신자들의 사역을 통해 이루어진 결과이다.

2) 인도

기독교 선교사들은 종교적으로나 문화적으로 20세기의 인도와 다양한 관계를 맺고 있었다. 인도는 20세기 전반 영국의 지배를 받았고 20세기 후반에는 탈식민적 정체성 속에 머물고 있었다.

이런 이유로 미국 감리교 선교사 스탠리 존스(E. Stanley Jones, 1884-1973년)의 사역은 대단히 중요한 의미를 지닌다. 학생자원운동의 영향을 받은 존스는 1907년 인도에서 사역을 시작했다. 존스의 원칙은 기독교를 서구적 형태의 종교로서 이해하기보다는 그리스도의 인격에 초점을 맞추고 있었다.

존스의 핵심 전략은 '아쉬람 운동'(Ashram movement)으로 알려지게 된다. 즉, 다양한 카스트 계급의 구성원과 종교가 함께 살아가는 공동체를 구현하고자 했다. 이런 환경 속에서 힌두교인, 무슬림, 자이나교도, 그리스도인이 함께 식탁에서 음식을 나누고 종교 간 대화에 참여할 수 있었다. 1940년 존스는 인도 내에 40여 개의 아쉬람공동체를 시작하고 있었다. 이런 현지 사역과 함께 그는 인도 상황에서 복음 전도와 사역에 관한 30여 권의 책을 저술했다.[8]

---

8   다음의 자료를 참고할 것. "E. Stanley Jones," Asbury University, http://www.asbury.edu/offices/library/archives/biographies/e-stanley-jones (accessed June 25, 2018).

3) 한국

20세기 한국 교회의 역사는 부흥과 영적 팽창 그리고 수난으로 특징 지워진다. 1907년 '평양 대부흥 운동' 후 일본은 1910년 한국을 병합했다.[9] 제2차 세계대전이 끝나는 1945년까지 일본은 정치적으로나 문화적으로 한국을 지배했다. 1939년 상당수 서구 선교사들이 한국에서 추방당했다. 1945년 남한과 북한의 공식적 경계는 3.8선에 의해 나뉘어졌다. 1950년 북한은 남한을 침략했고 3년 동안 한국전쟁이 지속되었다.

이런 역사적 곤경에도 불구하고 20세기 후반 남한은 세계에서 찾아볼 수 없을 정도의 급속한 기독교 성장을 경험하게 된다. 2000년까지 30퍼센트에 가까운 남한 인구가 기독교를 믿고 있었으며 이 중 상당수는 복음주의적 그리스도 신앙을 따르고 있었다.

1958년 조용기 목사(David Yonggi Cho, 1936-2021년)는 여의도순복음교회를 설립했다. 셀 모임으로 이루어진 여의도순복음교회의 전체 등록 신자는 백만 명에 이르고 20세기 후반 단일 교회로는 전 세계에서 가장 큰 규모를 자랑하고 있었다.

4) 일본

1945년 히로시마 원폭 투하와 제2차 세계대전에서 일본의 잇따른 패배는 일본 사회를 좌초시키며 국가 재건의 필요성을 촉발했다. 미국의 더글러스 맥아더(Douglas McArthur, 1880-1964년) 장군은 1천여 명의 기독교 선교사들이 일본에서 사역하기 위해 자원할 것을 제안했다. 그리고 1963년까지 4천여 명의 선교사들 특히 북미 선교사들이 일본인을 위해 사역했다. 일부 선교사들은 맥아더의 호소에 응답하기도 했지만 다른 대부분 선교사

---

[9] 다음의 책을 참고할 것. Mark Shaw, *Global Awakening: How Twentieth-Century Revivals Triggered a Christian Revolution* (Downers Grove, IL: IVP Academic, 2010), 33-54.

는 자신의 복음화 소명에 이끌려 일본에 도착했다.

선교사들이 일본인들과 맺은 개인적 관계는 그들에게 복음을 전하기 위한 가장 효과적인 수단이었다. 그러나 20세기 말까지 일본 교회의 회중은 매우 적었고 복음주의 그리스도인들의 수치는 일본 인구 전체의 0.5퍼센트도 되지 않았다.[10]

5) 중동

1950년 내내 중동, 아시아, 아프리카에 속한 많은 무슬림 국가가 유럽으로부터 독립을 쟁취했다. 이 비서구 국가에는 적어도 명목상 그리스도인이 분포해 있었다. 그러나 시간이 흐르자 대부분 해외 선교사 특히 서구에서 온 선교사들은 강제로 추방되었고 기독교 선교 비자 역시 발급이 중단되었다.

서구 기독교 세계에 대한 이런 적대적 상황 속에서 케네스 크래그(Kenneth Cragg, 1913-2012년)는 무슬림에게 기독교를 증거하기 위한 효과적인 전략 모델을 제시했다. 성공회 주교였던 크래그는 그의 본국인 영국만 아니라 예루살렘, 카이로, 베이루트, 나이지리아에서 성공회교회를 섬기기도 했다. 크래그는 기독교 신학 훈련 이외에도 아랍어를 습득하여 세계적으로 정통한 꾸란 학자가 되었다.

무슬림 학자들도 종종 크래그 주교에게 꾸란과 이슬람 신학에 대한 그의 견해를 구하기도 했다. 크래그는 기독교와 무슬림 사상을 비교하고 대조 분석하여 50권 이상의 책을 저술했다. 그는 그리스도인이 무슬림이 믿는 것을 배우고 무슬림 신앙과 전통에 진심 어린 이해를 함양하여 무슬림과 진정한 우애를 다질 것을 권장했다. 이런 우정과 이해에 기반해 어느 그리스도인은 무슬림과 의미 있는 대화를 나눌 수 있었고 심지어 그들이 그리스도를 따르도록 초대하기도 했다.

---

10 다음의 책을 참고할 것. Stephen Neill, *A History of Christian Missions* (London: Penguin, 1990), 424-27.

크래그는 사무엘 즈웨머의 사역에 이어 「무슬림 월드」(*The Muslim World*)라는 잡지의 편집자로 활약했고 하트포드신학교(Hartford Seminary)에서 아랍-이슬람학을 가르쳤다.

탈식민 시대 기독교 선교 사역은 무슬림 지역에서 굉장히 제한적이었다. 많은 선교사는 교사, 사업가, 비영리 사역자 등 직업인으로 봉사하며 닫힌 이슬람 사회에 접근하기 시작했다. 사도행전 18장에 나타난 사도 바울의 사역 모델에 근거해 자비량 선교 방식(tentmaking)이 탄생한 것이다.[11] 자비량 선교사들은 상업 중심지에서 현실적인 사업을 통해 말과 행동으로 사역을 진행했다.

또한, 구두로 복음을 전했다. 선교사들은 무슬림과 겸손한 대화로 관계를 맺었고 상황화된 교회를 세우고자 분투했다. 20세기 후반에는 신생 선교회가 무슬림 지역에서 점차 증가해 나갔다. 1982년 그레그 리빙스턴(Greg Livingstone, 1940년 출생)이 무슬림 교회 개척에 특별한 관심을 쏟으며 프론티어스 단체를 시작했다.[12]

3. 아프리카

20세기 아프리카인들은 심각한 역경과 고통을 견뎌내야 했다. 20세기 들어 에티오피아를 제외하고 아프리카의 거의 모든 국가가 유럽의 식민지가 되었기 때문이다. 식민지 해방이 된 후에도 아프리카는 부족주의, 쿠데타, 군사정부와 독재자의 등장으로 인해 대혼란의 상황을 겪게 되었다. 콩고, 베냉, 앙골라, 모잠비크와 같은 국가에는 마르크스 정권이 권력을 독점했다.

---

11 다음의 책을 참고할 것. J. Christy Wilson, *Today's Tentmakers: Self-Support: An Alternative Model for Worldwide Witness* (Eugene, OR: Wipf & Stock, 2002).

12 다음의 책을 참고할 것. Greg Livingstone, *Planting Churches in Muslim Cities: A Team Approach* (Grand Rapids: Baker Academic, 1993); Frontiers, http://frontiers.org (accessed June 25, 2018).

이런 정치적 격변에 더해 1980년 이후에는 2천만 이상의 사하라 사막 이남 아프리카인들이 후천성 면역 결핍 증후군(HIV/AIDS)에 감염되었다. 그리고 아프리카 대륙 대부분이 극단적 빈곤과 가뭄 그리고 기근으로 전쟁을 겪어야 했다.

이런 도전에도 불구하고 아프리카의 교회는 1910년 1,000만 명에서 백 년이 지난 2010년에 거의 1억 명으로 급증했다. 필립 젠킨스(Philip Jenkins)의 연구에 따르면 이런 기독교 팽창은 세계 역사상 그 어떤 지역과 그 어떤 종교에서도 볼 수 없었던 가장 급격한 성장이었다.[13]

1980년까지 대략 6명의 아프리카인 중 한 명이 그리스도인으로 확인되었다. 일부 사하라 사막 이남 국가들은 우간다(기독교 비율 46퍼센트), 케냐(35퍼센트), 중앙아프리카공화국(35퍼센트), 나이지리아(23퍼센트)를 포함하여 복음주의 그리스도인의 인구가 두드러지게 증가했다. 그리고 몇몇 복음주의 그리스도인은 20세기 후반 아프리카의 국가 지도자가 되었다.

1) 라이베리아와 코트디부아르

20세기 아프리카에서 교회 성장의 대부분은 중국에서의 경우와 비슷하게 현지 그리스도인들에 의해서 이루어졌다. 이는 평신도 신앙인은 물론 전문적인 목회자와 선교사들을 포함했다.

라이베리아의 감리교 및 성공회 교인이었던 윌리엄 웨이드 해리스(William Wade Harris, 1860-1929년)는 서아프리카에서 순회하는 예언자 겸 복음 전도자로서 자신의 소명을 실천했다. 1914년경 해리스는 인생의 마지막 때까지 거의 15년간 라이베리아와 코트디부아르를 여행하면서 약 10만 명의 서아프리카인에게 세례를 주었다고 한다.

13　다음의 책을 참고할 것. Phillip Jenkins, "Now That Faith Has Come," plenary address, Evangelical Theological Society National Meeting, San Diego, 2007; Jenkins, *The Next Christendom: The Coming of Global Christianity* (Oxford: Oxford University Press, 2011).

해리스의 메시지는 동료 아프리카인들이 물신과 우상을 버리고 회개하여 세례를 받도록 하는 사역을 포함하고 있었다. 해리스는 성령의 가시적 사역을 중요하게 여겼다. 목격자들의 보고에 따르면 해리스의 메시지에는 기적, 치유, 방언과 같은 성령의 영향이 동반되었다.

해리스의 사역은 아프리카독립교회의 전개에 있어서 중요한 단초를 마련했다. 아프리카독립교회는 역사적으로 서구 교파로부터 해방된 토착교회 운동을 말한다. 종종 교리상으로 오순절파에 속하는 독립교회 운동은 예배 형식에 있어서 아프리카의 문화적 토착화를 지향했다.[14]

2) 수단

해리스와 같은 아프리카인들은 20세기 아프리카 선교에 길을 열어 주었고 이에 발맞춰 서구 선교사들도 기독교 확장에 큰 영향을 미치게 된다. 1901년 롤랜드 빙햄(Rowland Bingham, 1872-1942년)은 수단의 생활 조건에 용감히 마주하면서 〈수단내지선교회〉(Sudan Interior Mission)를 창립하게 된다. 수단내지선교회는 기도와 믿음 그리고 퀴닌(말라리아를 막기 위한 예방약으로 퀴닌을 통해 선교사들이 수단에서 살아남을 수 있었다)을 통해 수단 전역에 수많은 선교 지부를 개시했다.

이 선교회의 사역은 복음 전도, 교회 개척, 의료 선교를 포함했다. 수단은 1955년 영국으로부터 독립했고 1964년에는 모든 기독교 선교사를 추방했다. 그럼에도 2,500개 이상의 교회가 1970년까지 설립되었다.

3) 에티오피아

1928년 수단내지선교회는 수단과 인접하고 있던 에티오피아로 사역을 확장해 나갔다. 이탈리아가 에티오피아를 점령하고 있었던 1935년부터

---

14 다음의 논문을 참고할 것. David Shenk, "The Legacy of William Wadé Harris," *International Bulletin of Missionary Research* 10, no. 4 (October 1986): 170-76.

1939년까지 모든 서구 선교사가 추방당했다. 1935년 에티오피아에 불과 50여 명의 그리스도인이 남았을 때 선교사들은 마가복음과 기독교 문학을 암하라어(Amharic)로 번역하는 데 많은 시간을 투자했다. 현지 토착교회의 이런 전통과 증거를 근거로 에티오피아 복음주의교회는 1941년까지 약 만 명의 신자로 급증했다.

4. 라틴아메리카

오늘날 세계 로마가톨릭 교인의 다수가 라틴아메리카에 살고 있다. 20세기 말 라틴아메리카 인구의 약 80퍼센트가 가톨릭교회에서 세례를 받았다. 그러나 1980년에 이르면 소수의 신자만 주일 미사에 참여한다. 브라질 사람들은 가톨릭 신자는 교회에 평생 세 번만 나간다고 말하곤 한다. 즉, 세례받을 때, 결혼식을 올릴 때, 장례를 할 때, 이렇게 교회에 참석한다.

20세기 초에는 상대적으로 극소수의 개신교인만이 라틴아메리카에서 예배를 드리고 있었다. 1910년 에든버러 세계선교사대회에 참가했던 일부 개신교 선교사들은 라틴아메리카에서 선교하길 회피했다. 왜냐하면, 그 지역은 이미 복음화된 곳으로 간주했기 때문이다. 로버트 스피어와 아서 피어슨(A. T. Pierson, 1837-1911년)과 같은 개신교 지도자들은 이런 암묵적 생각에 반기를 들었다.

1913년 기독교 대표들은 라틴아메리카 복음주의 선교 사역을 전개하기 위해 뉴욕에서 한 대회를 조직했다. 1916년에는 다른 모임이 파나마에서 열렸고 라틴아메리카 선교를 위한 심도 있는 전략을 논의했다. 이후에도 유사한 목적을 지닌 대회가 1925년 우루과이의 몬테비데오(Montevideo)와 1929년 쿠바의 아바나(Havana)에서 개최되었다. 스피어와 동역자들은 라틴아메리카 선교를 위한 협력위원회를 조직했다.

그리고 이와 유사한 그룹이 브라질에서 세부적인 사안을 논의하기 시작했다. 마지막으로 1930년 라틴아메리카 선교를 위한 복음주의교회연맹

이 설립되었다.[15] 그 결과 일부 개신교 선교회가 명목상의 가톨릭 신자들을 대상으로 복음을 전하기 시작했고 다른 선교사들도 현지 부족 가운데서 사역했다. 이 시기에 많은 선교회가 부족 사역을 위해 창설되었다.

대표적으로 〈남미인디언선교회〉(South American Indian Mission), 〈안데스복음주의선교회〉(Andes Evangelical Mission), 〈위클리프성서번역회〉(Wycliffe Bible Translators), 〈신부족선교회〉(New Tribes Mission) 등이 활동했다.

1906년 '아주사 대부흥 운동'에 이어 오순절 기독교가 남미 지역으로 재빠르게 번져 나갔다. 가령, 1910년 미국 시카고에 거주했던 두 명의 스웨덴계 침례교인인 군나르 빈그렌(Gunnar Vingren, 1879-1933년)과 다니엘 버그(Daniel Berg, 1884-1963년)가 신비로운 예언을 받고 브라질에서 선교 사역을 이끌고 있었다.

교회 역사가 유스토 곤잘레스(Justo González)는 당시 상황을 다음과 같이 기록하고 있다.

> 1910년 여름 빈그렌의 교회에 다니던 예언의 은사를 받은 한 교인이 사우스벤드(South Bend) 도시에 있던 식당에서 하나님께서 빈그렌에게 위대한 선교 사역에 대한 소명을 주었다고 선포했다. 며칠 후 그 예언자는 버그에게 동일한 말을 전했다. 그 예언자는 이들이 어떤 선교를 해야 하는지 알지 못했지만, 선교지가 파라(Pará)라는 장소는 알고 있었다. 빈그렌과 버그는 11월 5일 뉴욕에서 배를 타고 선교지로 떠날 예정이었다.
>
> 그러나 그 누구도 파라라는 곳이 어디에 있는지 알지 못했다. 빈그렌과 버그는 바로 도서관으로 가서 그곳이 브라질 북부에 있는 한 주(州)임을 확인했다. 이들은 곧 뉴욕으로 가서 11월 5일 파라로 떠나는 클레멘트(Clement)라는 선박이 있다는 소식을 접했다. 이들은 즉시 3등 선실 표 두 장을 구입하고 두 주 후 브라질 북부 파라주의 벨렘(Belem)에 도착했다. 이들의 수중에는 불과 90달러밖

---

15 다음의 책을 참고할 것. Kenneth S. Latourette, *A History of the Expansion of Christianity* (New York: Harper & Brothers, 1937-1945), 7:172-73.

에 없었고 포르투갈어는 단 한마디도 하지 못했다.[16]

예전에 목사로 사역했던 빈그렌은 브라질에서 복음 전도에 집중했다. 반면 버그는 금속공 사역을 통해 현지인들을 지원했다. 파라주 벨렘에 있는 침례교인과 함께 예배를 드리며 빈그렌과 버그의 언어 실력은 날로 향상되었고 신도들의 오순절 신앙도 더욱 깊어졌다. 그러나 이들은 곧 강제적으로 교회를 떠나야 했다. 후에 이들은 〈사도적신앙의선교회〉(Missão da Fé Apostólica)를 시작했다. 1918년 빈그렌과 버그는 미국 최대 오순절교회인 하나님의성회(Assemblies of God)교단에 회원으로 가입했다.

이들은 1920년까지 브라질 북부와 북동부 지역 모든 주에 하나님의성회교회를 설립했다. 그리고 1944년까지 브라질 전 지역에 교회를 세웠다. 1950년 이후 브라질 교단이 10만 성도에서 1,440만 성도로 증가했는데, 이는 세계에서 가장 큰 하나님의성회였다.[17] 20세기 말까지 오순절 교인이 라틴아메리카 개신교의 거의 70퍼센트를 차지하게 된다.

라틴아메리카 부족을 대상으로 선교하던 일부 서구 선교사들은 심각한 곤경과 심지어 순교에 직면해야 했다.

1944년 볼리비아의 아요레족(Ayoré)과 접촉하던 신부족선교회의 밥(Bob)과 세실 다이(Cecil Dye)는 아요레족에게 살해당하고 말았다. 1956년 짐 엘리엇(Jim Eliot), 네이트 세인트(Nate Saint), 에드 맥컬리(Ed McCully), 피터 플레밍(Peter Fleming), 로저 유더리안(Roger Youderian)은 에콰도르의 와오도니족(Waodoni)과 평화로운 관계를 맺고 지냈으나 이들 역시 목숨을 잃고 말았다.

와오도니족은 타지인에게 폭력을 자행한 일이 빈번했음에도 네이트 세인트의 자매 레이첼(Rachel, 1914-1994년)과 짐 엘리엇의 아내 엘리자베스

---

16 Justo L. González and Ondina E. González, *Christianity in Latin America: A History* (Cambridge: Cambridge University Press, 2007), 282.

17 다음의 책을 참고할 것. Edward L. Smither, *Brazilian Evangelical Missions in the Arab World: History, Culture, Practice, and Theology* (Eugene, OR: Pickwick, 2012), 29-34.

(Elisabeth, 1926-2015년)는 와오도니족에 함께 살았고 교회도 시작했다.[18]

반세기 동안 선교사들이 라틴아메리카에서 사역을 진행하면서 일부 선교 지도자들이 새로운 선교 개념과 방법을 도입했다.

코스타리카 선교사인 부모님 곁에서 성장한 케네스 스트라챈(Kenneth Strachan, 1910-1965년)은 1950년에 라틴아메리카선교회의 지도자로 인정받았다. 스트라챈은 자신의 복음 전도 노력이 지속적인 영적 열매를 맺지 못해 좌절했는데 이때 그는 "심층적 복음 전도"(Evangelism-in-Depth)라 불리는 새로운 전략을 도입했다. 이 전도 방식은 예수 따름과 제자화를 강조하는 지역교회 기반의 복음 전도 캠페인이다.

스트라챈은 니카라과, 코스타리카, 과테말라에서 이 전략을 실행했다. 동시에 그는 라틴아메리카선교회에서 함께 일할 현지 그리스도인들을 추가로 고용해서 현지 문화에 적합한 공동체를 육성하려고 노력했다.

이외에도 다른 라틴아메리카 선교 지도자들이 선교신학 발전에 도움이 될 만한 새로운 개념을 도입했다. 1970년 신학자, 목회자, 교회 지도자들이 한데 모여 〈라틴아메리카신학친우회〉(Latin American Theological Fraternity)를 조직했다. 이 모임은 자유주의 신학(특히 약자를 위해 경제 정의를 중점적으로 강조하는 에큐메니컬 신학적 흐름)을 거부하고 북미의 근본주의(라틴아메리카의 사회적 필요를 무시하는 경향)도 비판하며 "성서 본문의 깊은 의미를 새롭게 연구하고 라틴아메리카의 상황에서 제기된 물음을 다룰 것"을 제안했다.[19]

이들은 라틴아메리카의 매우 현실적인 사회 문제의 관점에서 성서를 읽고자 했는데, 가령 가난, 불의, 억압과 관련한 이슈를 성서 속에서 찾고 예수 그리스도의 지상 사역에 관심을 기울였다. 말과 행동을 통해 선교를 실행하던 르네 파딜랴(René Padilla, 1932-2021년)와 사무엘 에스코바(Samuel Escobar, 1934년 출생)와 같은 신학자들은 "통전적 선교"(*mission integrale*)라는 개념을 전 세계에 소개했다.

---

18   다음의 책을 참고할 것. Tucker, *From Jerusalem to Irian Jaya*, 352-63.
19   다음의 책을 참고할 것. Samuel Escobar, *Changing Tides: Latin America and World Mission Today* (Maryknoll, NY: Orbis, 2002), 114.

20세기가 경과하면서 점점 더 많은 라틴아메리카인이 개신교로 입교했다. 1890년 브라질에는 불과 143,000명의 그리스도인이 개신교인이었다. 그러나 2000년에는 브라질 개신교인이 2,500만 명으로 급증했다. 현재 라틴아메리카의 모든 국가에서 개신교인은 적어도 4퍼센트를 차지하고 있으며, 과테말라(개신교 비율 26퍼센트), 엘살바도르(22퍼센트), 파나마(18퍼센트)와 같은 나라는 좀 더 큰 규모의 개신교인들이 신앙생활을 하고 있다. 라틴아메리카 교회는 20세기 후반 선교사들을 전 세계로 적극 파송하기 시작했다.

5. 요약

정치적 변화와 격변, 전쟁과 폭력, 그리고 고난이 20세기 세계역사 대부분을 형성하고 있었다. 이런 현실은 20세기 전환기 서구 사회에 등장했던 인간 진보의 낙관주의를 잠식시켰다. 이런 낙관주의에 근거해서 인간화 선교를 강조하던 자유주의 신학 역시 20세기 여정을 거치면서 의문시되었다.

전 세계에 걸친 수많은 문화 집단은 20세기 후반에 이르러 새로운 문화적 정체성을 형성해 나가기 시작했다. 탈식민주의적 개발, 세계적 이주, 지구화의 개시로부터 발현하는 이 세계는 변화의 과정을 거쳤고 사람들 역시 이런 변화에 적응했다.

토론토에서 태어나 성장한 필리핀 십 대들은 더 나은 삶을 꿈꾸며 캐나다로 이주한 그들의 부모와 전혀 다른 세계를 보고 경험했을 것이다. 알제리 출신의 기술자들은 이들이 북미에서 공부한 후 더욱 이슬람교에 헌신적이었을 수 있었다. 그렇지 않으면 그리스도 제자들의 환대를 경험한 후 진지하게 복음을 믿을 수도 있었을 것이다.

이 시기는 격변과 변화가 점철된 때로 세계 선교를 위한 "예기치 않은 기독교 세기"로 부를 수 있겠다.[20]

---

20 다음의 책을 참고할 것. Scott W. Sunquist, *The Unexpected Christian Century: The*

1910년 세계적 관점에서 '평범한' 기독교 가정이란 런던의 한 성공회 성당에서 주일 예배를 드리는 한 영국인 가정이었다. 2000년까지 이런 가정은 여전히 성공회 신자일 수 있겠다. 그러나 현재는 나이지리아나 르완다에서 성공회 예전에 참여하는 아프리카 그리스도인도 존재한다. 1910년 세계 그리스도인 중 약 95퍼센트가 북미나 유럽에 살고 있었다. 그러나 20세기 말에 이르면 불과 40퍼센트의 그리스도인만이 서구에 살고 있다.

세계 기독교를 연구하는 학자들은 이런 현상을 지구 남반구의 발흥이라고 지칭한다. 20세기 말 세계 기독교의 중심축이 유럽과 북미에서 라틴아메리카, 아프리카, 아시아로 옮겨 갔다. 때로 "비서구", "제삼세계", "2/3세계", "개발도상국" 등으로 표현되는 세계 기독교의 존재는 세계 그리스도인의 주류가 이제는 라틴아메리카, 아프리카, 아시아에서 거주하고 있음을 의미한다.[21]

1910년 에든버러 세계선교사대회를 이끌던 지도자는 대부분 서구인이었지만 20세기 말에 이르면 세계 교회와 그 지도자들은 주로 비서구인이 차지하게 된다.

1) 20세기 선교사들은 누구였는가?

(1) 기업가적이고 비전을 제시하는 자

미국 교회는 20세기 세계 선교에 있어서 일등 파송국이 되었다. 특히, 많은 기업가적 유형과 비전을 제시하는 사람이 선교사가 되어 선교 사업을 위한 촉매 역할을 했다. 존 모트는 자신의 유능한 지도력을 발휘하며 학생자원운동을 이끌었고 캐머론 타운센드, 조지 버워, 그레그 리빙스턴, 랄프 윈터와 같이 비전을 제시하는 지도자들 역시 20세기 선교에 획기적

Reversal and Transformation of Global Christianity, 1900-2000 (Grand Rapids: Baker, 2015).

21 A. Scott Moreau, Gary R. Corwin, and Gary B. McGee, *Introducing World Missions: A Biblical, Historical, and Practical Survey* (Grand Rapids: Baker Academic, 2004), 12-13.

인 접근법을 선보였다.

(2) 여성

19세기 메리 슬레서와 로티 문의 선구적인 사역에 기초하여 독신 여성이나 기혼 여성 모두 20세기 세계 선교에 있어서 두드러진 역할을 담당했다. 시간이 흐르면서 선교회는 독신 여성이 기독교에 적대적인 지역에서 사역을 개척하기에 최적의 선교사임을 깨닫게 되었다.

1956년 에콰도르에서 활동한 짐 엘리엇, 네이트 세인트 그리고 와오도니 선교팀이 살해당한 후, 엘리엇의 아내 엘리자베스와 세인트의 누이 레이첼은 와오도니 부족에게 찾아가서 평화로운 만남을 갖고 그들에게 복음을 전했다. 레이첼은 1944년 죽을 때까지 와오도니족을 위해 계속 사역을 이어 갔다.

(3) 지구 남반구의 현지 신앙인들

20세기 복음의 확산은 대부분 현지 신앙인들에 의해서 이루어졌다. 물론, 이런 사실이 서구 선교사들의 용기와 헌신적인 사역을 무시하는 것은 아니다. 다만 현지인들을 복음화한 사람은 윌리엄 웨이드 해리스를 비롯하여 많은 무명의 현지 그리스도인이었다. 이는 지극히 당연한 현상이었다. 우선 현지 선교사들은 그들에게 유의미한 문화적 방식으로 복음을 선포할 수 있었다.

다음으로 서구 선교사들은 중국, 한국, 에티오피아와 같은 특수한 상황에서 추방당하거나 선교 활동에 제약이 많았지만, 현지 신앙인들은 사역에 장애 없이 체류할 수 있었다. 현지 그리스도인과 교회 지도자들의 존재와 효과적인 사역은 자연스럽게 이런 물음을 묻게 한다.

"서구 혹은 해외 선교사들은 앞으로 선교지에서 어떤 역할을 해야 하는가?"

이 질문은 지금까지도 선교를 고려하는 데 있어서 계속 점검해야 할 사안이다.

2) 20세기 선교사들은 무엇을 했나?

(1) 성서 번역

20세기 선교 사역은 수많은 도전과 복잡한 사안을 해결해야 할 상황에 직면해 있었다. 선교 지도자들은 이에 대해 혁신적이고 전략적인 사고와 강인한 회복력으로 대응해 나갔다.

1917년 과테말라에서 스페인어 성서를 판매했던 캐머론 타운센드는 어느 날 카치켈 원주민(Kaqchikel people) 한 명을 만나게 되었다.

이 원주민은 그를 향해 잊을 수 없는 질문을 던졌다.

"만일 당신의 하나님이 그토록 지혜롭다면 왜 하나님은 내 언어를 말하지 않는가?"

타운센드는 남은 생애 동안 현지어 성서가 없는 부족들이 직면한 이런 문제를 해결하기 위해 노력했다.

성서 번역을 위한 노력은 개신교 종교개혁에 다시 불을 붙였다. 타운센드는 1934년 〈섬머언어연구소〉(Summer Institute of Linguistics)와 1942년 〈위클리프성서번역회〉를 설립하면서 성서 번역을 새로운 수준으로 발전시켰다. 섬머언어연구소와 위클리프성서번역회의 사역은 초기에 아메리카 현지인들을 위해 성서를 번역하는 데 집중했지만, 곧 전 세계로 그 활동 범위를 넓혀 갔다.

미국 미시간대학교의 언어학자 케네스 파이크(Kenneth Pike, 1912-2000년)는 섬머언어연구소와 위클리프성서번역회를 이끌며 20세기 성서 번역 언어학에서 괄목할 만한 발전을 이룩했다. 이들의 사역 일부는 「에스놀로그」(*Ethnologue*)라는 인쇄물을 출판하는 것이었다. 이 자료는 7천여 이상의 세계 언어와 방언에 관한 최신 연구를 제공하고 있다. 현재 위클리프성서번역회는 전 세계 언어로 성서를 번역하는 작업에 착수하고 있다.[22]

---

22 다음의 자료를 참고할 것. "Vision 2025," Wycliffe Global Alliance, http://www.wycliffe.net/vision2025 (accessed June 25, 2018); "About," *Ethnologue: Languages of the World*, https://www.ethnologue.com/about (accessed June 25, 2018).

(2) 교회 개척

교회는 자립, 자전, 자치해야 한다는 19세기의 삼자 원리에 근거해 수많은 20세기 선교사들이 효과적인 방식으로 교회 개척을 일구어 나갔다.

성공회 선교사로 중국과 케냐에서 활동한 롤런드 앨런(Roland Allen, 1868-1947년)은 교회 개척과 관련하여 『바울의 선교 vs. 우리의 선교』(*Missionary Methods: St. Paul's or Ours?*, 1912년)와 『교회의 자발적 팽창과 이를 방해하는 원인』(*The Spontaneous Expansion of the Church and the Causes that Hinder It*, 1927년)이라는 두 권의 중요한 책을 출판했다.

앨런은 선교 구내에 머무르는 방법과 서구적 양식의 교회 개척을 거부하고 사도 바울식 복음 전도와 교회 개척에 대한 강조가 선교 사역의 표준이 되어야 한다고 보았다. 아울러 평신도 사역자들과 함께 성령이 이끄는 교회 운동이 서구적이고 온정주의적 모델을 대체 해야 한다고 주장했다. 앨런의 이런 생각은 그의 시대 대단한 주목을 받지 못했지만 1960년대 선교적 교회 개척가들이 그의 원리를 재발견하여 자신들의 사역에 적용하기 시작했다.[23]

20세기의 다른 교회 개척가들은 앨런의 "자발적 팽창"이라는 개념을 발전시켜 '교회 개척 운동'을 강조하기 시작했다. 데이비드 개리슨(David Garrison)은 이런 현상을 "교회를 개척하는 현지교회의 급속한 배가"로 표현하며 이런 개척 운동이 기도, 풍성한 전도, 성서의 권위, 현지인 리더십과 평신도 리더십, 가정교회, 급속하게 배가하는 교회의 의도적인 개척과 같은 특징을 지니고 있다고 목격했다.[24] 이런 교회 운동은 중국과 무슬림 지역과 같은 선교 제한 지역에서 두드러진 열매를 맺었다.

---

23   Charles Henry Long, "Allen, Roland," in *Biographical Dictionary of Christian Missions*, ed. Gerald H. Anderson (New York: Macmillan Reference USA, 1998), 12-13.

24   David Garrison, *Church Planting Movements: How God Is Redeeming a Lost World* (Monument, CO: WIGTake, 2004), 21; Garrison, *A Wind in the House of Islam* (Monument, CO: WIGTake, 2014).

도널드 맥가브란(Donald McGavran, 1887-1990년)은 '교회 성장 운동'을 일군 선구자였다. 그는 선교 지부 전략에 문제가 있음을 자각하고 인도의 카스트 제도 내에서 어떻게 유의미한 교회 개척을 가능하게 할지에 고심했다.

맥가브란은 "동질집단의 원리"(homogeneous unit principle)를 주장했는데, 이 원리가 기존의 사회적 네트워크를 훼손하지 않고 교회를 설립하기에 최적이라고 믿었다. 그는 다음과 같이 기록했다.

> [인간]은 인종적, 언어적, 신분 장벽을 넘지 않고 그리스도인이 되고 싶을 때도 있다.[25]

맥가브란은 다문화적 회중공동체를 반대하지 않았지만 동질집단의 원리를 교회 개척의 전략적 출발점으로 간주했다.

또한, 그는 교회 개척에 있어서 "집단 회심 운동"(people movement)을 장려했다. 맥가브란은 기독교를 믿기 위해 개인이 아닌 집단의 사람들(가령, 확대가족, 마을, 공동체 사회 주민 등)이 복음을 함께 믿고 새로운 교회를 개척해야 한다고 제안했다.

마지막으로 그는 영적 수확물이 여문 곳에서 사역을 최우선으로 고려해야 한다는 "수용성의 원리"(receptivity principle)에 큰 중요성을 부여하기도 했다.

(3) 종족집단에 대한 강조

1974년 '로잔 세계복음화대회'(Lausanne Congress on World Evangelization)에서 랄프 윈터는 대위임령을 완수하기 위한 열쇠는 특정 국가에 초점을 두기보다 오히려 종족집단(people groups)에 집중해야 한다는 짧지만 강력한 원고를 발표했다. 윈터는 성서가 "땅의 가족"(창 12:1-2)이나 "민족"(마

---

25 Donald A. McGavran, *Understanding Church Growth* (Grand Rapids: Eerdmans, 1980), 223.

28:18-20)에 대해서 언급할 때 그것은 인종-언어적 종족을 지칭하는 것이라 주장했다. 그는 종족집단을 "자신을 서로 동족 관계에 있다고 인식하는 개인의 거대한 집단"으로 정의했다.

복음주의적 목적에서 종족집단은 복음을 이해하거나 수용하는 데 있어서 아무런 장애 없이 교회 개척 운동으로 확산할 수 있는 가장 큰 집단을 의미한다.[26] 특별히 여호수아 프로젝트(Joshua Project)는 세계 복음화와 교회 개척 상황에 대한 세계적 데이터베이스로 현재 전 세계에 약 2만 4천여 종족집단이 존재한다고 보고하고 있다.

윈터는 선교의 최우선은 미전도 종족(Unreached People Group)을 복음화하는 것이라고 주장했다. 여호수아 프로젝트는 이런 미전도 종족을 "자신의 종족집단을 복음화할 수 있는 그리스도인이 없는 현지공동체"로 정의한다.[27]

일부 선교학자들은 종족집단 중 그리스도인이 5퍼센트 이하이거나 복음주의 기독교 정체성을 가진 인구가 2퍼센트 이하일 때 이들은 스스로 복음 전도를 할 수 없다고 파악한다. 윈터가 개진한 이러한 논의는 모든 사람을 위한 복음과 모든 종족집단을 위한 교회를 강조했다.

1974년 윈터의 이론은 전략적 우선성과 자원 배치를 재강조하는 선교기구들에 큰 영향을 미쳤다. 파이어니어스와 같은 단체는 '최소전도 종족'(Least Reached People Group)에 집중하기 위해 창립되었다. 반면 〈남침례교국제선교위원회〉(Southern Baptist International Mission Board)는 20세기 말 미전도 종족의 관점에서 자신들의 단체를 완전히 재조직했다. 윈터는 미국세계 선교센터와 퍼스펙티브스(Perspectives) 연구 프로그램을 통해서 북미 교회를 도와 최소전도 종족을 위한 선교적 비전을 고취했다.

---

26 "People Groups," Joshua Project, https://joshuaproject.net/help/definitions (accessed June 25, 2018).

27 "Unreached People Groups," Joshua Project, https://joshuaproject.net/help/definitions (accessed June 25, 2018).

(4) 설교를 통한 복음 전도

20세기 세계 선교에 있어서 또 다른 중요한 접근법은 조직화된 복음 전도 집회를 통한 말씀 선포에 있었다. 이는 종종 "전도대회"(crusades)나 "대중 전도 운동"(campaigns)으로 불리곤 했다.

빌리 그래함(Billy Graham, 1918-2018년)은 20세기 후반 가장 유명하고 수많은 글을 남긴 대표적인 복음 전도자였다. 그래함은 휘튼칼리지를 졸업한 후 초기에 지역교회에서 목회하게 된다. 그 후 그는 순회 복음 전도자로 '그리스도를 위한 젊은이'(Youth For Christ) 선교회에 가입하여 활동했다.

그래함의 첫 번째 조직적인 전도 운동은 1947년 미시간의 그랜드 래피즈에서 진행되었다. 그러나 그래함은 1949년 로스앤젤레스에서 개최된 8주간의 복음 전도 집회를 통해 본격적인 세계 사역에 발을 내딛기 시작했다. 그는 1954년 런던 복음 전도 집회를 시작으로 미국 이외의 지역, 가령 유럽, 아프리카, 아시아, 라틴아메리카에서 진행된 복음주의 집회에 참여했다.

그래함의 이런 해외 사역의 대부분은 그리스도 선포에 개방적인 국가들에서 착수되었지만, 그는 종종 복음 사역이 제한된 지역 일부에서도 말씀을 전했다. 가령, 1982년 냉전 상태가 최고조에 이르렀을 때 그래함은 모스크바에서 열린 5일간의 저녁 집회에서 설교했고 1984년과 1988년에도 소비에트연방에 다시 들어가 사역을 이어 갔다. 1988년 그래함은 중국에서 열린 일련의 복음 전도 집회에도 참석했다.

그래함은 1947년부터 시작해 2005년 뉴욕시에서 개최된 마지막 전도 집회까지 185개국에서 약 400여 회 이상의 설교 사역을 이끌어 왔다. 추정하기로는 약 8,400만 명의 사람들이 이 집회에 참여했다. 그리고 1억 3,000만 명이 라디오와 텔레비전을 통해 그래함의 설교를 청취했다. 이는 〈빌리그래함전도협회〉(Billy Graham Evangelistic Association)가 사역의 한 방식으로 미디어 선교를 도입했기에 가능했다.

그래함의 유산은 간결하게 복음을 선포하고 청중들이 그리스도를 위한 개인적 결단에 응답하도록 이끌었다는 데 있다.[28] 그래함은 20세기 복음 전도 집회 형식의 설교자로 알려진 가장 대중적인 인물이 되었다.

이외에도 아르헨티나 출신의 복음 전도자 루이스 팔라우(Luis Palau, 1934-2021년)와 독일 출신의 오순절 설교가 라인하르트 본케(Reinhard Bonnke, 1940-2019년) 역시 이런 복음 전도 집회 방식을 채택했다.

(5) 인도주의적 사역에 대한 강조

지구적 빈곤, 자연적 재난과 인재를 포함하는 20세기의 도전에 직면하여 수많은 기독교 기구가 인도주의적 사역에 집중하기 시작했다.

가령, 밥 피어스(Bob Pierce, 1914-1978년)는 한국에서의 초기 사역을 마치고 1950년 〈월드비전〉(World Vision)을 창립하여 한국전쟁 시기 고아가 된 위기 아동을 지원하는 데 헌신했다. 이후 월드비전은 라틴아메리카, 아프리카, 중동, 동유럽 등지로 사역을 확장해 나갔고 1970년대에 이르면 지역 개발 프로젝트(가령, 수질 개선, 교육, 보건, 소액 금융)도 담당하게 된다. 20세기 말 월드비전은 여성과 아동의 권리를 옹호하는 정의의 선교 사역도 관여하게 된다.[29]

1970년 피어스는 〈사마리안퍼스〉(Samaritan's Purse)를 창립하고 "기존 복음주의 선교 단체와 현지교회를 통해 위기 지역에 긴급한 필요를 채워 준다"는 비전을 세웠다.[30] 이 단체는 지진, 태풍, 전쟁, 기근 등으로 고통 가운데 있는 사람들을 구호하는 데 집중해 왔다. 1970년대 중반 빌리 그래함의 아들 프랭클린 그래함(Franklin Graham, 1952년 출생)이 피어스와 함께

---

28 "Profile: William (Billy) F. Graham, Jr.," Billy Graham Evangelistic Association, https://billygraham.org/about/biographies/billy-graham/ (accessed June 25, 2018).

29 다음의 자료를 참고할 것. "Our History," World Vision International, https://www.wvi.org/our-history (accessed June 25, 2018).

30 "History," Samaritan's Purse, https://www.samaritanspurse.org/our-ministry/history/ (accessed June 25, 2018).

사역을 시작했다. 피어스가 1978년 백혈병으로 사망하자 프랭클린 그래함은 사마리안퍼스의 지도자가 되었다.

월드비전이나 사마리안퍼스 이외에도 〈컴패션〉(Compassion International, 1952년 창립)이나 〈기아대책〉(Food for the Hungry, 1971년 창립)과 같은 기독교계 NGO가 20세기 후반 사역을 개시했다. 이런 단체는 순수하게 구호와 개발에 초점을 두지만 많은 복음주의 선교 조직이나 교단 역시 이 시기 인도주의 사역 부문에 참여하기 시작했다.

20세기 복음주의 선교 지도자들은 말씀 선포와 인간의 기본욕구(human needs) 해소라는 두 긴장된 사역을 두고 논쟁을 펼쳤다. 1974년 빌리 그래함이 개시하고 지원한 '로잔 세계복음화위원회' 모임은 말씀 선포에 중대한 강조점을 두었다. 그러나 이런 사역을 표현하는 데 있어서 라틴아메리카 신학 친우회 소속 지도자인 사무엘 에스코바와 르네 파딜랴가 로잔대회 대표들에게 선교에 있어서 사회적 행동의 자리에 관해 좀 더 깊게 성찰할 것을 요구했다.

빌리 그래함과 영국성공회 사제이자 로잔 운동의 대표 신학자인 존 스토트(John Stott, 1921-2011년) 모두 라틴아메리카 지역의 목소리에 겸손하게 경청하고 있었다. 스토트는 로잔대회 이후 라틴아메리카의 지도자들과 시간을 보내며 그들의 상황 속에 나타난 선교에 대해 더 많은 사안을 들었다. 그 결과 "그리스도인의 사회적 책임"에 대한 아래와 같은 조항이 '로잔언약'(Lausanne Covenant)에 삽입될 수 있었다.

> 타인과의 화해가 하나님과의 화해는 아니다. 사회적 행동은 복음 전도가 아니며 또한 정치적 해방도 구원이 아니다. 그러나 우리는 복음 전도와 사회-정치적 참여가 우리 그리스도인의 의무를 구성하는 두 부분이라고 확언한다. 이 양자는 하나님과 인간에 관한 교리에 있어서 필수적인 표현들이다. 즉, 이웃을 향한 우리의 사랑과 예수 그리스도에 대한 우리의 순종이 필요하다.
>
> 구원의 메시지는 소외, 억압, 차별의 모든 형태에 관한 심판의 메시지를 의미하기도 한다. 우리는 악과 불의가 존재하는 곳에 이를 비판하길 두려워해서는 안 된다. 사람들이 그리스도를 인정할 때 그들은 그리스도의 나라에서 다시 태

어나며 불의의 세계 한가운데서 그 나라의 정의를 드러내고 전파한다. 우리가 주장하는 구원은 우리의 인격과 사회적 책임 전반에 드러나서 우리를 변혁시켜야 한다. 행동 없는 신앙은 죽은 것이다.[31]

(6) 단기 선교에 참여

20세기에 수많은 복음주의 그리스도인, 특히 북미의 신앙인이 단기 선교 사역(short-term mission)에 참여하기 시작했다. 단기 선교는 보통 짧게는 한 주에서 길게는 2년 정도까지 진행하는 사역을 일컫는다. 일부 선교 단체는 처음에 단기 선교 사역의 개념에 반대했다. 그러나 20세기 후반 대부분의 단체가 단기 선교 사역을 실행할 수 있는 전략으로 간주했다. 특별히 미래의 장기 사역자를 동원할 수 있는 진입 단계로 단기 선교를 고려했다.

1957년 조지 버위는 오엠국제선교회를 창립하여 동원된 청년들이 1-2년간 선교할 기회를 제공했다. 1960년 로렌 커닝햄은 이와 유사한 관점에서 예수전도단을 시작했다.

2005년까지 160만 명 이상의 북미 그리스도인들이 평균 8일간의 일정으로 단기 선교 여행에 참여했다. 청년 그룹을 포함하여 많은 지역교회는 봉사 전략으로 국내만 아니라 해외 선교 여행을 추진했다. 기독교계 고등학교와 대학 역시 학생을 대상으로 단기 선교 사역을 장려했다.

한편, 단기 선교 경향은 교회 구성원들이 세계의 빈곤 지역을 파악하는 데 도움을 주었고 미전도 지역의 필요를 위해 기도하고 후원하며 그들의 권리를 옹호하는 등 전 세계적인 기독교 활동을 전개하게 했다. 단기 선교팀에는 종종 의료 전문가, 건축 기술자, 운동 트레이너와 코치 등이 참여했다. 이런 전문직 그리스도인들은 도움을 요구하는 지역에서 자신들의 가치 있는 기술을 적극적으로 활용했다.

---

31 Lausanne Covenant, article 5, https://www.lausanne.org/content/covenant/lausanne-covenant (accessed June 25, 2018).

다른 한편, 단기 선교 사역은 수많은 문제와 도전도 파생했다. 일부 선교팀들은 현지 문화를 익히는 훈련에 거의 시간을 투자하지 않으며 또 다른 팀은 교회 구성원이나 청년 그룹의 단기 선교 여행을 하나의 이국적인 해외 체험 정도로 간주하기도 했다. 북미인들의 이런 태도는 많은 지구 시민에게 "못난 미국인"이라는 고정관념을 각인시킬 뿐이었다.

단기 선교 현상은 선교에 있어서 돈의 사용에 관한 문제도 제기했다. 가령, 이런 물음을 생각해 볼 수 있다.

"10명의 미국인으로 꾸려진 단기 선교팀이 아이티에 있는 고아원 선교를 진행하기 위해 불과 일주일에 2만 달러를 사용하는 일이 바른 것일까, 아니면 단기 선교팀이 그 돈을 고아원 장기 사역자들에게 보내 그들의 사역을 지원하는 것이 더 바람직할까?"[32]

(7) 선교에 있어서 기술의 활용

20세기 다수의 선교사는 발전하는 기술을 활용하면서 선교의 혁신을 이끌었다. 개신교 선교사들은 20세기 초 약 160여 개의 인쇄기를 사용하여 기독교 문서를 생산하고 배포했다.

20세기 중반에 이르면 〈기독교문서선교회〉(Christian Literature Crusade, 1941년 켄 아담스 설립)와 〈오엠국제선교회출판사〉(Operation Mobilization Publishing, 1968년 설립) 등 수많은 복음 전도 출판사가 설립된다. 제2차 세계대전과 소비에트 블록(Soviet bloc) 지역 내 철의 장막이 등장함에 따라 많은 선교 기관은 진입이 어려운 선교지에 전도 문서를 배포하며 선교를 지속했다.

베티 그린(Betty Greene, 1920-1997년)은 남아메리카 정글 선교를 위해 1946년 창립된 〈항공선교회〉(Mission Aviation Fellowship, MAF)에서 사역을 시작했다. 그린의 사역을 기점으로 복음주의 선교 단체는 원거리에서 활

---

32 다음의 책을 참고할 것. Robert J. Priest, *Effective Engagement in Short-Term Missions: Doing It Right!* (Pasadena, CA: William Carey Library), 2008; David A. Livermore, *Serving with Eyes Wide Open: Doing Short-Term Mission with Cultural Intelligence* (Grand Rapids: Baker, 2006).

동하는 선교사들에게 자원을 공급하기 위해 본격적으로 항공기를 활용했다.[33]

훈련받은 조종사와 기술자들은 의료 물품과 인력을 필요 지역에 공급하기 위해 비행해야 했다. 성서 번역을 전개했던 위클리프성서번역회는 1948년 〈정글항공과 무선서비스〉(Jungle Aviation and Radio Service, JAARS) 부서(캐머론 타운센드 창립)를 추가로 활용했다. 후에 신부족선교회, 에스아이엠(SIM) 국제선교회, 아프리카내지선교회 등이 항공 선교팀을 발전시켰다.

일부 비행기 조종사는 군대에서 훈련받기도 했지만, 이외의 조종사들은 선교 비행을 커리큘럼 과정으로 다룬 기독 대학교에서 훈련받기도 했다.

빌리 그래함의 복음 전도는 라디오 방송과 위성 텔레비전을 통해서도 전파되어 나갔다. 이후 다른 사역들도 미디어 사업 투자를 통해 이루어졌다. 선교사들이 접근하기 어려운 제한 지역과 기독교에 반대가 심한 적대 지역에 복음을 선포하는 일이 중요하다고 판단한 클라렌스 존스(Clarence Jones, 1900-1986년)는 〈예수 그리스도 축복의 전령〉(Heralding Christ Jesus' Blessings, HCJB)이라는 미전도 종족 선교를 위한 라디오 방송을 1931년 에콰도르에서 시작했다.

1981년까지 이 라디오 단체는 전 세계 15개 언어로 기독교 프로그램을 방송했다. 1948년에는 아시아 지역에서 복음을 전하기 위해 〈극동방송〉(Far East Broadcasting Company)이 개국했다. 1970년 극동방송은 40여 개의 아시아 언어로 방송되었고 21개의 라디오 방송국 네트워크가 조직되었다. 마지막으로 1954년 중동 선교사였던 폴 프리드(Paul Freed)는 〈트랜스월드 라디오〉〉(Trans World Radio, TWR)를 설립했다. 아프리카, 아메리카, 아시아, 중동, 유럽, 중앙아시아 지역에 방송하는 이 방송국은 세계에서 가장 큰 기독교 라디오 네트워크가 되었다.

폴 애쉘만(Paul Eshelman)의 인도하에서 탄생한 〈대학생선교회〉(Campus Crusade for Christ)는 1979년 영화 〈지저스〉(*Jesus Film*)를 방영했다. 이 영화

---

33 다음의 자료를 참고할 것. "Betty Greene," Mission Aviation Fellowship, https://www.maf.org/about/history/betty-greene (accessed June 25, 2018).

는 누가복음에 근거한 그리스도의 삶을 그리고 있었다. 북미 극장에서만 250여 회 상영을 마쳤고 후에 이 영화는 '지저스 필름 프로젝트'(Jesus Film Project)를 통해 다른 언어로 더빙되기 시작했다. 1999년까지 〈지저스〉는 무려 5백여 언어로 번역되었다.

야외 방송은 물론 공영 TV 방송, 위성 TV에서도 방영되었으며 녹음 카세트, 비디오 카세트, DVD를 통해서도 배포되었다. 영화 산업 역사상 가장 많은 언어로 번역된 영화인 〈지저스〉는 일부 세계 언어로 더빙된 최초의 영화가 되었다. 20세기 말 '지저스 필름 프로젝트'와 위클리프성서번역회는 영화와 누가복음을 동시에 번역하고 배포하기로 파트너십을 체결하기도 했다.[34]

(8) 파트너십의 중요성

1910년 '에든버러 세계선교사대회'의 시작과 함께 개신교인들은 세계 선교에 있어서 파트너십과 협력의 중요성을 증명하기 시작했다. 특히, 당시 이런 문제를 다루는 세계선교대회가 뉴욕시(1913년)와 파나마(1916년)에서 개최되었다.

1966년에는 빌리 그래함 사역이 '베를린 세계복음전도대회'(The World Congress on Evangelism)에서 시작했다. 이 전도대회에는 약 7백여 명의 복음주의 대표들이 "우리 시대 성서적 복음 전도를 규명하고 분명히 하려는 목표"를 지향하며[35] 20세기 세계 복음화를 위협하는 장애물을 논의하고 이를 극복할 새로운 방법들을 제시하고자 애썼다.

베를린 전도대회는 1974년에 개최된 로잔 세계복음화대회를 위한 길을 열어 주었다. 이 대회 역시 빌리 그래함에 의해 시작되었다. 베를린 전도대회가 미국 그리스도인들이 주가 되어 미국적인 이슈가 다루어졌지만,

---

34 다음의 자료를 참고할 것. "The History of Jesus Film Project," Jesus Film Project, https://www.jesusfilm.org/about/history.html (accessed June 25, 2018).

35 다음의 자료를 참고할 것. Billy Graham Center at Wheaton College, https://www.wheaton.edu/academics/academic-centers/billy-graham-center/ (accessed June 25, 2018).

로잔대회는 선교에서 당면하는 상황적 도전을 제기하기 위해 세계 교회 지도자들이 참여하는 전 지구적 플랫폼이 되었다.

1974년 7월 16일부터 25일까지 150여 국가에서 온 2,400여 대표들은 20세기의 세계 정치, 경제, 종교적 지형 내에서 진행되는 선교를 점검하기 위해 집결했다.

아마도 1974년 로잔대회를 통해서 도출된 가장 의미 있는 두 가지 성과가 있다면 하나는 미전도 종족이 선교의 최우선이 되어야 한다는 윈터의 주장이었고, 다른 하나는 선교에 있어서 통전적 접근이 필요하다는 파딜랴와 에스코바의 주장이다. 이런 발전 사안이 로잔언약 선언문 속에 반영되었고 이는 세계적인 복음주의 선교신학이 등장하는 발판이 되었다.[36]

제2차 로잔대회는 1989년 필리핀 마닐라에서 개최되었다. 루이스 부쉬(Luis Bush)는 윈터의 종족집단(people group) 원리에 기반하여 로잔에 참여한 대표들이 "10/40 창문"(Window) 사역에 집중할 것을 강조했다. 10/40 창문이란 북위 10도에서 40도 사이 미전도 종족 대다수가 살아가고 있는 북아프리카와 아시아 지역을 말한다. 이 '마닐라 로잔대회'를 기점으로 20세기 말 선교적 사안을 다루기 위한 수많은 선교 파트너십과 네트워크가 등장했다.

1974년 개최된 로잔대회는 본격적인 글로벌 네트워크를 발전시키는 계기를 마련했다. 이후 마닐라와 케이프타운(2010년)에서 연속적인 대회가 열렸다. 로잔 운동은 주로 현장의 실무그룹을 통해서 지속되어 왔다.[37] '제1차 로잔모임'은 1976년 브라질에서 개최된 쿠리티바(Curitiba)대회나 1987년 상파울루에서 개최된 '제1차 코미밤'(COMIBAM, 이베로-아메리카 선교대회)과 같은 선교회의에 큰 영감을 주었다. 이런 선교대회는 라틴아메리카를 중심으로 전략적 선교 네트워크를 세워 나가도록 이끌었다.

---

[36] 다음의 자료를 참고할 것. "The Legacy of the Lausanne Movement," Lausanne Movement, https://www.lausanne.org/our-legacy (accessed June 25, 2018).

[37] 다음의 자료를 참고할 것. "All Issue Networks," Lausanne Movement, https://www.lausanne.org/all-issue-networks (accessed June 25, 2018).

(9) 선교 인력 동원

학생자원운동의 지도자 존 모트, 로버트 스피어, 찰스 스터드, 사무엘 즈웨머는 20세기 초반 세계 선교에 헌신할 선교 인력을 동원하는 데 엄청난 에너지를 쏟아부었다. 선교회가 새롭게 조직되면 여타의 조직들과 함께 선교사 인력 동원에 힘을 썼다.

학생자원운동의 역량은 1930년대 이르러 쇠퇴하기 시작한다. 그러나 기독학생회(InterVarsity Christian Fellowship)가 1946년부터 주관한 '어배너 선교대회'(Urbana Missions Conference)를 통해 선교 인력이 보충되었다.

첫 선교대회에는 575명의 학생이 미국 어배너-샘페인에 위치한 일리노이대학교(University of Illinois-Champagne Urbana)에 모였고 이후 20세기 후반까지 3년마다 정기적으로 회합했다. 2만 명의 학생들이 각 대회에 참석할 정도로 규모가 컸다. 기독학생회는 약 30만 명의 학생들이 이 대회를 거쳐 갔다고 보고하고 있다. 이 대회를 통해 많은 학생이 세계 선교에 헌신하기로 결단했다.[38]

(10) 선교학의 발전

종종 선교학의 개척자로 간주되는 구스타프 바르넥(Gustav Warneck, 1834-1910년)은 1897년부터 1908년까지 독일 할레대학에서 학문으로서 선교학을 가르쳤다.[39] 바르넥과 더불어 사무엘 즈웨머, 롤런드 앨런, 헤르만 바빙크(Herman Bavinck, 1895-1964년)가 20세기 초반까지 교수와 저술가로 선교학에 크게 기여했다. 1973년 랄프 윈터와 제럴드 앤더슨은 '미국선교학회'(American Society of Missiology)를 설립했다.[40]

---

38 다음의 자료를 참고할 것. "About Urbana," Urbana, https://urbana.org/about-urbana (accessed June 25, 2018).

39 다음의 책을 참고할 것. Hans-Werner, Gensiche, "Warneck, Gustav," in Anderson, *Biographical Dictionary of Christian Missions*, 718.

40 다음의 책을 참고할 것. Wilbert Shenk, *History of the American Society of Missiology, 1973-2013* (Elkhart, IN: Institute of Mennonite Studies, 2014).

또한, 1990년 데이비드 헤셀그레이브(David Hesselgrave)와 도널드 맥가브란이 '복음주의선교학회'(Evangelical Missiological Society)를 시작했다.[41] 여느 학회와 마찬가지로 이런 학문공동체는 대회와 학술 도서 출판을 통해 선교학적 성찰을 다져 나갔다. 기독 대학교와 신학교는 선교학 교수를 교수단에 추가하여 영입했고 이런 전문적인 연구자들을 통해 선교학과 교차문화학 전공이 학부와 대학원 학위 과정에 개설되었다.

[더 읽을 자료]

"About." Ethnologue: Languages of the World. https:// www .ethnologue .com/ about. Accessed June 25, 2018.

"About Urbana." Urbana. https:// urbana .org/ about -urbana. Accessed June 25, 2018.

"All Issue Networks." Lausanne Movement. https:// www .lausanne .org/ all -issue -networks. Accessed June 25, 2018.

"Betty Greene." Mission Aviation Fellowship. https:// www .maf .org/ about/ history/ betty -greene. Accessed June 25, 2018.

Billy Graham Center at Wheaton College. https:// www .wheaton .edu/ academics/ academic -centers/ billy -graham -center/. Accessed June 25, 2018.

"Edinburgh 1910 Conference." Centenary of the 1910 World Missionary Conference. http:// www .edinburgh2010 .org/ en/ resources/ 1910 -conference .html. Accessed June 25, 2018.

"E. Stanley Jones." Asbury University. http:// www .asbury .edu/ offices/ library/ archives/ biographies/ e -stanley -jones. Accessed June 25, 2018.

Escobar, Samuel. *Changing Tides: Latin America and World Mission Today*. Maryknoll, NY: Orbis, 2002.

Frontiers. http:// frontiers .org. Accessed June 25, 2018.

---

41 다음의 자료를 참고할 것. "Who Is the Evangelical Missiological Society?," Evangelical Missiological Society, https://www.emsweb.org/about/us (accessed June 25, 2018).

Garrison, David. *Church Planting Movements: How God Is Redeeming a Lost World*. Monument, CO: WIGTake, 2004.

_____. *A Wind in the House of Islam*. Monument, CO: WIGTake, 2014.

Gensiche, Hans-Werner. "Warneck, Gustav." In *Biographical Dictionary of Christian Missions*, edited by Gerald H. Anderson, 718. New York: Macmillan Reference USA, 1998.

González, Justo L., and Ondina E. González. *Christianity in Latin America: A History*. Cambridge: Cambridge University Press, 2007.

"History." Samaritan's Purse. https://www.samaritanspurse.org/our-ministry/history/. Accessed June 25, 2018.

"The History of Jesus Film Project." Jesus Film Project. https://www.jesusfilm.org/about/history.html. Accessed June 25, 2018.

Hocking, William Ernest. *Re-thinking Missions: A Laymen's Inquiry after 100 Years*. New York: Harper and Brothers, 1932.

Jenkins, Phillip. *The Next Christendom: The Coming of Global Christianity*. Oxford: Oxford University Press, 2011.

_____. "Now That Faith Has Come." Plenary address, Evangelical Theological Society National Meeting, San Diego, 2007.

Latourette, Kenneth S. *A History of the Expansion of Christianity*. Vol. 7. New York: Harper & Brothers, 1937–1945.

Lausanne Covenant. https://www.lausanne.org/content/covenant/lausanne-covenant. Accessed June 25, 2018.

"The Legacy of the Lausanne Movement." Lausanne Movement. https://www.lausanne.org/our-legacy. Accessed June 25, 2018.

Livermore, David A. *Serving with Eyes Wide Open: Doing Short-Term Mission with Cultural Intelligence*. Grand Rapids: Baker, 2006.

Livingstone, Greg. *Planting Churches in Muslim Cities: A Team Approach*. Grand Rapids: Baker Academic, 1993.

Long, Charles Henry. "Allen, Roland." In *Biographical Dictionary of Christian Missions*, edited by Gerald H. Anderson, 12–13. New York: Macmillan Reference USA, 1998.

McGavran, Donald A. *Understanding Church Growth*. Grand Rapids: Eerdmans, 1980.

Moreau, A. Scott, Gary R. Corwin, and Gary B. McGee. *Introducing World Missions: A Biblical, Historical, and Practical Survey*. Grand Rapids: Baker Academic, 2004.

"Our History." World Vision International. https:// www .wvi .org/ our -history. Accessed June 25, 2018.

Parker, Michael. *The Kingdom of Character: The Student Volunteer Movement for Foreign Missions (1886-1926)*. Lanham, MD: University Press of America, 1998.

Priest, Robert J., ed. *Effective Engagement in Short-Term Missions: Doing It Right!* Pasadena, CA: William Carey Library, 2008.

"Profile: William (Billy) F. Graham, Jr." Billy Graham Evangelistic Association. https:// billygraham .org/ about/ biographies/ billy -graham/. Accessed June 25, 2018.

Robert, Dana L. "The Origin of the Student Volunteer Watchword: 'The Evangelization of the World in this Generation.'" *International Bulletin of Missionary Research* 10, no. 4 (October 1986): 146–49.

Roberts, W. Dayton. "The Legacy of R. Kenneth Strachan." *International Bulletin of Missionary Research* 3, no. 1 (1979): 2–6.

Shaw, Mark. *Global Awakening: How Twentieth Century Revivals Triggered a Christian Revolution*. Downers Grove, IL: IVP Academic, 2010.

Shenk, David. "The Legacy of William Wadé Harris." *International Bulletin of Missionary Research* 10, no. 4 (October 1986): 170–76.

Shenk, Wilbert. *History of the American Society of Missiology, 1973–2013*. Elkhart, IN: Institute of Mennonite Studies, 2014.

Smither, Edward L. *Brazilian Evangelical Missions in the Arab World: History, Culture, Practice, and Theology*. Eugene, OR: Pickwick, 2012.

Stanley, Brian. *The Global Diffusion of Evangelicalism: The Age of Billy Graham and John Stott*. Downers Grove, IL: InterVarsity, 2013.

_____. *The World Missionary Conference: Edinburgh 1910*. Grand Rapids: Eerdmans, 2009.

Sunquist, Scott W. *The Unexpected Christian Century: The Reversal and Transformation of Global Christianity, 1900–2000*. Grand Rapids: Baker, 2015.

Tucker, Ruth A. *From Jerusalem to Irian Jaya: A Biographical History of Christian Mission*. Grand Rapids: Zondervan, 2004.

"Vision 2025." Wycliffe Global Alliance. http://www.wycliffe.net/vision2025. Accessed June 25, 2018.

"Who Is the Evangelical Missiological Society?" Evangelical Missiological Society. https://www.emsweb.org/about/us. Accessed June 25, 2018.

Wilson, J. Christy. *Today's Tentmakers: Self-Support: An Alternative Model for Worldwide Witness*. Eugene, OR: Wipf & Stock, 2002.

제6장

21세기 다수 세계로부터의 선교

20세기 후반 지구 남반구 기독교의 등장에 따라 세계 선교 운동의 지형도 점차 이동하기 시작했다. 비록 미국이 21세기 초에도 가장 많은 선교사를 파송하는 선교 강국이지만 현재 지구 남반구 교회 역시 다수 선교사를 세계에 파송하고 있다. 선교사들의 유형은 더이상 윌리엄 캐리나 데이비드 리빙스턴과 같지 않다. 대신 한국, 브라질, 나이지리아, 인도, 필리핀 출신의 사역자들이 국제적으로 활동하고 있다.

이런 사역자들은 직업적 전임선교사라는 자기 이해를 견지한 부류이고, 또 자신의 사역과 삶을 선교지에서 일구는 평신도 사역자들도 존재한다. 특히, 이 부류를 '디아스포라 그리스도인'이라고 언급할 수 있겠다.

이 장은 21세기 세계 기독교를 형성하는 배경과 주요 사안들을 간단히 논하고 비서구 사회에서 진행되는 선교 운동의 발전에 대해 다룰 것이다.

아시아, 아프리카, 라틴아메리카에서 이루어지는 선교는 어떤 특징을 갖고 있을까?

다수 세계 선교사들과 디아스포라 그리스도인들을 위한 선교 방법과 기회 그리고 도전은 무엇일까?

이 장은 마지막 장으로 21세기 선교의 다중심적(polycentric) 본질을 규명한다. 이제 복음은 모든 곳에서 모든 사람에게 흘러 들어가고 있다. 이는 선교에 있어서 매우 고무적인 현상이다. 그러나 그 현상을 포착하기에는 사실 혼란스러운 이야기도 존재한다.[1]

---

1 다중심적 선교에 관해서는 다음의 책을 참고할 것. Samuel Escobar, *The New Glob-*

1. 21세기 세계

1) 지구화

지구화는 21세기 지구 사회의 급격한 변화를 가져온 주된 이유를 압축적으로 말해 준다. 「뉴욕 타임즈」(*New York Times*)의 저널리스트이자 베스트 셀러 작가인 토머스 프리드먼(Thomas Friedman)은 지구화 현상에 대해 이렇게 언급한 바 있다.

> 지구화는 지금까지 결코 목격할 수 없을 정도로 자유 시장, 국민–국가, 정보기술의 통합을 포함한다. 이런 방식을 통해 개인, 회사, 국가는 전보다 더 멀리, 더 빠르게, 더 쉽게 전 세계에 도달할 수 있게 되었다.[2]

프리드먼은 지구화에 관한 시대적 특징을 다음과 같이 세 차원으로 정리한다.

- 1492-1800년: 탐험과 제국주의를 통한 국가 수준의 지구화
- 1820-2000년: 사업이 급격하게 초국가적이면서 기업 수준에서 발생하는 지구화
- 2000년-현재: 전 세계 사람들이 다른 개인과 서로 연결하고 협력하고 경쟁할 수 있게 되는 개인적 수준에서 발생하는 지구화

---

al Mission: The Gospel from Everywhere to Everyone (Downers Grove, IL: InterVarsity, 2003); Allen Yeh, *Polycentric Missiology: Twenty-First Century Mission from Everywhere to Everyone* (Downers Grove, IL: InterVarsity, 2016).

2 다음의 책에서 인용. Michael Pocock, Gailyn Van Rheenen, and Douglas McConnell, *The Changing Face of World Missions: Engaging Contemporary Issues and Trends* (Grand Rapids: Baker Academic, 2005), 22.

프리드먼은 이 세계를 "뜨겁고(hot), 평평하며(flat), 붐비는(crowded)" 공간이라고 묘사한 바 있다. 그리고 수많은 요인이 이런 세계의 지구화에 영향을 주고 있다. 우리는 대표적으로 지구화 과정에 영향을 미친 네 가지 요소를 다음과 같이 생각해 볼 수 있다.[3]

첫째, 전 지구적 이주(학업, 사업, 피난 등의 이유로 이동 중에 있는 사람들)이다. 세계는 점차 더 작아지고 있다.

둘째, 운송이다. 빠르고 저렴한 항공 여행을 통해 개인이나 사업자가 전 지구를 서로 연결하고 있다.

셋째, 지구 경제의 네트워크 증가이다. 이는 세계를 더욱 결합한다. 현재 4만여 개의 초국가 기업이 존재하는데 이들은 수많은 농업국가를 강제적으로 산업화시키고 있다.

넷째, 기술이다. 특히, 인터넷은 개인과 사업체가 서로 연결하고 협력하도록 이끈다. 예전에는 결코 없었던 방식이다.

스카이프(Skype)와 같은 의사소통 플랫폼은 국제 회사가 대륙을 초월하여 실시간 미팅을 주선하도록 도움을 준다. 유튜브 덕택에 찬스 더 래퍼(Chance the Rapper, 1993년 출생)와 같이 전도유망한 미국 힙합 가수는 자신이 직접 음악을 만들어 음반 회사와 계약을 체결하지 않고도 그래미 어워드(Grammy Award)를 수상할 수 있었다. 또 동일한 매체를 통해 일본 청년과 사우디 청년이 찬스 더 래퍼의 팬이 될 수 있고 소셜 미디어상에서 그를 팔로우하거나 친구도 맺을 수 있다.

지구화는 세계 시민들에게 수많은 유익을 가져다준다. 경제적으로 다국적 기업은 더 값싼 노동력을 유치할 수 있다. 반대로 소비자들은 상품을 사들일 때 더 적은 비용을 지출한다. 자주 운항하는 값싼 국제선 비행기는 세계 학생들이 자신들의 꿈을 키우도록 기회를 제공하며 사업가들에게는

---

3   다음의 자료를 참고할 것. Thomas Friedman, "Three Eras of Globalization," August 22, 2008, https://www.youtube.com/watch?v=lp4znWHvsjU.

사업에서 번창하도록 도움을 준다. 또 지역교회는 해마다 단기 선교 여행을 실행할 수 있게 한다. 기술과 소셜 미디어 역시 억압받는 사람들과 주변부 이웃의 이야기를 전달해 준다.

1990년대 중반 〈주로파 투어〉(Zooropa Tour)라는 앨범을 발표한 아일랜드 출신의 세계적 록밴드 U2는 잊혀진 세계 분쟁을 뉴스의 헤드라인에 올려놓았다. 이 록밴드는 발칸전쟁과 관련한 방송 인터뷰와 화면을 콘서트의 거대한 스크린으로 펼쳐 보였다.

2009년 이란 시민들은 부패 선거에 저항하기 위해 가두시위를 벌였고 이는 곧 트위터로 방송되었다. 또한, 수많은 기독교 그룹이 세계 선교를 위한 기술을 지속해서 활용했다.

성서 번역가들은 성서 애플리케이션을 제작해서 인쇄된 성서가 보급될 수 없는 제한 지역에 성서를 내려받을 수 있도록 했다. '지저스 필름 프로젝트'는 지구 모든 곳에서 관람할 수 있도록 온라인으로 송출되었다. 많은 선교사가 복음과 관련한 의미 있는 대화를 개시하기 위해 소셜 미디어를 활용한다.

물론, 지구화가 일으키는 문제도 있다. 다국적 기업은 값싼 노동력으로부터 이윤을 얻기에 때로는 아이들과 같은 노동자들이 그 과정에서 종종 착취당하고 있다. 기술 발전과 편리한 여행은 특히 동남아시아 지역에서 인신매매와 매춘 관광을 부추기고 있다. 인터넷 기술 역시 포르노 산업을 급성장시켰다. 이슬람 극단주의자들은 소셜 미디어와 채팅방을 통해 생각지도 못한 채용 기술을 개발하고 있다.

한편, 말보다 문자로 소통하는 데 익숙한 젊은 세대는 일상 관계와 일터에서 요구되는 사회적 태도로부터 단절되고 있다. 이는 젊은 세대의 불안 수준을 높이고 역경을 극복할 능력을 감소시키는 결과를 일으키기도 한다.

2) 국제적 이주

21세기에는 국제적 이주 현상이 매우 두드러졌다. 2017년에는 약 100만 명 이상의 해외 유학생들이 미국에서 학업을 진행하고 있었다. 또한, 50만 명 정도가 캐나다에서 공부하고 있었다. 전 세계 4만여 개의 초국가적 기업

경영진과 관리인이 사업을 위해 여행하고 이주하기도 한다. 다른 이들도 중동, 유럽, 북미 지역에서 사업을 하기 위해 본국에서의 제한된 취직 기회를 포기하기도 한다.

토론토의 600만 주민 중 절반이 캐나다 이외의 지역 출신이다. 상당수는 인도, 중국, 필리핀 출신자로 직업을 찾아 토론토로 이주한 경우다.[4] 적지 않은 수의 학생, 사업가, 구직자들이 이주를 선택한 것이다.

한편, 2018년 6,500만 명 이상의 사람들(이는 전 세계 113명 중 한 명 꼴이다)이 전쟁, 기근, 여타 위기로 인해 강제적으로 거처를 옮기기도 한다. 이 중 절반 이상은 자국 내에서 이주하며 2,200만 명은 국가의 경계를 넘어 다른 나라로 피난한다. 대다수 난민은 남수단, 아프가니스탄, 시리아에서 피신하는 경우다. 난민과 이주 문제는 미국과 유럽의 정치에 있어서 장기간 논의되어 왔다.

그러나 미국과 유럽의 국가들은 이런 위기에 적극적으로 대처하지 못하는 실정이다. 대신에 난민을 수용하는 상위 여섯 개 국가는 아시아와 아프리카에 있는 상대적으로 가난한 국가들로, 튀르키예, 파키스탄, 레바논, 이란, 우간다, 에티오피아를 들 수 있다. 2016년 2,200만 명의 난민들 가운데 단 20만 명만이 무사히 정착했다.[5]

사업, 학업, 구직, 난민과 같은 이유로 지구 사람들이 이동하고 있다. 이런 "디아스포라" 혹은 "이산" 현상은 "자국의 사람들이 다른 나라에 영구적으로 혹은 일시적으로 정착하기 위해 이주하는 대규모의 이동"을 뜻한

---

4 다음의 자료를 참고할 것. "Mapping the SEVIS by the Numbers," Homeland Security, https://studyinthestates.dhs.gov/sevis-by-the-numbers (accessed June 25, 2018); "Facts and Figures," Canadian Bureau for International Education, https://cbie.ca/media/facts-and-figures/ (accessed June 25, 2018).

5 다음의 자료를 참고할 것. "Figures at a Glance," UNHCR: The UN Refugee Agency, http://www.unhcr.org/en-us/figures-at-a-glance.html (accessed June 25, 2018); Stephan Bauman, Matthew Soerens, and Samir Issam, *Seeking Refuge: On the Shores of the Global Refugee Crisis* (Chicago: Moody, 2016).

다.[6] 일부 개인과 집단(가령, 미국 내 유학생)은 이들이 복음을 접하고 그리스도를 믿을 수 있는 장소로 이주하기도 한다. 또한, 다른 이주민들(가령, 독일로 이주한 한인 의료 근로자들)은 기독교 신자가 되기도 하며 새로운 국가에서 신앙생활을 갖기도 한다.

3) 폭력

21세기에는 몇몇 정부가 주도하는 강제 이주의 결과 과도한 폭력이 초래되기도 했다. 2001년 9월 11일 뉴욕시와 워싱턴 DC에 알카에다의 공격이 발생한 후 유럽, 아프리카, 아시아 지역의 무수히 많은 도시가 무슬림 테러리스트의 타겟이 되고 말았다.

보코하람(Boko Haram)은 북부 나이지리아에 근거지를 두었고 2002년에는 서아프리카에 테러를 가하기 시작했다. 2014년 이 이슬람 극단주의 테러 조직은 "우리 소녀들을 돌려 달라"(#BringBackOurGirls)는 캠페인을 전개했던 어느 기숙학교의 나이지리아 소녀 276명을 납치했다.

한편, 2011년 시리아 내전이 만들어 낸 정치적 한계는 "이라크 시리아 이슬람 국가"(Islamic State of Iraq and Syria, ISIS)의 등장을 불러일으켰다. 시리아와 이라크 지역을 무력으로 차지하며 수천 명의 아랍 그리스도인을 강제적으로 축출한 ISIS는 비무슬림 이라크인들인 야지디족(Yazidi) 여성들을 노예로 삼았다.[7] 아프리카와 중동의 그리스도인들은 종종 무슬림 극단주의자와 테러리스트의 타겟이 되곤 했다.

---

6 다음의 자료를 참고할 것. Tom Houston, Robin Thomson, Ram Gidoomal, and Leiton Chinn, "The New People Next Door," Lausanne Occasional Paper 33 (Lausanne Committee for World Evangelization, 2004), https://www.lausanne.org/wp-content/uploads/2007/06/LOP55_IG26.pdf, 1.

7 다음의 자료를 참고할 것. "Who, What, Why: Who are the Yazidis?" BBC News, August 8, 2014, http://www.bbc.com/news/blogs-magazine-monitor-28686607.

다른 수많은 경우에서도 해외 선교사들은 폭력의 상황 속에서 부상을 당하거나 목숨을 잃기도 했다.[8] 서구인들은 알카에다와 ISIS에게 공격당했지만 사실, 이슬람 극단주의자들에 의해 가장 피해받은 사람들은 같은 무슬림이었다.

폭력, 특히 총기 폭력은 미국을 꾸준히 불안정한 상태에 빠지게 하는 주요 원인이다. 2017년, 1만 5천 명 이상의 미국인들이 총격을 받아 사망했고, 3만 명 정도가 부상을 입었다. 같은 해 미국인들은 학교와 공공장소를 포함하여 총 346건의 총기 난사 사건을 경험했다. 미국 내 적지 않은 도시가 살인 무기를 소지한 갱단의 충돌 지대가 되고 있다. 미국인들은 총기 폭력으로 인한 비참한 현실 속에서 수정헌법 제2조(Second Amendment)의 적용을 두고 서로 의견이 갈린 상태에 있다.[9]

2. 아시아의 선교

1) 한국

1907년 대부흥은 한국 교회의 본격적인 성장을 촉발했다. 부흥 직후 한국의 장로교회는 인접국인 중국에 선교사를 파송하기 시작했다. 1945년 일본의 식민 통치가 끝날 때까지 약 80여 명의 한국인 선교사가 세계 선교사로서 역할을 담당했다. 1980년까지는 100명 미만의 한국인들이 전임 선교사로 사역했다.

한국의 선교 운동은 1980년대 들어 폭발하기 시작했다. 미국의 어배너 대회와 유사한 학생 선교대회인 '선교 한국'(Mission Korea)이 1988년 이후

---

8   다음의 책을 참고할 것. Keith E. Eitel, ed., *Missions in Contexts of Violence* (Pasadena, CA: William Carey Library, 2008).

9   다음의 자료를 참고할 것. "Past Summary Ledgers," Gun Violence Archive, http://www.gunviolencearchive.org/past-tolls (accessed June 25, 2018).

2년에 한 번씩 모임을 열었다. 각 대회에서만 약 5천 명의 학생들이 관심 두고 참여했다. 이 대회는 세계 선교를 위한 중보 기도 운동을 장려했으며 수많은 한국 청년이 선교에 참여하고 자기 삶을 헌신하도록 동원했다. 그 결과 한국인 해외 선교사들의 숫자는 2013년 거의 2만 명에 육박하게 된다. 이들은 171개국 166개 선교 기관에서 사역을 담당했다.

한국인 선교사들은 장로교, 감리교, 침례교, 하나님의성회와 같은 교파 교회와 대한예수교장로회〈총회세계선교회〉(Global Mission Society)와 같은 선교 조직을 통해서 파송받았다. 한국인 선교사들 가운데 약 90퍼센트가 한국에서 설립된 선교 기관에서 사역했고, 그 나머지는 서구 혹은 국제 선교 단체에서 일했다.

현재 한국인 선교사의 50퍼센트 정도가 아시아에서 활동하고, 25퍼센트는 무슬림 지역에서 사역 중이다. 1990년대 이후 한국 선교팀과 선교사들은 미전도 종족 그룹을 위한 복음 전도와 교회 설립을 사역의 핵심으로 삼았다.

한국 선교사들 대부분은 교육을 잘 받았으며 중국은 물론 불교 국가와 무슬림 국가에서 의사, 교사, 사업가와 같은 직업을 병행하며 자립 선교의 방식으로 사역을 이어 갔다. 역사적으로 대부분의 한국인 선교 사역자들은 자신들의 사역 가운데 복음 선포를 강조해 왔다.

그러나 최근 들어 이들은 점차 통전적 선교를 추구하게 되었고 여기에는 의료 사역, 비즈니스 선교, 지역 개발을 포함하고 있다. 일부 한국인 선교 지도자들은 2030년까지 10만 명 선교사와 100만 그리스도인 전문가 파송을 목표로 세우고 있다.[10]

---

10   다음의 책을 참고할 것. Chul Ho Han, "Korean Sending," in *Perspectives on the World Christian Movement: A Reader*, ed. Ralph D. Winter and Steven C. Hawthorne (Pasadena, CA: William Carey Library, 2009), 372-73; Timothy Kiho Park, "Korean Christian World Mission: Missionary Movement of the Korean Church," in *Missions from the Majority World: Progress, Challenges, and Case Studies*, ed. Enoch Wan and Michael Pocock (Pasadena, CA: William Carey Library, 2009), 97-120; Steven Sang-Cheol Moon, *The Korean Missionary Movement: Dynamics and Trends, 1988-2013* (Pasadena, CA: William Carey Library, 2016), xi-36.

2) 중국

1940년대 마크 마(Mark Ma), 메카 차오(Mecca Chao), 시몬 조(Simon Zhao)라는 세 명의 중국 그리스도인이 비서구 세계에 선교사들을 파송하는 비전을 품었다. 소위 "백 투 예루살렘"(Back to Jerusalem)으로 불리는 이들의 비전은 실크로드를 따라 예루살렘을 향해 중국 출신의 선교사들을 파송하는 것이었다.

동아시아, 중앙아시아, 중동의 여정을 따라 복음을 전하는 일을 이 세 명의 중국 그리스도인들이 계획했다. 이들은 초기에 순회 복음 전도자들을 훈련하여 설교 여행을 목적으로 파송했다. 새로운 공산주의 정권이 1949년 권력을 잡게 되자 이런 운동은 대대적으로 진압되었다.

1976년 중국 교회 지도자들은 첫 번째 '세계복음화중국대회'(Chinese Congress on World Evangelization)를 개최하기 위해 홍콩에서 만났다. 이들이 주관하는 이 대회의 목적은 선교에 있어서 교회의 역할을 평가하는 것이었다.

2006년 3천여 명의 중국 신자들이 제7차 대회에 참석했는데, 이 대회는 중국에서 개최된 첫 번째 모임이었다. 대표들은 중국 교회의 역사를 성찰했고, 대위임령을 성취하기 위해 갱신된 헌신 선언문을 마련했다.

중국 내부에서 교회는 주로 농촌 지역과 도시 중심부 그리고 다수의 한족을 복음화하는 데 집중했다. 또한, 중국 교회 지도자들은 후이족과 위구르족과 같은 소수 민족을 대상으로 사역을 시작하기도 했다. 이와 함께 중국인 교회 개척자들은 동남아시아, 유럽, 남아메리카, 북아메리카에 거주하는 중국인 이주공동체를 복음화하기도 했다.

1990년대 중국 교회의 선교적 비전은 "백 투 예루살렘"의 부흥 운동과 함께 중국이나 해외에 있는 디아스포라 중국인을 넘어 성장해 갔다. 중국의 교회 지도자들은 중국과 예루살렘 사이에 살아가는 무슬림, 힌두인, 불교도를 개종시키기 위해서 약 10만 명의 이중직 복음 전도자와 교회 개척

자를 파송했다.[11]

3) 인도

1947년 인도는 영국으로부터 독립했다. 이에 따라 많은 서구 개신교 선교 단체가 인도로부터 철수하기 시작했다. 그러나 1960년대 인도 내에서는 독자적인 선교 조직이 생겨나기 시작했고 서구 선교 단체의 공백을 채웠다. 이 시기 대부분의 인도인 선교사들은 인도 대륙의 다양한 문화적 상황 속에서 순회 설교자와 교회 개척자로서 활동했다.

1977년 〈인도선교협의회〉(India Missions Association)가 다섯 개의 파트너 기구와 함께 창립되었다. 2009년까지 이 선교 네트워크 안에는 220명의 선교 기구와 5만 명 이상의 인도인 선교사들이 참여하고 있었다. 이들은 인도의 소수 종족을 대상으로 복음 전도와 교회 개척에 초점을 맞추었고, 이외 다른 선교사들 역시 공동체 지역 개발과 청년 사역을 개시했다. 아울러 부유한 상위 계층 인도인들을 대상으로 복음을 전했다.

대부분의 인도인 선교사들은 인도 내부에서 활동하며 문화적 장벽을 넘나들며 지속해서 사역했다. 현재 인도인 선교사들은 인도라는 국경을 넘어 선교를 확장하고 있다.[12]

---

11 다음의 자료를 참고할 것. "What Is 'Back to Jerusalem'?," Back to Jerusalem, https://backtojerusalem.com/about/ (accessed June 25, 2018); Enoch Wan, "Chinese Sending," in Winter and Hawthorne, *Perspectives on the World Christian Movement*, 374.

12 다음의 자료를 참고할 것. K. Rajendran, "Indian Sending," in Winter and Hawthorne, *Perspectives on the World Christian Movement*, 373; India Mission Association, http://www.imaindia.org (accessed June 25, 2018).

3. 아프리카의 선교

1950년대와 1960년대, 아프리카의 국가들이 유럽으로부터 독립을 쟁취했다. 그 후 아프리카 그리스도인들이 점차 교회 지도부의 역할을 담당하기 시작했다. 또한, 영적 부흥 운동이 남아프리카의 부룬디와 줄루란드에서 일어났다.

이런 부흥이라는 분위기 속에서 아프리카인들은 가나와 나이지리아에서 선교를 진행하기 위해 처음으로 자원을 동원하기 시작했다. 가나에는 복음전도위원회가 설립되었고 이를 통해 8천여 개의 새로운 교회가 성공적으로 세워졌다. 후에 선교사를 파송하는 네트워크가 남아프리카와 케냐에서도 등장했다.

한편, 나이지리아에서는 〈나이지리아복음주의선교회〉(Nigerian Evangelical Mission) 네트워크가 1982년 창립되었다. 1986년까지 만 명의 해외 선교사들이 나이지리아 내부에서 사역하고 있었는데 이제는 나이지리아 교회가 다른 지역의 선교를 위해 5백 명의 선교사들을 파송하게 된 것이다.

2005년까지 90여 개의 선교 기구에 관계하던 5천 명이 넘는 나이지리아 그리스도인이 중국, 브라질, 볼리비아를 포함하여 전 세계 65개국에서 사역을 진행하고 있었다. 2006년에는 이런 선교 네트워크가 "비전 50/15"(Vision 50/15) 캠페인을 추진하며 2021년까지 5만 명의 나이지리아 선교사를 파송하려는 목표를 세웠다.[13]

4. 라틴아메리카의 선교

1976년 500여 명의 라틴아메리카 학생 대표들이 브라질의 쿠리티바에 위치한 파라나대학교(University of Paraná)에 모였다. 이 모임은 〈국제복음주

---

13 다음의 책을 참고할 것. Timothy Olonade, "African Sending," in Winter and Hawthorne, *Perspectives on the World Christian Movement*, 371.

의학생회〉(International Fellowship of Evangelical Students)가 조직한 글로벌 선교 대회였다. 이 대회는 "교회는 선교적 교회이며, 그렇지 않으면 그것은 교회가 아니다"라는 선언과 함께 막을 내렸다.[14]

1987년 이베로-아메리카 선교대회인 코미밤(COMIBAM) 제1차 대회가 상파울루에서 개최되었다. 여기서 선교 전략가 루이스 부쉬는 라틴아메리카가 이제 선교지에서 선교 파송 대륙으로 전환되었음을 선언했다. 라틴아메리카 교회가 향후 세계 선교에 참여하라는 요청에 3,100여 명의 대표들이 결단했다.

2009년까지 만여 명 이상의 라틴아메리카 그리스도인이 선교지로 파송되어 462개의 해외 라틴아메리카 선교 조직에서 사역했다. 많은 사람이 자국에서 다문화적 선교에 관여하거나 아메리카의 다른 지역에서 활동했다. 이들 중 약 10퍼센트는 힌두교도, 불교도, 무슬림 등 미전도 종족을 대상으로 사역했다. 라틴아메리카 선교사들은 이베리아반도(스페인과 포르투갈)에서 아랍인들과의 역사적 관계 때문에 아랍-무슬림과 문화적 친밀성을 형성하고 있었다.

많은 라틴아메리카인이 1980년대와 1990년대를 기점으로 무슬림을 대상으로 선교 사역을 시작했다. 이미 1984년에는 무슬림 지역을 위한 최초의 라틴아메리카 선교 단체인 〈무슬림을 위한 선교회〉(Muslim Peoples International, PMI)가 창립되었다.[15]

1) 브라질

브라질의 그리스도인들은 가장 오래된 전통과 가장 큰 규모로 라틴아메리카 선교 운동을 전개해 왔다. 브라질 교회는 20세기 초부터 전 세계

---

[14] Edward L. Smither, *Brazilian Evangelical Missions in the Arab World: History, Culture, Practice, and Theology* (Eugene, OR: Pickwick, 2012), 1.

[15] 다음의 책을 참고할 것. Carlos Scott, "Latin American Sending," in Winter and Hawthorne, *Perspectives on the World Christian Movement*, 375.

에 선교사들을 파송하기 시작했다. 그리고 1970년대에 들어서 본격적인 선교 사업에 참여하게 된다. 브라질인들은 오엠국제선교회와 같은 세계적 선교 단체와 함께 사역을 시작했다.

특히, 1975년 파라나에 있는 어느 성서연구소에서 부흥의 열기가 타올랐고 이런 분위기 속에서 〈안디옥선교회〉(Antioch Mission)라는 초기 형태의 브라질 선교 조직이 창립되었다. 쿠리티바와 상파울루에서 모임을 진행한 안디옥선교회는 브라질이 선교 사업에 참여하는데 크게 기여한다.

브라질 선교 운동은 1972년 595명의 사역자에서 출발해 2010년에는 5천 명 이상으로 성장한다. 현재 브라질의 그리스도인들은 국내외 115개 선교 단체와 함께 사역하고 있다. 이중 약 40퍼센트가 브라질 지역이나 라틴아메리카 다른 국가에서 다문화 사역을 진행하고 있다. 또한, 아프리카, 아시아, 중동 지역에서도 사역하는 브라질 선교사들이 증가하고 있다. 2010년까지 적어도 200명의 브라질 선교사들이 아랍-무슬림을 섬기고 있다.

이베로-아메리카 선교대회인 코미밤과 함께 〈초문화선교기구협회〉(Association of Transcultural Missions Agencies, AMTB) 역시 40여 개의 선교 기구를 위한 네트워크로 기능하고 있다. 이 협회는 브라질 복음주의교회가 선교를 확장하고 선교 기구 간 협력을 증진하도록 이끌었다. 또한, 선교에 관한 교회 교육 자료를 개발하고 브라질 선교사들을 훈련하도록 동원해 왔다. 1990년 이후 이 협회는 몇 년 간격으로 선교 전략 계획 대회를 주관하고 있다.

브라질인들은 매우 관계적이기 때문에 선교사들은 주로 친구 관계 전도를 중시한다. 이들은 환대하는 행위를 보여 주거나 축구 캠프에 참여하면서 서로 친밀한 관계를 형성한다. 이런 관계는 자연스럽게 제자화와 교회 개척을 위한 기회를 제공한다. 브라질인들은 인도주의 선교 사역을 강조한다. 가령, 의료 사역, 공동체 개발 프로젝트, 장애인 돌봄이 그것이다. 마지막으로 많은 브라질인은 중보 기도를 사역에 있어서 매우 중요한 것으로 간주하기도 한다.[16]

---

16 다음의 책을 참고할 것. Bertil Ekström, "Brazilian Sending," in Winter and Haw-

5. 다수 세계 선교사는 누구인가?

1) 직업적 전임선교사

다수 세계 선교사들은 아프리카, 아시아, 라틴아메리카 출신의 사역자를 일컫는다. 이들은 지역교회와 선교 기구를 통해 공식적 선교사로 파송 받는다. 이들은 종종 신학교나 선교 교육 기관에서 정식 훈련을 받고 본국에서 선교사로 임명받는다.

2) 디아스포라 신자들

페루의 선교학자 사무엘 에스코바는 라틴아메리카 선교사들이 20세기 공식 선교사로 파송을 받지만, 이외의 라틴아메리카 사람들 역시 구직을 이유로 다른 장소로 이주한다고 주장한 바 있다. 이런 이주 집단은 그들의 신앙을 나누고 믿지 않는 신자를 제자로 삼으며 교회를 개척한다. 또 선교에 참여한다.[17]

이런 이주자들이 자신을 선교사나 기독교 사역자로 인식하지 않지만, 이들은 분명 세계 선교 사업에 기여하고 있다. 특히, 한국, 필리핀, 이란 출신의 디아스포라 신앙인들이 대표 사례이며, 이들에 대해 여기서 간략하게 언급하고자 한다.

---

thorne, *Perspectives on the World Christian Movement*, 371-72; Smither, *Brazilian Evangelical Missions in the Arab World*.

17 다음의 책을 참고할 것. J. Daniel Salinas, "The Great Commission in Latin America," in *The Great Commission: Evangelicals and the History of World Missions*, ed. Martin I. Klauber and Scott M. Manetsch (Nashville: B&H Academic, 2008), 134-39.

(1) 한국인

1910년부터 1945년까지 한국은 일본의 식민 지배를 받았다. 이 시기 많은 한국인이 박해를 피해 본국을 떠났다. 오늘날 7백만 명 이상의 한국인들이 세계 180여 개국에서 살아가고 있다.

이 한국 그리스도인들은 전 세계적으로 5천여 개의 교회를 세웠다. 세계 대도시로 들어가 보면 한국인 신앙공동체를 발견하는 것은 어렵지 않다. 미국에 수많은 교회는 1세대 한인 이민자들을 위해 한국어로 예배가 드려진다. 또 2세대를 위해서 영어로 예배가 진행된다.

역사적으로 한국인 디아스포라를 대상으로 하는 사역은 지극히 한국적인 신앙공동체에 집중한 나머지 다소 고립되어 있기도 하다. 그러나 교수, 의사, 외교관 등 교육받은 전문 직종에 있는 한국인 그리스도인들이 유럽, 라틴아메리카, 중동, 중국에 있는 다양한 동역자와 복음을 함께 증거하는 데 크게 관여하고 있다.[18]

(2) 필리핀인

필리핀 정부는 거의 반세기 동안 자국의 빈곤과 고용 기회 박탈로 인해 필리핀 시민들이 해외에서 근로하도록 적극적으로 장려해 왔다. 현재 필리핀 인구(전체 인구 약 1억 명) 중 10퍼센트가량이 197개국에서 살며 일하고 있다. 필리핀인들이 가장 집중된 근로지는 사우디아라비아, 걸프만 국가들, 리비아, 캐나다 등이다. 일부는 비즈니스, IT, 엔지니어링, 의료 분야에서 일하며 또 일부는 가정부와 공장에서 근로하기도 한다.

2010년에는 대략 20만 명의 필리핀 복음주의 그리스도인들이 해외로 이주했다. 이들은 신앙생활이 제한된 걸프만 국가들을 포함하여 다수의 국가에 필리핀 교회를 설립했다. 역사적으로 이런 신앙공동체는 자국의 신자들을 돌보고 있다. 2005년 이후 디아스포라교회 지도자들이 더 계획

---

18 다음의 책을 참고할 것. S. Hun Kim and Susie Hershberger, "Korean Diaspora Ministries," in *Scattered and Gathered: A Global Compendium of Diaspora Missiology*, ed. Sadiri Joy Tira and Testsunao Yamamori (Oxford: Regnum, 2016), 408-13.

적인 선교 전략을 통해 필리핀인들을 위해 사역하고 있다.[19]

(3) 이란인

1979년 이란에서 이슬람혁명이 일어난 이후 수백만 명의 이란인이 고국을 떠났다. 초기 이란 이주민들은 터키, 파키스탄, 미국은 물론 유럽, 영국, 캐나다로도 흩어져 정착했다. 이란인들에게 근접한 튀르키예 지역은 이주할 때 비자를 요구하지 않기 때문에 신속한 이주를 위한 첫 경유지였다.

현재 100만 명 이상의 이란인들이 튀르키예에 거주하고 있다. 이들은 최고의 교육을 받고 재정적으로도 자립이 가능한 난민들이다. 해외 선교기구들은 수십 년간 튀르키예에 거주하는 이란인들을 대상으로 선교해 왔다. 그리스도 신앙을 믿게 된 이란인들은 현재 튀르키예에 있는 동포 이란인들을 복음화하고 있다. 튀르키예에서 가장 급성장한 교회가 바로 이란인들이 모이는 신앙공동체이다.

2004년까지 해외에 거주하는 대략 1퍼센트의 이란인들(대략 약 5만 명으로 추산)이 복음을 받아들였다. 이후 이란인 교회는 미국, 캐나다, 영국, 스칸디나비아 등지에서도 뿌리를 내리고 정착했다. 현재 스웨덴에서 가장 역동적인 교회는 다름 아닌 이란 출신의 여성들을 통해 목회가 이루어지는 신앙공동체이다.[20]

19　다음의 책을 참고할 것. Berting Fernando, "Filipino Sending," in Winter and Hawthorne, *Perspectives on the World Christian Movement*, 374-75; also Luis Pantoja, Joy B. Tira Sadiri, and Enoch Wan, eds., *Scattered: The Filipino Global Presence* (Manila: LifeChange, 2004).

20　다음의 책을 참고할 것. Houston et al., "New People Next Door," 52-53.

6. 다수 세계 선교사는 무엇을 했나?

1) 복음 전도

비서구 선교사들은 성실한 복음 전도자였다. 중국과 인도인 선교사들은 순회 설교를 통해 복음을 선포했다. 브라질인들은 환대를 베풀고 또 스포츠 사역을 통해 자신들의 신앙을 나누었다. 한국인 디아스포라 신자들은 동포들과 관계를 맺고 자신들의 신앙을 공유했다. 그들은 또한 한인 교회에서 열리는 찬양 콘서트에 친구를 초대하기도 한다.

캐나다에서 필리핀 디아스포라 신자들 역시 전도 폭발 성회와 같은 전략을 적극적으로 활용하여 유럽 출신의 캐나다인은 물론 다른 이주민들과도 복음을 나눈다.[21]

다수의 세계 선교사들은 무슬림 선교에 관해 부담스러운 책임감을 의식하고 있다. 라틴아메리카 사람들은 개인적 친분을 맺고 호의를 베풀면서 아랍-무슬림에 복음을 전한다. 중국 교회의 "백 투 예루살렘" 전략은 무슬림 지역에 대해 큰 관심을 쏟는다. 걸프만 국가에서 거주하는 필리핀 디아스포라 목회자들은 자신들의 교회를 훈련센터로 바꾸길 부단히 노력한다.

이를 통해 필리핀 평신도들이 무슬림 이웃들을 복음화하도록 역량을 키운다. 이란의 디아스포라 신자들은 동포 이란인들에게 복음을 전하기 위해 꾸준히 노력한다.

1980년 세워진 〈국제이란그리스도인모임〉(Iranian Christians International)은 8백만 명의 해외 이란어와 페르시아어를 말하는 아프가니스탄 사람들을 사역하기 위해 설립되었다. 콜로라도에 근거지를 둔 이 단체는 관계를 통해 복음을 나누고 페르시아어 성서연구회와 교회를 세웠다. 또한, 제자훈련대회를 개최하고 동료 이란인들에게 복음을 전하기 위해 이란인들을 훈련하기도 한다.[22]

21　다음의 자료를 참고할 것. Evangelism Explosion, http://evangelismexplosion.org (accessed June 25, 2018).

22　다음의 자료를 참고할 것. "Who Is ICI?," Iranian Christians International, http://

2) 교회 개척

다수 세계 선교사들은 복음을 나누고 새신자에게 제자훈련을 진행하면서 동시에 교회 개척을 강조해 왔다. 한국인 선교사들은 미전도 종족을 위해 교회를 설립하는 데 집중했다. 반면 인도인들은 인도 대륙 내부에서 문화적 장벽을 넘으며 교회를 설립하는 중이다. 중국인, 한국인, 이란인 디아스포라공동체는 자기 동포를 복음화하기 위해 전 세계에 새로운 신앙공동체를 끊임없이 세워 나간다. 같은 맥락에서 필리핀 디아스포라교회는 필리핀공동체를 넘어서 다문화교회를 설립하는 중이다.

3) 언행일치의 사역

다수의 세계 선교사들은 복음 선포 이외에도 인간이 필요로 하는 요구에 부응하기도 했다. 한국인, 브라질인, 인도인 선교사들은 사역하는 데 있어서 의료적 돌봄, 비즈니스 개발, 공동체 개발 등을 통전적으로 시행했다.

가령, 브라질 선교사들은 가난한 자들, 연약한 여성들, 장애인들을 위해 사역하며 사회선교를 주도적으로 이끌었다. 국제이란그리스도인모임은 이란인들을 대상으로 사역하며 그 목적으로 난민들이 재정착할 수 있게 도움을 주었다. 또한, 트라우마 상담을 제공하며, 함께 고통받는 교회를 위한 옹호 사역도 진행했다.

4) 기도

지구 남반구 출신의 선교사들과 신자들은 선교 사역 일부로 기도를 중시한다. 가령, '선교 한국' 대회가 생산한 중요한 열매 가운데 하나는 전 세계를 위한 중보 기도 사역이다. 일부 브라질과 라틴아메리카 선교사들은 중보

---

www.iranchristians.org (accessed June 25, 2018).

(3) 문화적 영적 세계의 연결

다수 세계 선교사들은 현지 문화에 친숙했기에 비교적 효과적인 사역을 전개할 수 있었다. 라틴아메리카 선교사들은 일반적으로 아랍 문화에 잘 적응했다. 시간관념, 가족관계, 인간관계, 환대와 같은 유사한 가치들을 공유하기 때문이다.

비서구 그리스도인들은 악마와의 접촉이나 주술과 같은 애니미즘적이고 민속적인 종교 상황에도 잘 적응했다. 브라질에서는 인간의 삶에 영향을 주는 영을 숭배하는 심령술이 매우 유행하고 있었다. 이 때문에 복음주의 진영 출신의 브라질 선교사들은 주술과 이슬람을 혼합하는 민속적인 무슬림 상황과 여기에서 비롯하는 영적 도전을 그리 심각하게 받아들이지 않았다. 적지 않은 선교사들은 이미 아랍에 도착하기 전 귀신 축출 사역에 경험이 있었다.

2) 도전

(1) 훈련, 자원, 돌봄

비서구 세계에 속한 신생교회는 열정을 가지고 세계 선교에 착수했지만 많은 교회가 적절한 교차문화적, 선교적 훈련을 제공하지 못하는 실정이다. 이는 특히 공식 선교사로 파송받지 못한 디아스포라 그리스도인의 경우에서 두드러지게 나타난다.

다수의 세계 선교사들은 적절한 재정도 지원받지 못한 채 선교 현장에 나가기도 한다. 한편으로 가난한 선교사들은 현장에서 가난한 이들과 더 유대감을 가질 수 있지만, 재정 부족으로 인해 낙담하고 탈진하여 결국 고국으로 돌아가기도 한다.

비서구 선교사들은 파송교회나 선교사 파송기구로부터 선교적 돌봄과 목회적 돌봄을 받지 못하기도 한다. 이런 열악한 상황은 선교 사역의 지속 가능성을 방해한다. 선교사들에게 돌봄과 상담 그리고 지원책을 마련하는 전략이 서구 선교 기구에서 오히려 중요한 사역이 되고 있다. 라틴아메리카, 아시아, 아프리카 선교사들에게 이런 필수적 돌봄이 제공되지 않는 상황은 어쩌면 자연스러운 일일지도 모른다.

(2) 언어 장벽

일부 선교사들은 언어 장벽으로 인해 선교지의 사역자들과 파트너 관계를 맺기 곤란할 때도 있다. 대개 영어가 세계 대부분 지역에서 선교공동체 공통언어로 사용된다. 이는 스페인어, 포르투갈어, 중국어만 사용하는 선교사들에게는 큰 도전이다. 일부 비서구 선교사들은 이런 장벽을 극복하기 위해 영어를 배운다. 그러나 이런 선택은 현지어를 배우는 것보다 더 많은 시간과 에너지를 요구하는 일이기도 하다.

(3) 정치적 취약성

마지막으로 비서구 선교사들은 선교지에서 서구 사역자들과 같은 정치적 부담으로부터 자유할 수 있지만 이들 역시 정치적 혜택이 없기에 현지 정부로부터 극심한 차별에 노출될 수도 있다.

만일 서구 선진국 출신의 선교사가 성경 공부를 인도하다가 체포된다면 그는 경고받거나 최악의 경우 그 나라에서 추방당할 뿐이다. 그러나 이와 유사한 경우, 필리핀 출신 선교사들은 투옥되거나 정당한 법적 절차의 기회조차 부여받지 못할 수 있다. 분명 비서구 선교사들은 이런 정치적 취약성을 의식하며 사역할 수밖에 없는 실정이다.

[더 읽을 자료]

Bauman, Stephan, Matthew Soerens, and Samir Issam. *Seeking Refuge: On the Shores of the Global Refugee Crisis*. Chicago: Moody, 2016.

Eitel, Keith E., ed. *Missions in Contexts of Violence*. Pasadena, CA: William Carey Library, 2008.

Ekström, Bertil. "Brazilian Sending." In *Perspectives on the World Christian Movement: A Reader*, edited by Ralph D. Winter and Steven C. Hawthorne, 371–72. Pasadena,

CA: William Carey Library, 2009.

Escobar, Samuel. *The New Global Mission: The Gospel from Everywhere to Everyone*. Downers Grove, IL: InterVarsity, 2003.

Evangelism Explosion. http://evangelismexplosion.org. Accessed June 25, 2018.

"Facts and Figures." Canadian Bureau for International Education. https://cbie.ca/media/facts-and-figures/. Accessed June 25, 2018.

Fernando, Berting. "Filipino Sending." In *Perspectives on the World Christian Movement: A Reader*, edited by Ralph D. Winter and Steven C. Hawthorne, 374–75. Pasadena, CA: William Carey Library, 2009.

"Figures at a Glance." UNHCR: The UN Refugee Agency. http://www.unhcr.org/en-us/figures-at-a-glance.html. Accessed June 25, 2018.

Friedman, Thomas. "Three Eras of Globalization." August 22, 2008. https://www.youtube.com/watch?v=lp4znWHvsjU.

Han, Chul Ho. "Korean Sending." In *Perspectives on the World Christian Movement: A Reader*, edited by Ralph D. Winter and Steven C. Hawthorne, 372–73. Pasadena, CA: William Carey Library, 2009.

Houston, Tom, Robin Thomson, Ram Gidoomal, and Leiton Chinn. "The New People Next Door." Lausanne Occasional Paper 33. Lausanne Committee for World Evangelization, 2004. https://www.lausanne.org/wp-content/uploads/2007/06/LOP55_IG26.pdf.

India Mission Association. http://www.imaindia.org. Accessed June 25, 2018.

Kim, S. Hun, and Hershberger, Susie. "Korean Diaspora Ministries." In *Scattered and Gathered: A Global Compendium of Diaspora Missiology*, edited by Sadiri Joy Tira and Testsunao Yamamori, 408–13. Oxford: Regnum, 2016.

"Mapping the SEVIS by the Numbers." Homeland Security. https://studyinthestates.dhs.gov/sevis-by-the-numbers. Accessed June 25, 2018.

Moon, Steven Sang-Cheol. *The Korean Missionary Movement: Dynamics and Trends, 1988–2013*. Pasadena, CA: William Carey Library, 2016.

Olonade, Timothy. "African Sending." In *Perspectives on the World Christian Movement: A Reader*, edited by Ralph D. Winter and Steven C. Hawthorne, 371. Pasadena, CA: William Carey Library, 2009.

Pantoja, Luis, Joy B. Tira Sadiri, and Enoch Wan, eds. *Scattered: The Filipino Global Pres-*

ence. Manila: LifeChange, 2004.

Park, Timothy Kiho. "Korean Christian World Mission: Missionary Movement of the Korean Church." In *Missions from the Majority World: Progress, Challenges, and Case Studies*, edited by Enoch Wan and Michael Pocock, 97–120. Pasadena, CA: William Carey Library, 2009.

"Past Summary Ledgers." Gun Violence Archive. http://www.gunviolencearchive.org/past-tolls. Accessed June 25, 2018.

Pocock, Michael, Gailyn Van Rheenen, and Douglas McConnell. *The Changing Face of World Missions: Engaging Contemporary Issues and Trends*. Grand Rapids: Baker Academic, 2005.

Rajendran, K. "Indian Sending." In *Perspectives on the World Christian Movement: A Reader*, edited by Ralph D. Winter and Steven C. Hawthorne, 373. Pasadena, CA: William Carey Library, 2009.

Salinas, J. Daniel. "The Great Commission in Latin America." In *The Great Commission: Evangelicals and the History of World Missions*, edited by Martin I. Klauber and Scott M. Manetsch, 134–48. Nashville: B&H Academic, 2008.

Scott, Carlos. "Latin American Sending." In *Perspectives on the World Christian Movement: A Reader*, edited by Ralph D. Winter and Steven C. Hawthorne, 375. Pasadena, CA: William Carey Library, 2009.

Smither, Edward L. *Brazilian Evangelical Missions in the Arab World: History, Culture, Practice, and Theology*. Eugene, OR: Pickwick, 2012.

Wan, Enoch. "Chinese Sending." In *Perspectives on the World Christian Movement: A Reader*, edited by Ralph D. Winter and Steven C. Hawthorne, 374. Pasadena, CA: William Carey Library, 2009.

"What Is 'Back to Jerusalem'?" Back to Jerusalem. https://backtojerusalem.com/about/. Accessed June 25, 2018.

"Who Is ICI?" Iranian Christians International. http://www.iranchristians.org. Accessed June 25, 2018.

"Who, What, Why: Who Are the Yazidis?" BBC News. August 8, 2014. http://www.bbc.com/news/blogs-magazine-monitor-28686607.

Yeh, Allen. *Polycentric Missiology: Twenty-First Century Mission from Everywhere to Everyone*. Downers Grove, IL: Intervarsity, 2016.

에필로그

하나님의 사람들은 하나님을 본받으며 살아간다. 그리고 열방 중에 하나님의 영광을 선포하고 신앙이 있는 곳에서 신앙이 없는 곳으로 그 경계를 넘어간다. 이것이 바로 기독교 선교라 할 수 있다. 이 책에서 우리는 이런 세계 선교에서 포착된 몇 장면을 빠르게 살펴보았다. 이 역사는 1세기부터 오늘에 이르기까지 교회가 어떻게 선교적 사람들로 구성되어 있는지를 잘 보여 준다.

본 연구서는 개론서의 성격을 갖지만, 시대별, 인물별, 지역별로 심화 연구와 방법론을 제공한다. 선교 역사 연구는 우리가 과거로부터 깨달음을 얻고 이를 토대로 선교의 미래를 조명하는 작업을 포함한다. 선교에서 발생하는 문제들(가령, 권력 남용, 제국과 선교의 공모 등)을 성찰하는 일은 우리에게 그릇된 사상과 잘못된 실천을 회개하고 거부하는 기회를 제공한다.

우리는 이런 실수를 극복하고 반복하지 않아야 한다. 선교에 나타난 다양한 혁신적 방법과 통찰 그리고 매 시대 선교사들이 보여 준 위대한 희생은 우리에게 겸손할 것을 일러준다. 우리는 오늘의 선교에 참여할 때 수많은 교훈과 깨달음을 주는 거인들의 어깨 위에 서 있게 된다.

또한, 선교 역사를 성찰하는 것은 우리에게 선교가 하나님의 선교라는 사실을 주지시킨다. 성공적인 혁신과 때론 당혹스러운 실패에도 하나님께서는 세계 교회와 하나님 나라를 지속하게 하신다.

지금까지 우리는 선교 역사를 탐사해 왔지만 앞으로 마주할 더 많은 물음을 보완적으로 제기할 필요가 있다.

첫째, 누가 선교사인가?

초대 교회에 관한 연구는 수많은 신자(주교, 수도사, 평신도 등)가 선교에 관해 강한 의무감이 있었음을 말해 준다. 21세기 다수 세계 선교사들도 특히 디아스포라 그리스도인들은 그들이 살아가고 일하는 그 자리에서 복음을 증거한다. 이런 상황 속에서 미래를 전망해 본다.

어떻게 온 교회(모든 곳의 모든 신자)가 활기 있게 선교에 참여할 것인가?

둘째, 어떻게 온 교회가 선교라는 이름으로 협력할 수 있는가?

오늘날 다수 그리스도인과 선교사들은 지구 남반구 출신이다. 반면 대부분의 선교 자원(가령, 돈, 신학 교육 자료 등)은 북미와 유럽에서 나온다.

서구 교회는 단순히 돈만 보내야 할까?

그리고 비서구 교회는 사역자만 보내면 되는 걸까?

어떻게 세계 교회가 협력적 사역을 구축할 수 있을까?

현지교회와 교회 지도자들이 성장하는 분위기 속에서, 해외 선교사들(서구든 비서구든)은 어떻게 현지교회 지도자들과 관계를 맺고 또 협력을 위한 노력을 지속할 수 있을까?

또 이미 복음화율이 높은 지역에서 선교는 어떻게 진행될 수 있을까?

현지교회 지도자들이 이미 존재하는 국가에서 선교사들의 역할과 자세는 어떠해야 할까?

셋째, 역경과 고통이 지속되는 선교 현실 속에서 어떻게 교회는 역경이라는 문제를 다루어야 할까?

그리스도인이 복음을 선포한 대가로 감옥에 갈 때 교회는 어떻게 응답해야 하는가?

또 폭력이 만연한 상황 속에서 선교는 어떤 방법을 취해야 하는가?

선교 사역 가운데 발생하는 고난에 대해 성서 신학의 적절한 처방은 무엇인가?

넷째, 우리는 기독교 선교의 성서적 의미를 어떻게 조명할 수 있을까?

그리스도의 죽음, 땅에 묻히심, 부활, 승천을 선포하지 않고 선교가 과

연 가능한 것일까?

선교에 있어서 말(선포)과 행동(인간적 필요의 돌봄)의 관계는 무엇인가?

일부 선교 단체가 복음 전도에 집중하는 일도 옳고, 다른 선교 단체가 세계 빈곤, 인신매매, 여타 사회적 이슈에 관계된 문제를 해결하는 사역도 바람직할까?

이상과 같은 질문을 해결하는 데는 많은 시간과 연구가 필요하다. 그러나 우리는 희망 속에서 이런 문제들과 씨름해야 할 것이다. 그리스도의 권능과 존재가 교회에 주어진 마태복음의 대위임령을 확증하고 있다.

예수님이 다가오셔서 그들에게 말씀하셨다.

> 나는 하늘과 땅의 모든 권세를 받았다. 그러므로 너희는 가서, 모든 민족을 제자로 삼아서, 아버지와 아들과 성령의 이름으로 세례를 주고, 내가 너희에게 명령한 모든 것을 그들에게 가르쳐 지키게 하여라. 보아라, 내가 세상 끝날까지 항상 너희와 함께 있을 것이다(마 28:18-20).

[지도 1] 117년경 로마제국: 최대로 확장한 제국의 영토

[지도 2] 전성기 동방교회의 지도(800-1200년경)

지도 283

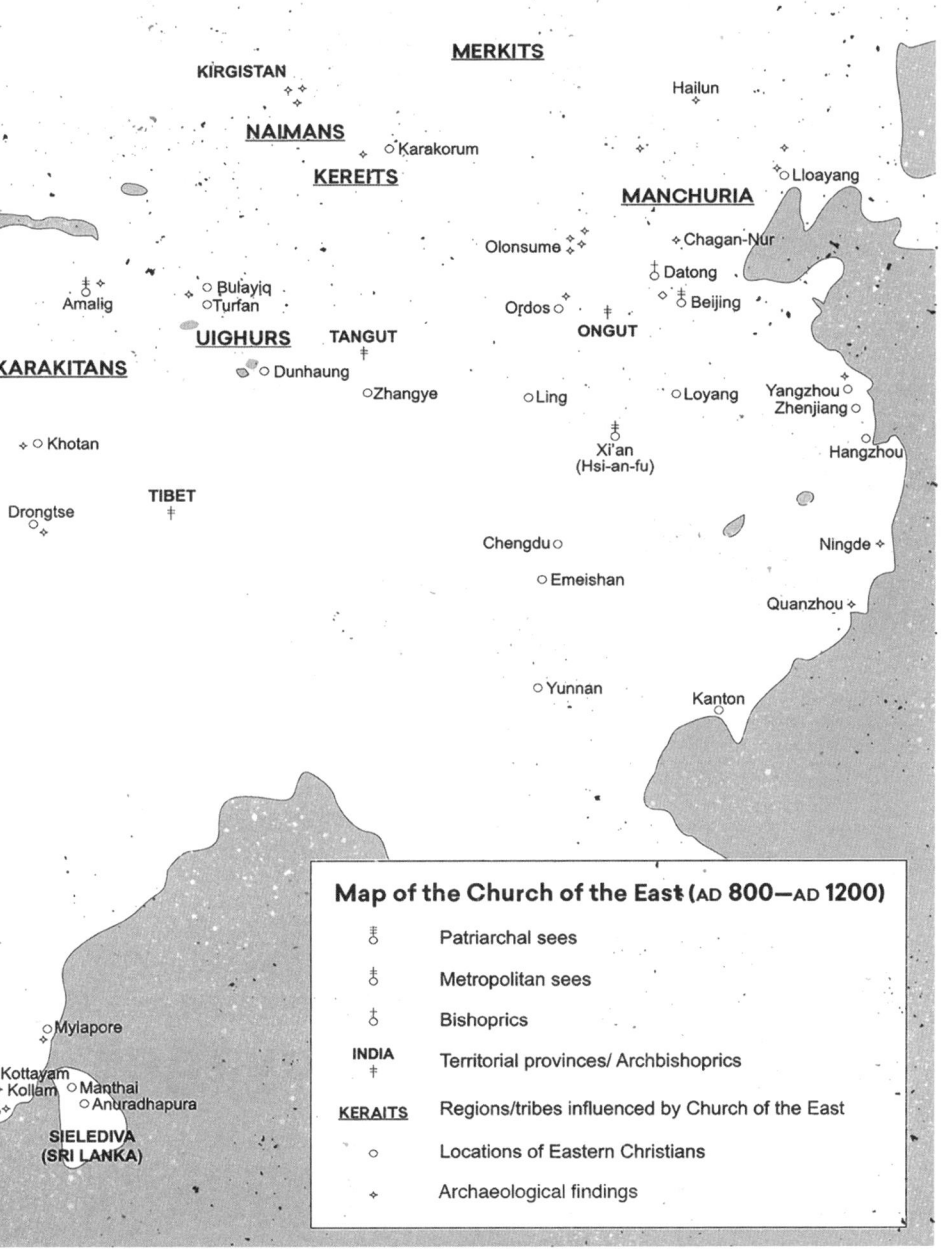

[지도 3] 바이킹의 항해로와 정착 지도(800-1000년)

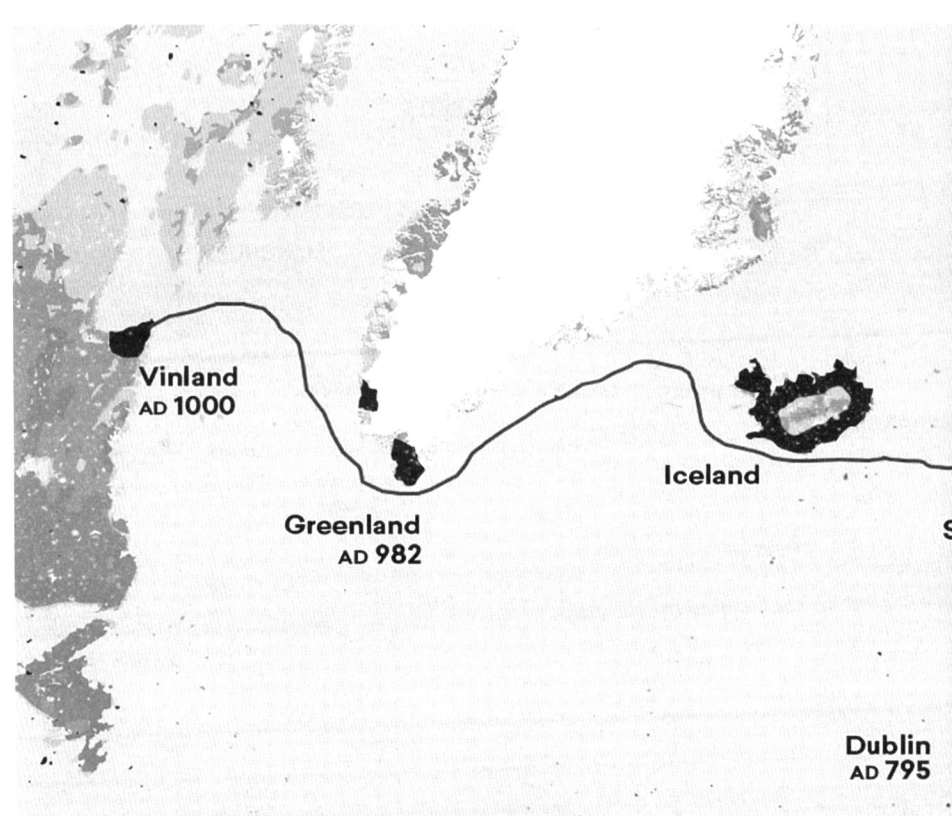

[지도 4] 몽골제국 지도

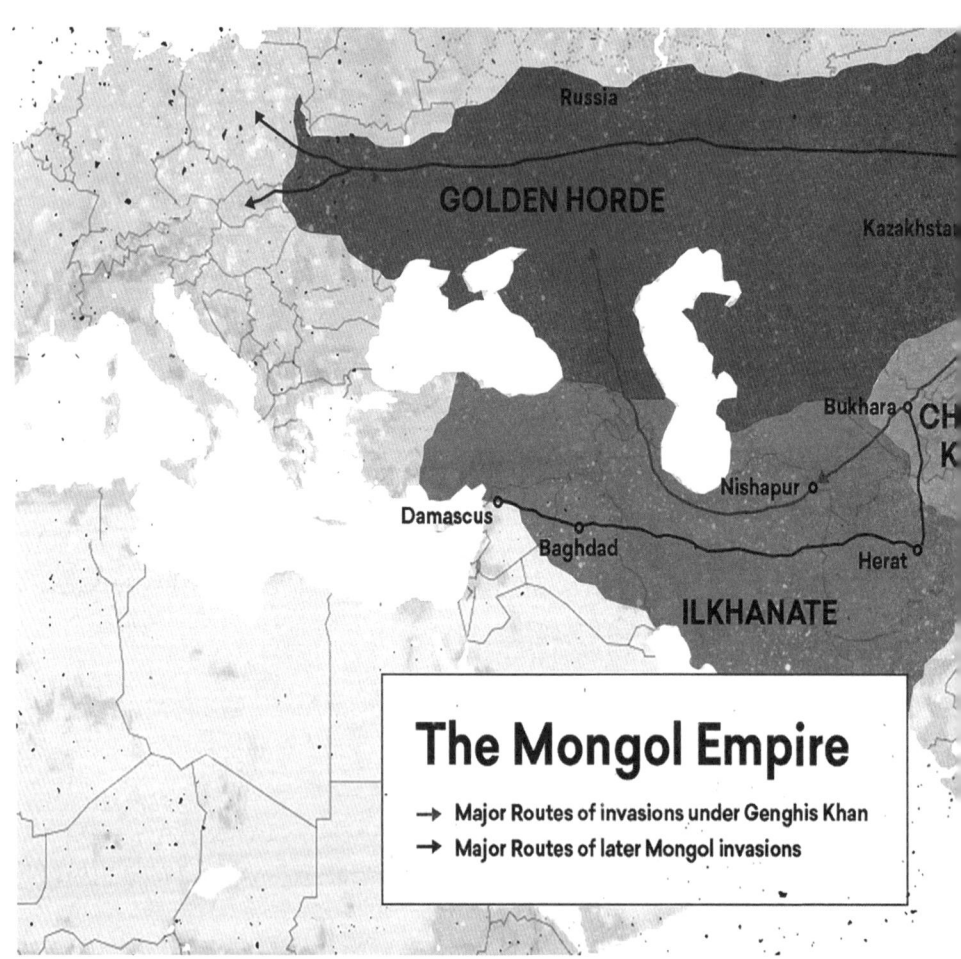

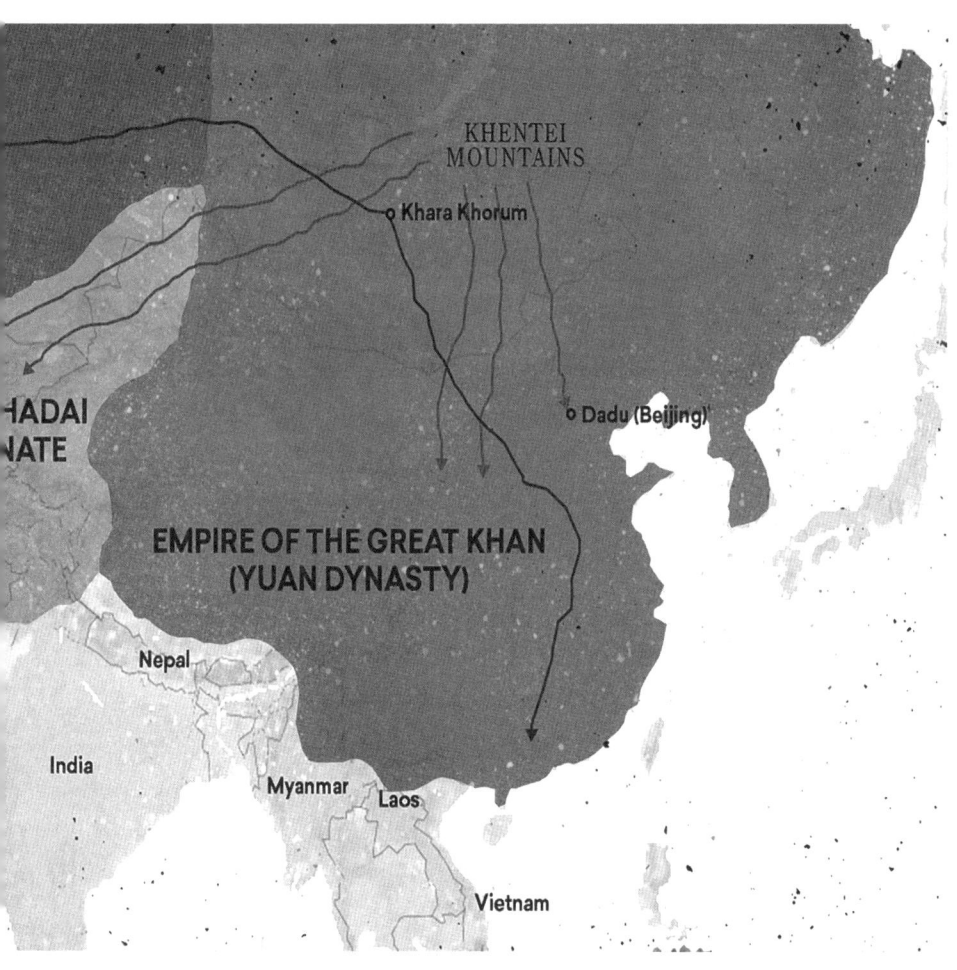

[지도 5] 종교개혁 시기 유럽의 기독교 분포

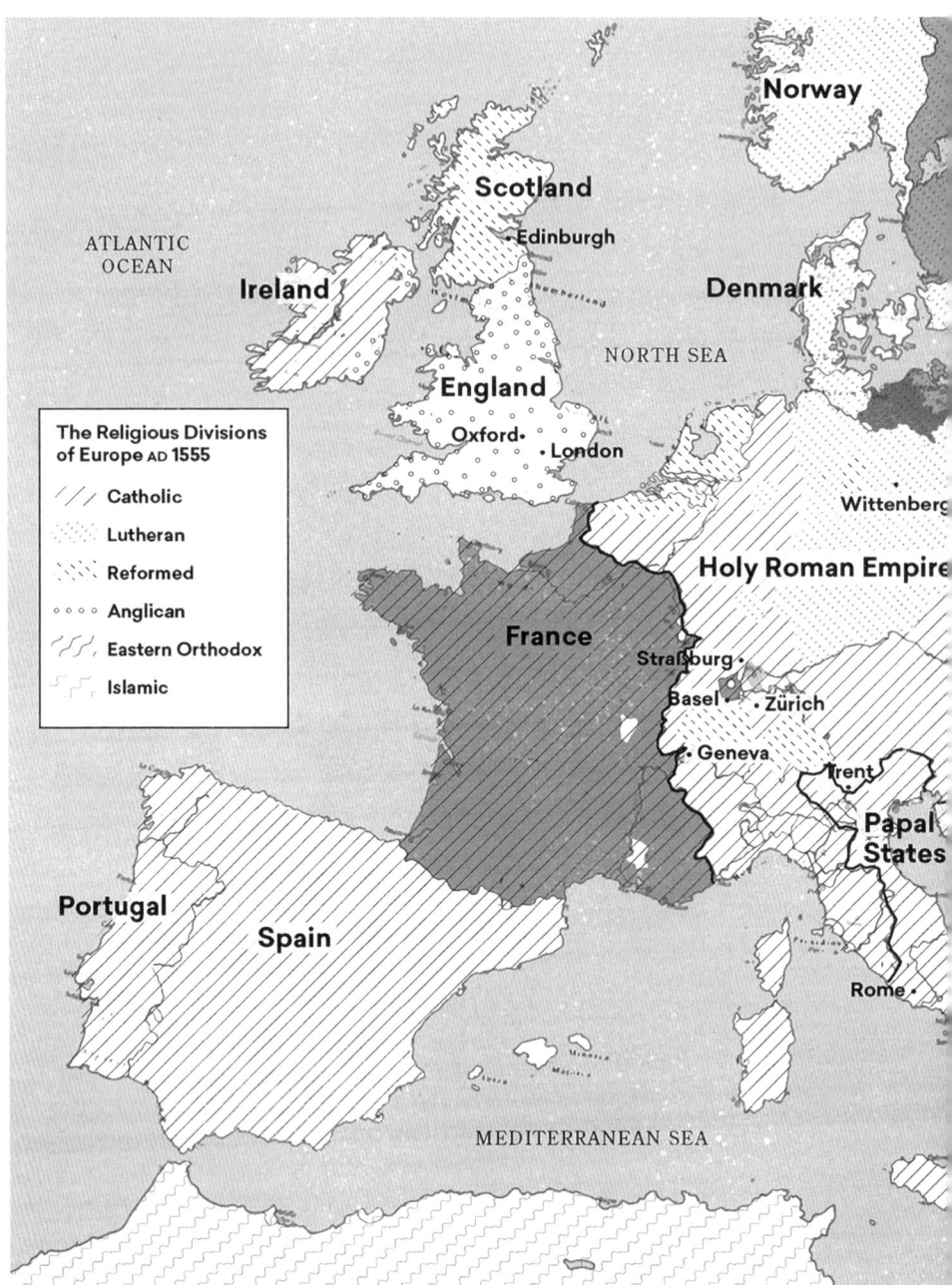

[지도 6] 유럽의 아프리카 식민지 지도

[지도 7] 남태평양 지도

Hawaii

K I R I B A T I
LU
Tokelau
Wallis and Futuna
SAMOA
Cook Islands
FIJI TONGA Niue

SOUTH PACIFIC
OCEAN

NEW
ZEALAND

294 간추린 세계 기독교 형성사

[지도 8] 현대 무슬림 세계 지도

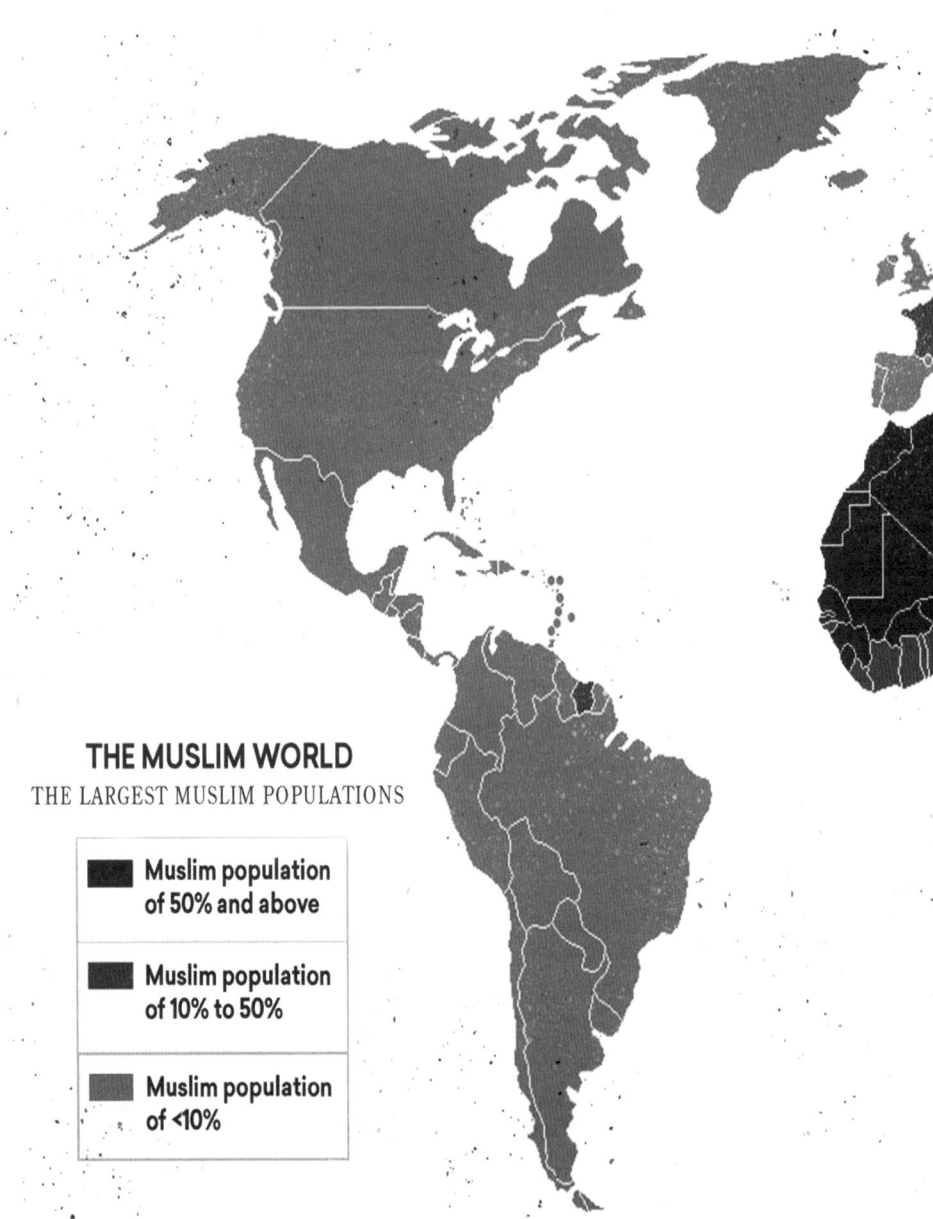

기독교 선교운동사

폴 피어슨 지음 | 임윤택 옮김 | 신국판 양장 | 736면

선교운동에 나타난 선교학적 원리들을 정리해 준다. 과거, 현재, 그리고 미래에 일어날 기독교 신앙운동의 선교학적 원리들을 소개하고, 이 선교적 원리들을 오늘날 선교 전략으로 적용하여 선교운동이 확산될 수 있도록 독려한다.

제4 선교신학

안승오 지음 | 신국판 | 304면

현재까지 나타난 선교의 세 가지 유형인 복음주의 선교, 에큐메니컬 선교, 통전적 선교의 태동 배경, 핵심 내용, 강점과 한계점 등을 명쾌하게 분석한 후 위기에 처한 기독교 선교가 나아갈 대안적 선교 패러다임을 제4 선교로 제시한다.